箱崎総一

カバラ

ユダヤ
神秘思想の
系譜

青土社

カバラ

ユダヤ神秘思想の系譜

目次

第四章 光輝の書

凡例

1 本書で使用した聖書訳文は、日本聖書協会刊・一九六五年口語訳『聖書』からのものである。

2 本書で使用したタルムードは、Hebrew-English Edition of The Babylonian Talmud. The Sancino Press, London, Jerusalem, New York. 1972. である。

3 本書で使用したユダヤ文化関係の百科事典は以下の二種である。

a The Jewish Encyclopedia. Funk and Wagnalls Company, New York and London, 1901. 12 vol.

b Encyclopedia Judaica. The Mac Millan Company, Jerusalem, 1971. by Keter Publishing House Ltd. 16 vol.

4 本書で使用した聖書外典・偽典は、『聖書外典偽典』（日本聖書学研究所編、教文館）を使用し、各項ごとに翻訳者名を付した。

5 本書では、ヘブライ語は総てローマ字に変換して表記した。

6 その他の文献類は各章ごとの註に付記した。

7 本書における略語は以下の通り。

Ab: Abot, Pirke　　’Ab. Zarah: ’Abodah Zarah

Ab.R.N: Abot de-Rabbi Nathan.　　’Ar: ’Arakim（Talmud)

Arch. Isr: Archives Israélites.
b: ben or bar
Bab: Babli (Babylonian Talmud)
Bar: Baruch
B.B: Baba Batra (Talmud)
Bek: Bekorot (Talmud)
Ber: Berakot (Talmud)
Bik: Bikkurim (Talmud)
B.K: Baba Kamma (Talmud)
B.M: Baba Mezia (Talmud)
Cant. R: Canticles Rabbah
Dem: Demai (Talmud)
Deut. R: Deuteronomy Rabbah
Eccl. R: Ecclesiates Rabbah
'Eduy: 'Eduyyot (Talmud)
'Er: 'Erubin (Talmud)
Ex. R: Exodus Rabbah
Gen. R: Genesis Rabbah
Git: Gittin (Talmud)
Ḥag: Ḥagigah (Talmud)
Hal: Hallah (Talmud)
Hor: Horayot (Talmud)
Ḥul: Ḥullin (Talmud)
Jastrow, Dict: Jastrow, Dictionary of the Targumin, Talmudim, and Midrashim.
Jellinek, B.H: Jellinek, Bet ha Midrash.
Jew. Chron: Jewish Chronicle, London.
Jew. Quart. Rev: Jewish Quarterly Review.
Ker: Keritot (Talmud)
Ket: Ketubot (Talmud)
Ḳid: Ḳiddushin (Talmud)
Kil: Kilayim (Talmud)
Ḳin: Ḳinnim (Talmud)
Ma'as: Ma'aserot (Talmud)
Ma'as. Sh: Ma'aser Sheni (Talmud)
Mak: Makkot (Talmud)
Maksh: Makshirin (Talmud)
Meg: Megillah (Talmud)

Me'i: Me'ilah (Talmud)

Men: Menaḥot (Talmud)

Mid: Middot (Talmud)

Midr. R: Midrash Rabbah

Midr. Teh: Midrash Tehillim (Psalms)

Miḳ: Miḳwaot (Talmud)

M.K: Mo'ed Katan (Talmud)

MS: Manuscript

Naz: Nazir (Talmud)

Ned: Nedarim (Talmud)

Neg: Negaim

N.T: New Testament

Num: Numbers

Oh: Ohalot (Talmud)

Pes: Pesahim (Talmud)

Pesiḳ: Pesiḳta Rabbati (Talmud)

Sanh: Sanhedrin (Talmud)

Sem: Semahot (Talmud)

Ṣhab: Ṣhabbat (Talmud)

Sheb: Shebi'it (Talmud)

Shebu: Shebu'ot (Talmud)

Sheḳ: Sheḳalim (Talmud)

Suk: Sukkah (Talmud)

Ta'an: Ta'anit (Talmud)

Tah: Taharot (Talmud)

Tan: Tanhuma

Targ: Targumim

Targ. O: Targum Onkelos

Targ. Yer: Targum Yerushalmi or Targum Jonathan

Tem: Teruman (Talmud)

Ter: Terumot (Talmud)

T.Y: Tebul Yom (Talmud)

'U.K: 'Ukzin (Talmud)

Yeb: Yebamot (Talmud)

Zab: Zabin (Talmud)

Zeb: Zebaḥim (Talmud)

まえがきにかえて　――ニューヨーク市立病院の出会い

精神医学を専攻する人間がなぜユダヤ神秘思想を語るのか――という疑問について若干の弁明が必要であるはずだ。発端は一九五八年七月、インディアンサマー（Indian Summer）の抜けるような蒼空の拡がるある日の午後のこと。私はニューヨーク市ブルックリン区の下街、海軍基地《ネービーヤード》の近くにあるニューヨーク市立病院にいた。交換留学生として医学研究のために渡米、前後六年間にわたる生活を送ることになる。この病院ではインターンと病理学研修医《レジデント》の教育を二年間にわたって受けた。ちなみにこのブルックリン海軍基地は百年以上の歴史をもっており、ペリー提督が黒船を率いて日本探険に出発したのもこの港からであった（数年前この基地は廃止されたという新聞記事を読んだ記憶がある）。この病院からの展望は素晴しかった。マンハッタン橋とブルックリン橋、さらにそのむこうにマンハッタンの摩天楼群が聳えたった光景が手にとるように見える。ことに黄昏《たそがれ》の光景は思わず息をのむほどだ。ロングアイランド・サウンド（Long Island Sound）に陽が翳《かげ》り始めると、鋭角に直立した黒褐色の摩天楼が息づく。点々と次第にその灯火の数が増え、やがて漆黒の闇を背景に無数の光の塔が立ちならぶ。その反対側、病院の正面玄関前には中世紀風の銃眼と塔で周囲をかこまれた悪名高いブルックリン刑務所が邪悪の塊のように蹲《うずくま》る。

留学二年目頃になると全寮制の研修医《レジデント》個室からの展望にも慣れ、ブルックリン方言も話せるようになった。当時、私は精神医学専門医の研修《レジデント》コースに進学するために絶対必要な外国医学校卒業生医学検定試験（ECFMG）の準備に忙殺されていた。基礎医学から臨床医学の全科目をもう一度やり直す、この目的には病理学研修を一年間受けるのが最良の方法だと考えた。

病理学の指導教官はポレイス教授というユダヤ人であった。彼は一八九九年ロシヤのウクライナ地方で生まれ、五歳にならない頃、両親に連れられてアメリカに移民。両親は貧乏な雑貨商であったらしい。彼はブルックリンの下街でアルバイトをしたり、あらゆる奨学金を手に入れ、特待生としてエール大学医学部を一九二四年に卒業したという典型的なユダヤ人気質の学者であった。ポレイス教授は私の所属していた市立病院の病理学研修医の指導のほか、ブルックリン区の中央病院兼医科大学であるニューヨーク市立キングスカウンティ病院・ニューヨーク州立ダウンタウン医科大学の教授でもあった（Kings County Hospital and Downtown State University, Medical School.）。

病理学研修医《レジデント》の仕事は屍体解剖が主だ。来る日も来る日も病院の地下一階にある屍体安置所《モルグ》に隣接した解剖室でユダヤ人のエディという中年の解剖室助手《モルグ・マン》と二人で臓器摘出をやっていた。各臓器の計測と計量をすますと容器に入れて十五階にある検査室にまわす。そこで顕微鏡標本が作成される。その標本を顕微鏡で検査し診断を決定するのもまた研修医《レジデント》の仕事である。いくら働いても仕事は山のようにあった。

ニューヨークの冬は寒い、零下十度ぐらいになるのもめずらしくない。週に一度、早朝七時からポレイス教授のカンファランスが始まる。その準備をするのが、研修医一年生の私の仕事だ。昔気質のポレイス教授はなぜか旧式のアーク灯の顕微鏡投影装置が好きだった。その調整には時間がかかる。まず炭素棒の先端をよく削り、形を斉《ととの》えないと放電発光がうまくいかない。それでカンファランスの朝は午前六時には起床しないと間にあわない。こんな時、ニューヨークの冬のきびしい寒さが骨身にこたえる。

その日の症例研究は脳の悪性腫瘍で死亡した中年のユダヤ人女性の解剖標本を調べる目的だった。私は小脳の活樹体（Arbor Vitae）と呼ばれる部位に転移した癌細胞のスライドを自信をもってスクリーンに投影していた。

「この悪性腫瘍細胞の転移によって患者は死亡したものと思われます」

……と、私が結論を述べると、ポレイス教授は不機嫌そうな様子で、フォルマリン漬けの解剖標本を素手でいじり始めた。

「この全臓器の総てを再検査し、正常細胞が癌細胞に移行する部分のスライドをつくり直しなさい」

つまり彼は原発巣のスライドがなかったことが気にいらなかったのだ。その頃になって気づいた事だが、病理学スタッフはウィーナー助教授をはじめほぼ全員が東欧系ユダヤ人《アシュケナジム》であった。私はこの日の朝、ユダヤ式トレーニングの苛酷で徹底したやり方を肌身を通じて感じとっていた。そして少しずつユダヤ人気質に共感を覚え始めていた。

ぼんやりと研究室の窓から摩天楼を眺めながら空想にふける時もあった。その日、私は〝命の木〟について考えていた。

解剖用語では小脳の活樹体というが、その学名のラテン語の意味は命《いのち》（Vitae）と木（Arbor）を合成したもので〝命の木〟である。いうまでもなく命の木は旧約聖書で物語られているエデンの園に生えている不思議な木のことだ。

〝また主なる神は、見て美しく、食べるに良いすべての木を土からはえさせ、更に園の中央に命の木と、善悪を知る木とをはえさせられた〟

（創世記2・9）

〝ただ園の中央にある木の実については、これを取って食べるな、これに触れるな、死んではいけないから、と神は言われました〟

（創世記3・3）

しかし誘惑に負けたエバはその木の実を食べアダムにも食べさせたので、神はつぎのように考えた。

ニューヨーク市マンハッタン区
（日本交通公社『外国旅行案内』より）

〃主なる神は言われた「見よ、人はわれわれのひとりのようになり、善悪を知るものとなった。彼は手を伸べ、命の木からも取って食べ、永久に生きるかも知れない」〃

(創世記3・22)

知恵を積み、やがて神をもしのぐ能力を持つかもしれない可能性を孕んだ人間の祖アダムとエバは、かくしてエデンの園から追放されることになった。旧約『エゼキエル書』にも命の木の比喩ではないかと考えられる記述が認められる。

〃川のかたわら、その岸のこなたかなたに食物となる各種の木が育つ。その葉は枯れず、その実は絶えず、月ごとに新しい実がなる。これはその水が聖所から流れ出るからである。その実は食用に供せ[1]られ、その葉は薬となる〃

(エゼキエル書47・12)

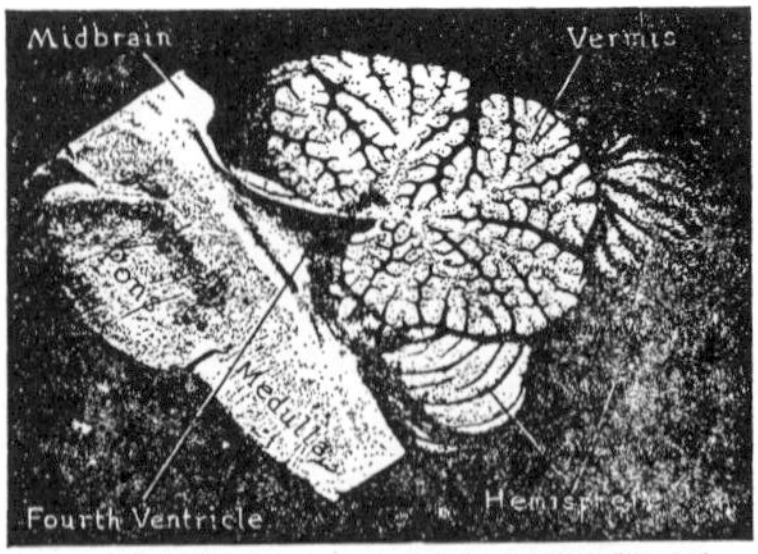

FIG. 230. Median longitudinal section through cerebellum. Photograph

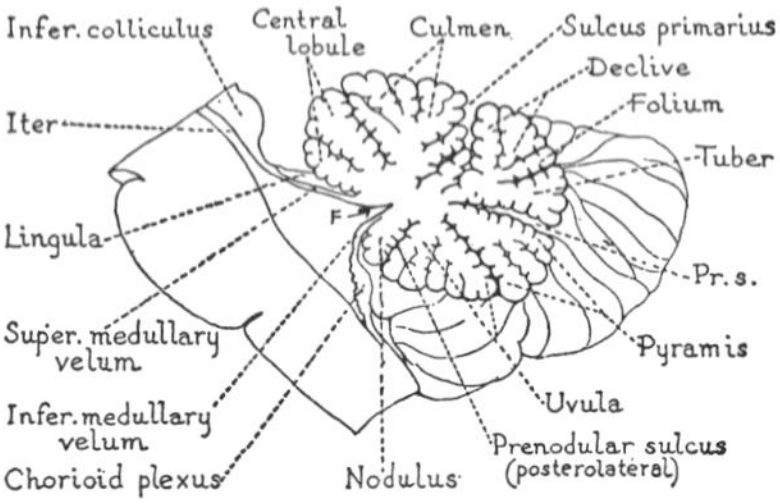

小脳の活樹体 (Arbor Vitae) (Oliver S. Strong & Adolph Elwyn, 1943)

ところで脳の内部にある命《アルボール》の木《・ヴィタエ》、つまり小脳の活樹体(2)は解剖のさいの小脳断面を眺めればすぐにわかる。その断面は樹皮状の灰白質と白質がたがいに入り組んで、木の形を連想させるからである。そこで小脳の活樹体は、エデンの園の中央に生えている命の木からの連想であろうとすぐに気がつくことができる。

十三世紀ごろ、スペイン在住のユダヤ人たちの間では神秘思想研究が活発におこなわれており、その集大成が『光輝の書《ゾハル》』と呼ばれ現存するカバラ思想関係の資料としては最も完璧なものである。(3)そしてこのゾハルのなかにも命の木に関する神秘主義的解釈が記述されている。ゾハルのなかの命の木に関する部分を抄訳してみることにしよう。

〃「エデンの園の中央には命の木と、善悪を知る木がはえていた」(創世記2・9)。伝説によれば命の木は五百年の旅でやっと「踏破できるところまでその木の枝が伸びているという。そして、創造された総ての水は、命の木の根にそそぎこまれる。この木はエデンの園の中央にあって、創造された水は総てこの園にそそぎ入り、そして流れ去る。沢山に分れた水の流れは下って〃野獣の野〃へそそぎ、さらに水の流れは天なる『清純な香油《バルサム》の山』へそそぐ〃(光輝の書)

カバラ思想研究家ウェイト(4)によれば命の木は、比喩的につぎのような意味を持つという。つまり木の葉、枝、幹、根はすべて一本の命の木として結合される。すべての霊魂はちょうどエデンの園から流れ出る川の水のように聖なる存在である命の木から流出《エマネイション》(Emanation)される。だが流出の度合いには段階があり、そのために霊魂にもまた命の木のように葉の部分、枝や根や幹の部分などを含んでいるのだという。

小脳・活樹体の命名者がカバリストであったと断言することはできないが、解剖標本を前にすると妖しげな神秘思想からの影響を仄かに感じとることもあった。

地下一階の解剖室で摘出した脳をカーゼで包み、広口のガラス瓶に入れて病理研究室に持ってくる。人間や霊長類の脳のなかには黒色のメラニン色素を含んだ顆粒をもつ神経細胞群が存在している。これは中脳より間脳下部の領域にわたって存在していて、解剖学用語では黒質または黒核（Substantia Nigra; Nucleus Nigra）と呼ばれる。まだフォルマリンで固定してない柔らかい人間の脳を幅広い金属篦《スパチュラ》で切断してみると、その断面にうっすらと淡く黒味を帯びた部分が肉眼でもはっきり見える。これが黒質と呼ばれる部分だ。その柔らかい脳の断面にじっと見入っているとその目の前にある神秘的な物体になにか畏敬に近いものを感じないではいられない。

病理研究室は十五階の病院屋上に聳える三階の塔のようになった部分につくられていたから、正確には十六階から十八階に相当する。この塔の中で私は窓ごしにマンハッタンの摩天楼を眺めながら嘆息をついて、このどうしようもない神秘的な物体・脳の断面を凝視していた。

黒質はうっすらとして、そこはかとなく淡く黒ずんでいる。それは古代中国の老荘思想で言う〝玄〟という感じに近い色なのかも知れないと、私はぼんやり考えていた。この煉瓦造りの象牙の塔の中の研究室は人気もなく、コンクリートで被われた舗道の地面からあまりにも離れた現代の仙界のように思えたとしても、不思議ではなかったろう。そこで私はいろいろと空想をめぐらし、突飛もない夢想にふけっていた。

その当時の印象をもとに考えてみると、脳の黒質からの連想が引き金となって浮んできたのは古代中

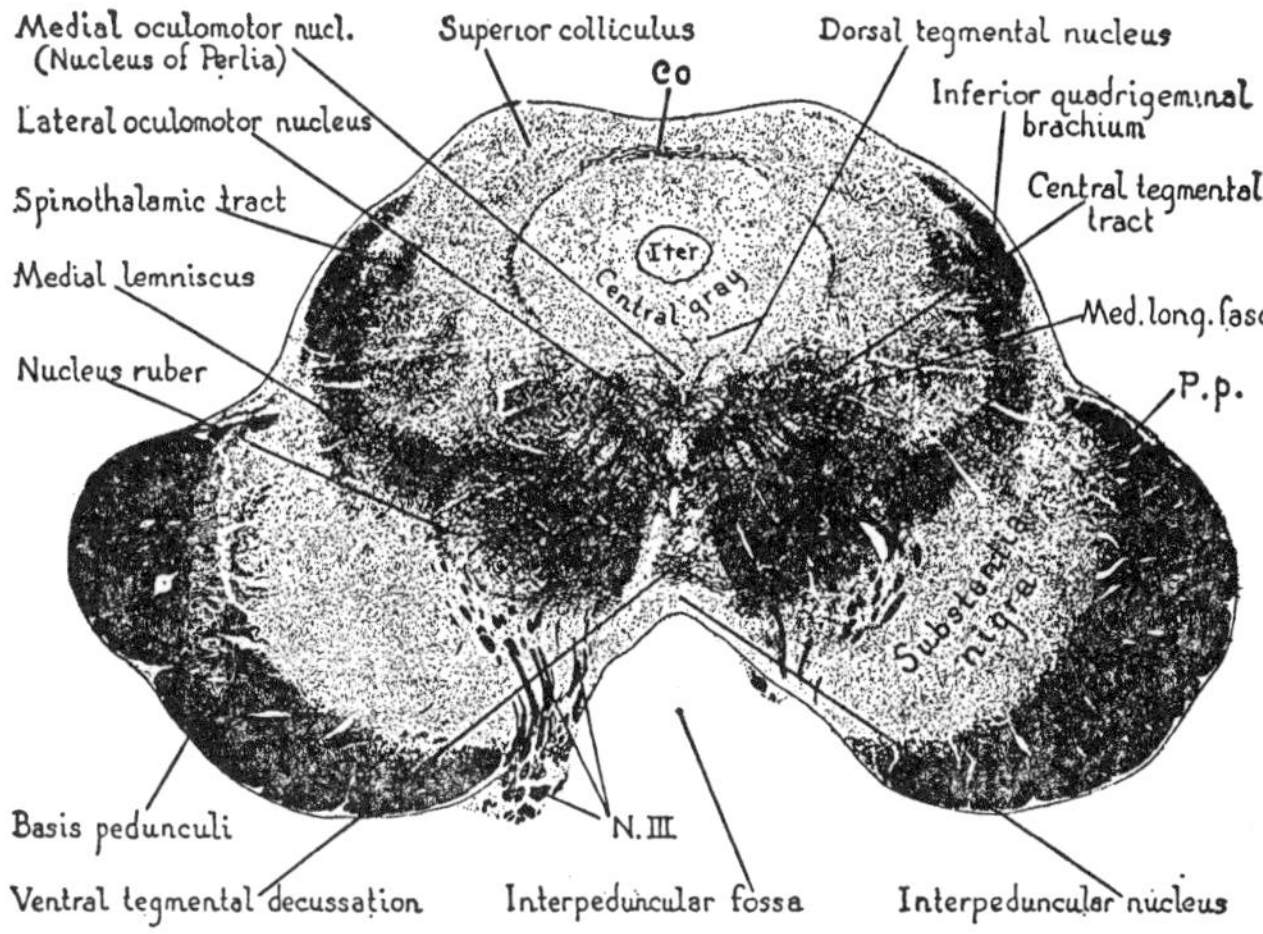

黒質 (Substantia Nigra)
(Oliver S. Strong & Adolph Elwyn, 1943)

国の奇書『抱朴子』のつぎのような記述であった。

〃玄とは自然の始祖、万物の生まれ出る大本《もと》である。ぼんやりと暗く見えるほどに深い。だから「微」とよばれる。ぼおっと霞むほどに遠い。だから「妙」とよばれる〃
（抱朴子）(5)

この宇宙の根元にひそむ黒い色は、下に沈んで幽冥界の底深く澱み、上に浮けば北極星をもしのぐようになると形容されている。この黒い色〃玄〃によって、天は高く、地は低く拡がり、すべての生命の源になると信じられている。天の黄道帯をめぐる二八宿の星座をはりめぐらすのもこの〃玄〃であり、時間という神秘的な機構を駆動するのもまたほかならぬ〃玄〃の働きである。〃玄〃が静止している時は虚無静寂としており、それが拡散すれば燦然たる文《あや》を現わすという。〃玄〃があれば、そのもたらす楽しみは無窮のものとなり、ひとたび〃玄〃が出れば肉体は崩れ、精神は四散して飛び散ってしまう――と抱朴子は語るのである。

解剖したばかりの新鮮な大脳の断面に見えるあの黒質の色調はまさに〃玄〃と呼ぶべきものではなかろうか――な

ど空想してみたものだった。このように考え始めると、脳の各部につけられた名称がなぜ蒼古的であり、神秘的なニュアンスを帯びているのかの理由がなんとなく判るような気がする。

脳は物質であって、同時に物質以上の可能性を秘めた存在である。だが解剖の終わったあとの脳はあらゆる活動が停止し、形骸だけが空しく残されている。病理学の周辺には神秘思想がたちこめていたのかもしれない。

ニューヨーク市ブルックリン区での二年間の研修医生活のあと医学検定試験にも合格して、ニューヨーク郊外のウエストチェスター県立精神医学研究所で前後三年間にわたる精神科専門医の研修を受けることになった。そこは広々としたエルムの林のなかに散在して建てられたニューイングランド・スタイルの渋い煉瓦建てのビル群のほか、発電所、牧場、刑務所なども附属していた。地名はバルハラ(Valhalla)、それは北欧神話アースガルズ宮内にある戦死者の霊が神の侍女たち(Valkyries)にかしずかれて饗応を受けるというオーディンの殿堂に由来する地名である。この広大な病院群グラースランドの背後の丘陵地帯には、その地名の通り静かな墓地が拡がっていた。現在この施設はそのままニューヨーク医科大学となっている。

この精神医学研究所(Psychiatric Institute)はウエストチェスター県内で発生した精神障害者の鑑定を実施するところで、少数の外来患者も取り扱っていた。長期療養患者は総て州立病院へ送られる。所長のロックウェル博士はコーネル大学精神科助教授からこの職についた典型的な英国系アメリカ人であったが、彼以外の指導教官、心理学者、研修医のほぼ全員がユダヤ人だった。アウシュビッツで家族のほぼ全員が虐殺されたポーランド系ユダヤ人の女医もいたし、兄弟の一人がモスクワ市内の精神病院の院長をしており、自分はアメリカで精神科医として開業するつもりだというウクライナ地方生まれのユダヤ人研修医もいた。イタリヤのトスカナ地方からやって来た陽気な研修医も、よく聞いてみるとやはりユダヤ系であった。

研修医は総て病院敷地内の宿舎で生活しているので、どうしてもユダヤ人の家庭生活、食事、物の考え方、交友関係などのあらゆる面で接触をもつことになる。そのうちにユダヤ民族には二つの大きなグループがあることも判りかけてきた。東欧系ユダヤ人はアシュケナジム（Ashkenazim）と呼ばれ、精神分析学の祖S・フロイトもこのグループに属する。もう一つのグループはスペイン・ポルトガル系ユダヤ人で、現在北アフリカ、地中海地方、オランダ、英国などに住む人たちで、彼等はセファルディム（Sephardim）と呼ばれる。アシュケナジムはドイツ語とヘブライ語の混合したイディッシュ語を用い、セファルディムは古典的ヘブライ語のほか、スペイン語化したヘブライ語ラディノ（Ladino）などを用いる。

第二次大戦前後、ウィーン在住のフロイト学派の精神分析医たちはナチの弾圧を逃れてニューヨーク付近に移民してきた。とくにマンハッタン、ブルックリンなどには移民初期の人たちが多く居住し、アメリカ生活に慣れてくるとニューヨーク郊外のウエストチェスター県へ移住してくるケースが多かった。その地域の中央病院が私が研修を受けていた精神医学研究所だったから、そこにむんむんするほどのユダヤ的雰囲気が立ちこめていた理由もよく理解できるはずである。

精神医学には大きく分けて二つの学派がある。その一つは生物学派であり、脳の代謝研究、神経生理学的研究などを核とした思弁形式を採用している。もう一つは心理学派と呼ばれ、フロイトの精神分析学、C・G・ユング学派、実存主義精神病理学などがこの学派に含まれる。

一九六〇年当時のニューヨーク地方はフロイト学派のメッカであった。そこで当然のことながら、私のいた精神医学研究所での研修内容もフロイト理論がその中核となっていた。指導教官の一人の教授はフロイト自身から教育を受けた人物ということで尊敬されていた。彼はウエストチェスター県の中心であるホワイトプレイン市内にオフィスを持ち、コーネル大学医学部の教授（Associate Professor）も兼任していた。この教授はやや異色の人物でフロイト理論の総ては一九〇〇年に出版された歴史的著述『夢判断』のなかに全部盛りこまれているから、この本は何度でも繰り返して読み、そのほとんどを暗記するぐらいに熟読せよというのであった。私は英訳の『夢判断』を何回か通読してみた　そして時々ドイツ語版の原著も拾い読みしていた。

ユダヤ人気質のなかで特に私が注目したのは、彼等がとても迷信深いという点である。安息日《サバト》には終日何もしないでぶらぶらしている。それがユダヤ人の何千年来のしきたりだという。食事も変わっている。清浄食《コーシャ》（Kosher）というものがあり、豚肉は食べず、牛肉はとくにユダヤ律法に従って正式に処理されたもの以外は食べないし、マッオ（Matzo）と呼ばれる酵母の入らない、クラッカーのような固いパンを食べる（現在東京のスーパーマーケットに行ってみるとマッオが売られているのでびっくりする）。ただし果物・野菜に関しては全部食べることができる。魚は尾・鰭のついた鮪のようなものは食べられるが、海老・蟹・貝類のような魚の形をしていないものは食用禁止である。そしてこれらのユダヤ律法は総てタルムード（Talmud）という本に書かれているのだという。

ポーランド系ユダヤ人は冗談が好きだ。ポーランドの何処かにヘルムという空想上の街があり、そのヘルムの人々はいつも失敗ばかりやらかしているのだという。そしてヘルムの人々に関する沢山の笑い話が作られた。

〝あるポーランド人がヘルムの街のラビに言った。「タルムードを貸して下さい」「いいですとも、ただしトラックを持ってきてください」……とラビが答えた。ポーランド人はびっくりして借りに来な

ユダヤ教会堂（SYNAGOGUE）
贖罪の日の祭式(6)

かった〟

この笑い話にもあるようにタルムードは浩瀚なものであり、二十巻ほどのボリュームがある。現在私の書斎にもヘブライ語原文に英語対訳つきのタルムードが置いてある。

フロイトの精神分析学を勉強しているうちにS・フロイト自身の持っていた典型的なユダヤ気質について少しばかり調査してみようと思い立った。フロイトの伝記のうち、もっとも定評のあるアーネスト・ジョーンズ著『フロイトの生涯』のなかにはユダヤ人フロイトが各所で描写されている（以下の引用は同書による）。

〟彼の父の家の先祖はずっと昔からラインランド（ケルン）に定住していて、十四世紀か十五世紀にユダヤ人排斥の迫害をのがれて東に逃げ、十九世紀になってからリスアニアからガリシアを通ってドイツ、オーストリアへと、もと来た道を戻ったと信じられる根拠がある〟

〟フロイトは父親から、ヒューモアの感覚、人生の浮沈についてのよい意味での鋭い懐疑精神、さらには、ユダヤ風の逸話を引き合いに出して教訓に説得力をます習慣……を受け継いだ(7)〟

フロイトが父親から受け継いだというユダヤ風の逸話を引き合いにだしながらの説話とは、おそらくタルムードのなかの特にハガダ（Haggadah）にもとづくユダヤ式話法であったと思われる。

ハガダはヘブライ語の動詞カル（KAL）から派生した言葉で、「報告する」「説明する」「註解をほどこす」といった意味をもつ。ユダヤの三大祝祭日の一つ過越祭《パスオーバー》の宵には伝統的儀式として旧約の次の文章が読まれることになっていた。

〟その日、あなたの子に告げて言いなさい、「これはわたしがエジプトから出るときに、主がわたし

סדר

הגדה של פסח

בלשון הקדש ופתרונו בלשון

איטליאנו・

עם כמה צורות על כל האותות והמופתים אשר נעשו לאבותינו

במצרים ועל הים ובמדבר・

וכל סדר קדש ורחץ אל תרחק ממנו כי צורה קרובה・ וכן

מכות מצרים・ ואותיות מצויירות מורות איכות הברכות

ודברים אחרים יפים עד מאד:

נדפס פה ויניציאה בבית

יואני די גארה・

שנת שסט לפ״ק

Con licentia de' superiori.

ベニス版ハガダ (Venice Haggadah, 1609) (8)

になされたことのためである」〟

（出エジプト記13・8）

ユダヤ民族の歴史をもとにしてエジプトからの脱出《エクソドス》（Exodus）に関する説話が生まれることになり、その話が過越祭の宵に物語られたのである。説話のうち最も重要なものは宗教に関する四つの異なった態度を四人の息子と見なし、次のように表現した説話である。

第一の息子は賢明（熱心）であり、第二の息子は不行跡（疑い深く）で、第三の息子は単純（無関心）であって、第四の息子は無知（あまりにも無知なため啓蒙の必要性を知らない）であると説話的に述べられる。この話の出典はエルサレム・タルムードからのもので、四人息子についての説話は十七世紀に刊行されたアムステルダム版ハガダのさし絵として用いられ、その他のハガダにもしばしば登場する。

タルムード研究者によれば、古代タルムード形成期(9)のイスラエルでは過越祭の宵にだけ使用される説話集が存在していて、その本をハガダと呼んだらしい。その説話集に詩が加えられ、次第に現在見られるような形の〝ハガダ〟が形成されたと推定される。

フロイト思想に認められるユダヤ的特徴として、ジョーンズは次のようにも述べている。

〝彼の父は正統派のユダヤ人として育てられたにちがいない。そして、フロイト自身ももとよりユダヤ人の習慣や祭式の総てを身近に知っていた(10)〟

〝ユダヤ人でない人には、フロイトにはユダヤ人的な明らかな特色はほとんどなく、ユダヤ風の冗談や逸話を語る趣味にかろうじてそれが認められるにすぎぬというかもしれぬ。しかし彼は自分が骨の髄までユダヤ人だと感じていた(11)〟

〝一八九五年、自分に加えられた学問上の貝殻追放に意気消沈していた時、彼はもっと身近に感じられる人びとと気の合った交際を求めた。それはユダヤ人のクラブあるいは集会というべきブナイ・ブリース協会（B'nai B'rith Society）のなかにみつかり、彼はその協会に一生属していた[12]。ナチが一九三八年三月、国際精神分析出版所を占拠する口実に用いたのは、フロイトが〝地下政治運動グループ〟、つまりブナイ・ブリース協会員であったということだった。

〝B'nai B'rith〟とはヘブライ語の〝契約の子〟という意味である。この協会は一八四三年十月、ニューヨーク市マンハッタンのユダヤ人居住区 Lower East Side において十二名のユダヤ人により結成され、その後急速に発展し、現在では会員数五十万人、支部は四五カ国に存在する世界最大のユダヤ人結社である。この結社の目的はユダヤ人相互の親睦のほか、ユダヤ人難民の救助、イスラエル国援助などである。

フロイトの真の友人たちは、このブナイ・ブリースのなかにいる人たちだけだったとも言える。この半秘密結社のなかでだけ、彼は心からリラックスすることができたらしい。

ユダヤ学を研究するにつれて、精神分析学の背後にはフロイトがおり、さらにその背景にはユダヤ民族とその伝統が潜んでいる事実が次第に明瞭となってきた。

そしていつのまにか、私はユダヤ神秘思想・カバラ関係の文献のなかにのめりこんでいくことになった。

註

(1) 命の木に関する記述は、この他、旧約・箴言3・18、11・30、13・12、15・14などにも認められる。外典・第二エズラ書8・52にも記述あり。

(2) この解剖学用語は、十七世紀のフランスの植物学者 Charles de Lecluse (1526～1609) によって命名された。

(3) ゾハルについては後述する。The ZOHAR. transl. by H. Sperling & M. Simon. The Soncino Press, vol. I p. 132. 参照。

(4) The Holy Kabbalah, by A. E. Waite. WEHMAN Bros., N. Y., p. 589. 参照。

(5) 『抱朴子』内篇　巻一、暢玄、本田済訳、平凡社・中国の古典シリーズ4より引用。

(6) The Jew. Encycl. vol. II. p. 283. の挿絵より。

(7) アーネスト・ジョーンズ著、竹友安彦・藤井治彦訳『フロイトの生涯』紀伊國屋書店刊、二三、二六ページより引用。

(8) The Passover Haggadah. Venice 1609. A limited facsimile edition No. 323. (著者蔵) の挿絵より。

(9) 本書第一章四八～六二ページ参照。

(10) ジョーンズ・前掲書、三七ページ。

(11) 同前、三九ページ。

(12) 同前、二二三ページ。

第一章　カバラの起源

I　シルクロードのユダヤ人

ユダヤ人は昔からある一つの伝説を語り伝えてきた。それは〝失われた十支族〟というものである。旧約にはつぎのような記述がある。

〝イスラエルの王ペカの世に、アッスリヤの王テグラテピレセルが来て、イヨン、アベル・ベテマアカ、ヤノア、ケデシ、ハゾル、ギレアデ、ガリラヤ、ナフタリの全地を取り、人々をアッスリヤへ捕え移した〟（列王紀下15・29）

アッシリヤ北部王国に移住させられたこれら多数のユダヤ人たちは、その後どのようになったのだろう。

旧約外典『第四エズラ書』にはつぎのような記載がみられる。

〝そしてあなたは、彼が別の穏やかな群衆を自らの許に集めるのを見たが、これらはヨシア王の時代に捕えられ、その領土から連れ出された九つの部族である。アッシリア王シャルマネサルがこれを捕虜として連れて行き、河の向うへ移した。こうして彼等は異国に連れて行かれた。しかし彼等は異邦

人の群を離れ、かつて人のやからが住んだことのない更に遠い地方へ行こうと相談した〃

（外典・第四エズラ書13・39〜41）[1]

ここに記された河とはユーフラテス河のことである。歴史的にはヨシア王の時代ではなく、ホセア王の時代に発生した事件と推定される（紀元前七二二年頃）。

またタルムードにもラビ・アキバの言葉として〃失われた十支族〃について言及した部分がある。[2]

これらの記述は、ユダヤ民族離散の歴史のなかでもっとも初期の例である。これらのイスラエルの民はその後なんの痕跡も残さず、〃失われた十支族〃となって消滅してしまったのであろうか。[3]

一八七九年、横浜で印刷された一冊の英文の本がある。著者はマック・レオド（McLeod）というアイルランド系貿易商で、表題が『日本古代史の縮図』（Epitome of the Ancient History of Japan, 3rd Ed.,

ユダヤ百科事典に掲載されているマック・レオドによる日本人（容貌がユダヤ人に似ていると指摘されている）[4]

Tokyo, 1879) となっている。マック・レオドによれば、日本の神社構造では聖なる場所と至聖所とが区別されていてこれは古代のユダヤ神殿の構造と非常によく類似していること、祭礼のさい神主《かんぬし》はリンネルの衣をつけ縁なしの帽子を被りはかまをつけ祖先の霊をまつるが、これはユダヤ教の古代祭式と比較しうるものであること、さらに祭礼のさいの祭列配置が古代ユダヤ教のそれと類似していることなどを挙げて、日本人こそはイスラエルの〝失われた十支族〟の後裔であるという興味深い説を展開しているが、現在では学問的考証に耐えるものではないと見なされている。

それでは〝失われた十支族〟はどこへかき消えてしまったのであろうか。

西洋から東洋まで蜿蜒《えんえん》と続く〝絹の道《シルク・ロード》〟を通って中国にまでたどりついたユダヤ人の集団があった。

東洋と西洋を結ぶ通商路はタンナイムやアモライムの居住したペルシャ・バビロニア地方を経由していた。古代ローマ人は東洋から絹をはこんでくるユダヤ商人のことを〝絹の人〟(Silkmen; seres = ser, sericum = silk) と呼んだ。

西暦八五一年に発行されたアラビア語の書『印度と支那を旅行した二人の回教徒の記録』[5]によれば〝ユダヤ人は帝国(中国)に記憶しえないほどの古代期から移住している〟と記されている。このような記録からユダヤの〝失われた支族〟が中国系ユダヤ人の祖先ではないかという説が生まれることになった。[6]

中国系ユダヤ人自身の伝承によれば、中国への移住は漢代から明朝までの期間(紀元前二世紀～十二世紀)におこなわれたと語り伝えられている。九世紀のユダヤ人大旅行家スーラメイン(Sulamain)によれば、西暦六五年頃に中国へのユダヤ人移住がおこなわれたとされる。西暦二三一年頃、ペルシャ地方

ユダヤと日本の祭礼の類似が指摘されている（ユダヤ百科事典に引かれているマック・レオドの『日本古代史の縮図』）（7）

のユダヤ人に対する迫害が発生し、多数のユダヤ人が印度へ移住したという記録がある。さらに河南省開封に在住した中国系ユダヤ人自身も彼等の祖先は印度から移住してきたという伝承をもっていた。宋代（西暦九六〇年～一一二六年）にも多数のユダヤ人が印度から中国へ海上路経由によって移住をおこなっている。つまり、その頃には既に陸上の〝絹の道〟は閉鎖されてしまっていたのかもしれない。

　中国系ユダヤ人自身は彼等の宗教名を中国語で〝刀筋教〟と書いていた。この名称の由来は、旧約の次の章句にもとづいている。

　〝そのため、イスラエルの子らは今日まで、もものつがいの上にある腰の筋を食べない。かの人がヤコブのもものつがい、すなわち腰の筋にさわったからである〟（創世記32・32）

　ここでいう〝もものつがい・腰の筋〟とは座骨神経のことである。このような〝刀筋教〟という名の起源を見ても、彼らの移住時期が古代にまで遡ると推定しうる。

マルコ・ポーロの有名な『東方見聞録』にも十三世紀当時、中国においてユダヤ人は商業的、経済的に有力な地位を占めていたことが記されており、さらにフビライ・カーンの宮廷にいたユダヤ人について、次のように記されている。

〝カーンがこのように行動して合戦に勝利を収めた後日のことであるが、宮廷に侍るイスラーム教徒・偶像教徒・ユダヤ教徒をはじめ神を信ぜぬもろもろの人たちは、ナイアンが合戦に臨んで軍旗の上に掲げた十字架を愚弄した(8)〟

中国在住のユダヤ人集団は政治的には極めて消極的な姿勢をとっていたらしい。中国の正史に初めてユダヤ人が登場するのは西暦一三二九年のことで、当時、沅江附近に在住したユダヤ人に対しての徴税の記録に関するものである。西暦一三五四年、豊裕な回教徒・ユダヤ教徒が徴税に反対し、反乱を起こした記録もある(9)。

中国系ユダヤ人に関しては、十七世紀にカトリック宣教師が中国系ユダヤ人とその教会堂《シナゴーグ》を発見しヨーロッパで報告するまで、ほぼ完全な忘却期間があったことになる。

十七世紀初頭、北京に滞在したイエズス会宣教師マテオ・リッチ神父のところへある日、若い中国系ユダヤ人がやってきて面会を求めた。青年はマテオ・リッチ神父から聖母マリアが幼児キリストを抱いている絵を見せられたとき、彼はこの絵が旧約の物語に登場するエサウとリベカの像であろうと理解したとの事である。この青年の語るところにより中国大陸に古いユダヤ教信者のいることがわかり、イエズス会の宣教師が派遣された。調査の結果、五、六百人の中国系ユダヤ人の集団がそれぞれ河南省開封および浙江省杭州にいることが判明した。

一八五一年に作成された報告書(10)によれば、中国系ユダヤ人は長年の中国大陸における孤立した歴史のなかで中国文化にほぼ同化してしまい、救世主《メシア》に関する信仰は完全に失われ、割礼の習慣もイエズス会宣教師によって発見された十七世紀初頭には残っていたが、その後の二世紀間に完全に忘却・廃止されてしまっていた。調査実施当時の中国系ユダヤ人の経済的状態は極貧に近く、半ば廃墟と化した彼等のユダヤ教会堂《シナゴーグ》を再建するなどほど遠い状態であった。またその人口も二百人未満に減少しており、多くは近隣の中国人の異教徒と雑婚していた。さらにこの報告書では、数年以内に彼等の間からは総てのユダヤ的特徴が消滅するであろうという予測もなされた。

しかし同年七月付の別の報告書によれば、割礼がまだ行なわれていること、推定人口も前の報告書より多大であるとの修正が加えられた。

これら中国系ユダヤ人救済のため一八五二年、一八六四年の二回にわたり英国およびアメリカから派遣団が同地方に赴いたが、当時は太平天国の乱（長髪賊の乱、一八五〇年〜一八六四年）の混乱期にあったため救済事業は失敗に終わった。その後、中国系ユダヤ人のコロニーは完全に解体・四散してしまった。

一八七〇年当時、河南省開封にあったユダヤ教会堂は崩壊寸前の状態に置かれていた。その教会堂は三〇〇フィートないし四〇〇フィートの奥行と、一五〇フィートの幅を持つ敷地に建てられており、その四隅は正確にエルサルムの方向を示す西に位置づけられていた。これは旧約の記述どおりに教会堂が建設されたことを意味している。

〃ダニエルは、その文書の署名されたことを知って家に帰り、二階のへやの、エルサレムに向って窓の開かれた所で、以前から行なっていたように、一日に三度ずつ、ひざをかがめて神の前に祈り、かつ感謝した〟　（ダニエル書6・10）

教会堂内部は六〇フィートと四〇フィートの大きさの部屋の中央に一段高い椅子があり、刺繍をほどこされたクッションが置かれていた。その上に『律法《トーラ》の書』（旧約の五書）が置かれ、その椅子は〝モーゼの椅子〟と呼ばれていた。これは新約の次の記述と一致する。

〝律法学者とパリサイ人とは、モーゼの座にすわっている〟（マタイによる福音書32・2）

〝モーゼの椅子〟の前の机には金色のヘブライ語で文章が書かれ、教会堂の奥には至聖所がもうけられ、そこに絹に書かれた十三巻の律法《トーラ》の書が納められていた。この教会堂の発見当時は、安息日《サバト》などユ

河南省開封の中国系ユダヤ人(11)

ダヤの年中行事が行なわれていたらしい。

これら中国系ユダヤ人に関する資料は現在どこにあるのだろうか。イエズス会宣教師による報告書は、ローマ・イエズス会本部に保存されている。またこの開封におけるユダヤ関係の資料は、アメリカのシンシナチ市のヘブライ・ユニオン大学（Hebrew Union University）に保存されている。しかし、開封における中国系ユダヤ人に関係した資料の大部分は、同地を宣教区域としていたカナダ系アングリカン教会宣教師団が教会堂の解体にあたったため、現在カナダ・トロント市にある王立オンタリオ博物館に保存されている。

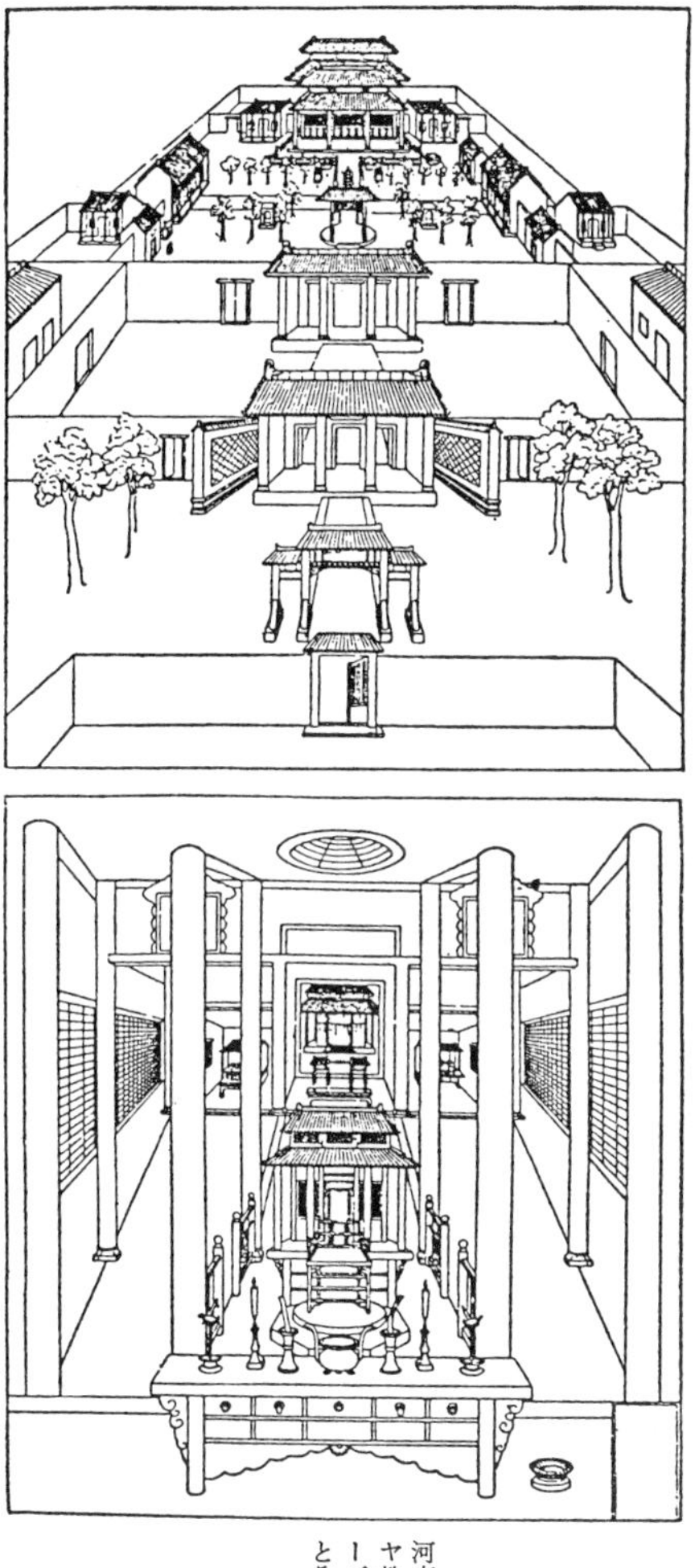

河南省開封のユダヤ教会堂（シナゴーグ）の外観〔上〕とその内部〔下〕(12)

現在の新生中国の開封からは、もはやユダヤ的痕跡は完全に失われてしまったようだ。[13]
以上述べたようなことから判るように、紀元前二〜後十二世紀頃、すでに中国にまでユダヤ人の足跡は残されていたのだ。遙かなる〝絹の道〟は〝絹の人〟の道だった。〝絹の人〟とはユダヤ人にほかならなかったのである。その中継地ペルシャ・バビロニヤ地方では当時アモライムと呼ばれた学者たちによって活発にタルムード編纂の作業が続けられていたのである。

　これらアモライムの人物像については、わが国ではほとんど紹介されたことがない。アモライムの活動期は三世紀から五世紀までであり、その活躍の場所は東洋の一角、バビロニヤ地方であった。さらに興味深い点は、当時同地方の支配者層をわが国では一般にササン朝ペルシャ（西暦二二六年〜六四一年）と呼び、そのササン朝ペルシャで生産されたカット・グラス（玻璃器）の数点は長大な隊商路《キャラバン・ルート》（絹の道《シルク・ロード》）を経て、奈良の正倉院の収蔵品として現存している。

　ガラス工芸の技術はユダヤ人と深く結びついていた。彼等は古くから〝離散の民《ディアスポラ》〟として各地を転々と移動しながら生活を営んできた。そのさい生計の手段としてガラス工芸とか絹織物・染色などの専門技術が各家族の世襲職となり、そうした生計手段があったからこそユダヤ人たちは知らぬ土地で生き続けてこられたのだとも考えられる。

　ガラス製品はすでにエジプト第五王朝期頃から生産されていた。ローマ帝国の将軍であり、かつ自然学の研究者であったプリニウスはその著書『博物誌』（第36巻第25章）のなかで、ガラスはフェニキヤ人の発明である——と記しているが、これは一種の作り話と考えていい。ガラス技術はエジプトからシドン（Sidon 又は Zidon）の地に移動し、そこが古代ガラス工芸の中心地となった。シドンは現在のベイルートから南方へ二〇マイルの距離にあった。この都市については、旧約につぎのような記述がみられる。

〃ゼブルンは海べに住み、
舟の泊る港となって、
その境はシドンに及ぶであろう〃

（創世記49・13）[14]

旧約において直接ガラスに関する記述が認められるのは唯一ヵ所だけである。

〃しかし知恵はどこに見いだされるか。悟りのある所はどこか。人はそこに至る道を知らない。また生ける者の地でそれを獲ることができない。淵は言う、「それはわたしのうちにない」と。また海は言う、「わたしのもとにもない」と。精金もこれと換えることはできない。銀も量ってその価とすることはできない。オフルの金をもってしても、その価を量ることはできない。尊い縞めのうも、サファイヤも同様である。こがねも、玻璃もこれに並ぶことができない〃

（ヨブ記28・12～17、傍点・筆者）

近年の発掘調査によってエルサレム郊外の地下から小形のガラス製涙つぼが発見されており、それは旧約の次の記述に一致する。

〃わたしの涙をあなたの皮袋（涙つぼ）にたくわえてください〃 "Put thou my tears into thy bottle."

（詩篇56・8、傍点・筆者）

タルムード形成期にいたり、パレスチナおよびバビロニア地方在住のユダヤ人の間でガラス工芸技術が発展・普及したことがそのタルムードに記載されている。[15] 無色透明のガラスは貴重品であり、その生産技術はエルサレムの第二神殿の破壊とともに失われたとも述べられていて、[16] 一般大衆は色つきガラス

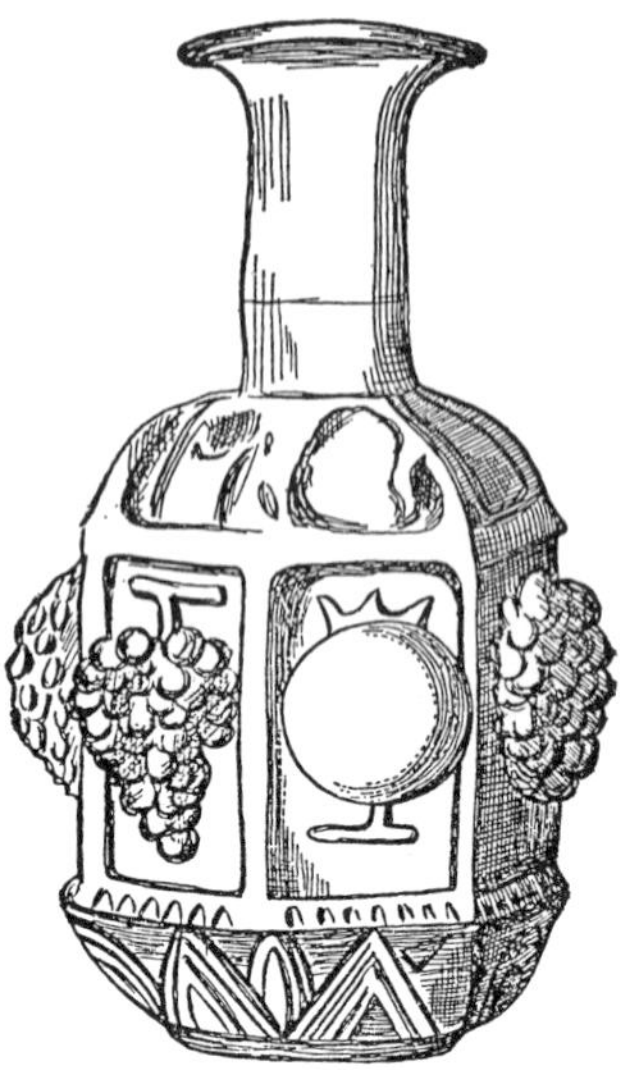

ローマのユダヤ人地下墓地（カタコンベ）出土のガラスびん(17)

器を使用していたものらしい。当時ガラスを素材としてユダヤ職人が製造した商品はテーブル、皿、スプーン、コップ、びん、ビーズ玉、ランプ、ベッド、椅子、ペーパーナイフ、錘《おもり》、その他ガラス鏡も造られた[18]。そしてこれらの製品は、ユダヤ商人によってガラスの目方によって価格がつけられ交易された。それらユダヤ人ガラス職人の手になったであろう玻璃器が奈良の正倉院に収蔵されているというのは、歴史の不思議な謎であると言わねばなるまい。

アモライムについて語る前に一応バビロニヤ地方におけるユダヤ人の歴史について考察してみる必要がありそうだ。

『創世記』ではバビロニヤをシナル（Shinar）と記述している。

〝彼の国は最初シナルの地にあるバベル、エレク、アカデ、カルネであった〟　（創世記10・10）

ユダヤ民族発祥の地がバビロニヤ地方であったと考えることもできよう。またこの地はバベルの塔の建った土地でもあった。

〝全地は同じ発音、同じ言葉であった。時に人々は東に移り、シナルの地に平野を得て、そこに住んだ。彼らは互いに言った、「さあ、れんがを造って、よく焼こう」。こうして彼らは石の代りにれんがを得、しっくいの代りに、アスファルトを得た。彼らはまた言った、「さあ、町と塔とを建てて、その頂を天に届かせよう。そしてわれわれは名を上げて、全地のおもてに散るのを免れよう」。時に主は下って、人の子たちの建てる町と塔とを見て言われた、「民は一つで、みな同じ言葉である。彼らはすでにこの事をしはじめた。彼らがしようとする事は、もはや何事もとどめ得ないであろう。さあ、われわれは下って行って、そこで彼らの言葉を乱し、互いに言葉が通じないようにしよう」。こうして主が彼らをそこから全地のおもてに散らされたので、彼らは町を建てるのをやめた。これによってその町の名はバベルと呼ばれた。主がそこで全地の言葉を乱されたからである。主はそこから彼

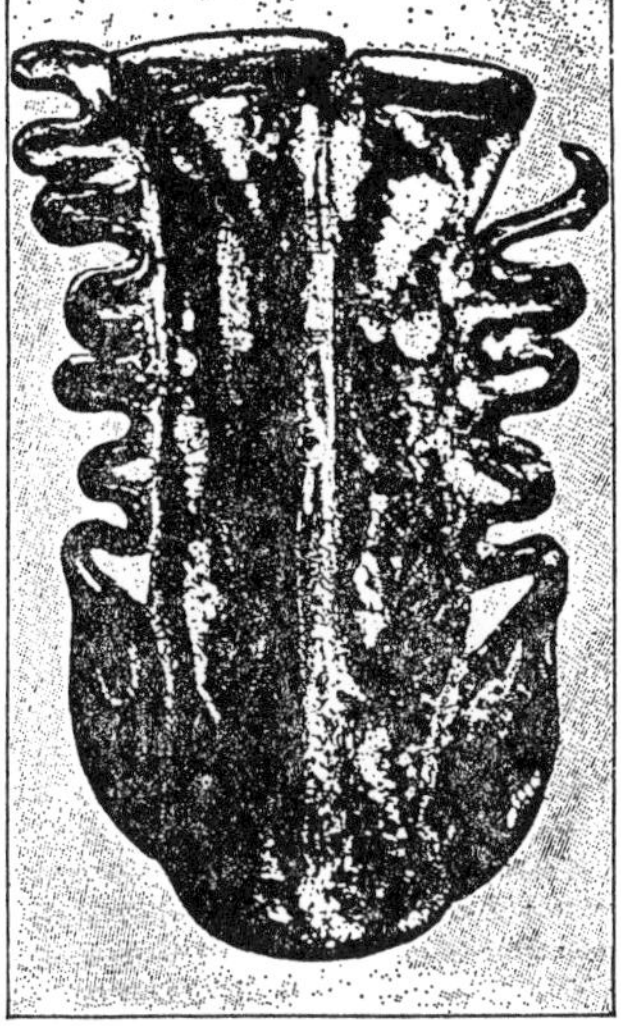

エルサレム近郊で発見された涙つぼ(19)

らを全地のおもてに散らされた〟　（創世記11・1〜9）
その他、『詩篇』においてもバビロニヤはつぎのように唄われている。
〝われらは
バビロンの川のほとりにすわり、
シオンを思い出して涙を流した〟　（詩篇137・1）
『イザヤ書』（13・1、39・3）にもバビロニヤに言及した部分がある。タルムードには同地方に居住した多数のユダヤ人についての記述が認められる。『列王紀下』（17・6）にはアッシリヤ王がユダヤ人を多数アッシリヤ地方に移住せしめたとの記述が認められる。それから数世紀後、ユダヤ人たちはハマダン、ネハウェンド、ガザなどの地に居住していた。(20)
チグリス河とユーフラテス河の間にはさまれた沖積デルタ地帯のことをギリシャ語でメソポタミアと呼ぶようになったのは、アレキサンダー大王の時代からである。
ローマ皇帝トラヤヌスの時代に発生したバー・コクバの反乱事件によって、多数のユダヤ人がまたバビロニヤ地方に移住させられた。
バビロニヤ地方に移住したユダヤ人集団にはレッシュ・ガルタ（Resh Galuta）と呼ばれる集団の長《おさ》の位があった。伝承によれば、このレッシュ・ガルタに就任する家系は古代のダビデ王の直系の子孫でなければならないとされていた。このレッシュ・ガルタに比較しうる地位の記述が『列王紀』にみられる。
〝ユダの王エホヤキンが捕え移されて後三十七年の十二月二十七日、すなわちバビロンの王エビルメロダクの治世の第一年に、王はユダの王エホヤキンを獄座から出してねんごろに彼を慰め、その位を彼と共にバビロンにいる王たちの位よりも高くした。こうしてエホヤキンはその獄座の衣を脱ぎ、一生の間、常に王の前で食事した。彼は一生の間、たえず日々の分を王から賜わって、その食物とした〃

(列王紀下25・27〜30、傍点・筆者)

レッシュ・ガルタの名称の由来は、旧約の次の章句にもとづいている。

〃これは預言者エレミヤがエルサレムから、かの捕え移された長老たち、およびネブカデネザルによってエルサレムからバビロンに捕え移された祭司と預言者ならびにすべての民に送った手紙に書きしるした言葉である〃

(エレミヤ書29・1、傍点・筆者)

この長老《ゴラ》(Golah)という言葉からレッシュ・ガルタ(=Exilarch)という名称が生まれた(以下、レッシュ・ガルタを長老と訳す)。

長老によって支配されていたバビロニヤ地方のユダヤ人たちについての記録は西暦二世紀後半からのものは残っているが、それ以前の資料はない。長老の地位と権威は、ササン朝ペルシャ時代には非常に高いものとなっていた。

タルムードの伝統によれば、学院長と長老の関係は密接なものであった。〃彼によって指示をうけた学者〃(hakamin debaruhu)、〃長老の家の学者〃(rabbanan di-be resh galuta)、そのほか〃長老の門〃(baba di resh galuta)などの表現がしばしば使われた。またタルムードによれば、長老の果たすべき役割は徴税および裁判官の任命[21]、さらに教会堂《シナゴーグ》で『律法の書《トーラ》』を持ちはこぶことなどであった。

十世紀頃、バビロニヤ地方でナタン・ハ・バブリ(Nathan ha-Babli)という人物によって書かれた手記に、長老に関するつぎのような記述がある[22]。

〝スーラとプンベディタの二つの学院のメンバーはそれぞれ長老によって指導されている。安息日《サバト》の祭礼のさい長老の役割は重要なものである。木曜には教会堂で長老への敬意がささげられ、この行事はトランペット吹奏によって知らされる。参会者はそれぞれの手に長老への贈り物を持っている。ユダヤ人居住区の指導者や金持は立派な衣類・宝石・黄金や銀製のうつわを贈る。

木曜から金曜にかけての夜になると長老の家で豪華な晩餐会が開催される。一夜明けて安息日の朝になると身分の高い人たちは長老と同道して教会堂へむかう。そこには木製の台がしつらえられ、高価な布が柱に巻かれている。その下に選抜された美しい声の若者たちによる合唱団がおり、祭式によくあった（聖書の）章句の合唱がおこなわれる。祭式の開始は祝福の言葉（Baruk Sheamar）で始まる。

長老は朝の祈りのあと布で被われた台の上に現われて立つ。その間参会者一同は総て立ちあがって彼をむかえる。そして二人の学者（そのうちの一人はスーラから）は礼をしながら長老の左右に座を占める。長老の座の上には高価な天蓋がつけられている。そして、祈りの指導者が木製の段を昇り、近くにいる人だけが聞える低い声で祈り、ついでアーメンは合唱団が引きつぐ。これは長老に対する祝福のため前からよく考えられ準備されたものである。それから長老の説教が行なわれる、それはその週の（聖書からの）章句の引用されたもので、スーラの学院長に対しての指令も行なわれる。こうした祭式のあと合唱団の指揮者によって「聖別」（Kaddish）の合唱がはじめられる。

「あなたは生命の日々の」という言葉のあと彼はつぎのように言葉をつぐ。

「われらの皇子、長老の生命のあいだ」と。

聖別の合唱のあと長老は二人の学院長によって祝福を受ける。そして二つの学院に対して各地方

(のユダヤ人集団)より引き続き援助を行なうように要請される。また同様に個人として特別な援助をしている人々にも同じ要請がなされる。

それから『律法の書《トーラ》』が読まれる。コーヘンとレビの二人によって読み終えられると、祈りの指導者によって『律法の書』の巻物が長老のもとにはこばれ、その時総ての会衆は起立する。長老は巻物をその手に受けとり、立ったままで読む。二人の学院長も起立し、スーラの学院長が長老に対して(聖書の)章句を読みあげる。

『律法の書』の読みあげが終わると長老に対する祝福が宣告される。長老が教会堂を去るときムサフ(musaf)の祈りがとなえられ、会衆は総て合唱に参加し、唱いながら長老のあとについて家に帰る。

その後、長老はめったに彼の家の門から外へ出ない。その家のなかでユダヤ人集団《コミュニティ》の行事である安息日《サバト》、断食などが行なわれる。

長老が家の外に出る必要があるときは公用車を用い、多数の従者がしたがう。もし長老が王に対し敬意をはらいたいと思った時には、彼はまず(王に対して)許可を願い出る。彼が宮殿にはいるとまず食事がすすめられ、王の召使いに対して金貨をわかち与えることが許される。そこで王は長老に対してどんな用件なのかを尋ねることになる。

——ざっとこのような内容のことが、ハ・バブリの手記にしるされている。

タルムードを編纂するという大事業を行なっていたスーラとプンベディタの学院と、そこで研究を続けていたアモライムたちの生活が、ユダヤ人集団からの援助によって確保されていたことがよく理解できる。

この〝長老〟という制度は、その後どうなったのだろう。十一世紀初頭、イブン・ハザン（Ibn Ḥazam）という狂信的な論客が長老の権威に対する攻撃を行なっている。しかし興味深いことに、それ以後数世紀の時間が経過し、バビロニヤ地方から遠く東欧諸国に移住したユダヤ人の子孫アシュケナジムの安息日の祈りのなかには十九世紀になっても〝長老《レッシュ・ガルタ》〟のことが書き継がれていた。

註

（1）聖書外典偽典5・旧約偽典Ⅲ、日本聖書学研究所編、八木誠一・八木綾子訳、教文館刊より。
（2）バビロニヤ・タルムード・Sanh. X, 4.
（3）十支族については、旧約・創世記17・20、22・20～24、25・13～16、36・15～19、36・40～43などを参照のこと。
（4）The Jewish Encyclopedia. vol. XII. p. 249. の挿絵より。
（5）Account Written by Two Mohammedan Travelers Through India and China, 851 A.D., Renaudot transl., London, 1733. p. 42.
（6）Jew. Quart. Rev., xiii, 23.
（7）The Jew. Encycl. vol. XII. p. 251. の挿絵より。
（8）マルコ・ポーロ『東方見聞録』I、愛宕松男訳、平凡社刊・東洋文庫より。
（9）Journal North-China Branch of Royal Asiatic Society. News Series, X, 38.
（10）Smith, The Jews at Kai-Fung-Fu, London, 1851; Jew in China, North-China Herald. No. 25.

Jan. 18, 1851.

(11) The Jew. Encycl. Vol. IV. p. 36. の挿絵より。

(12) The Jew. Encycl. Vol. IV. pp. 34 & 35. の挿絵より。

(13) 数年前、イスラエル・テルアビブ市で中国系ユダヤ人に関する遺品を集めた展覧会が開催され多数の閲覧者に感銘をあたえた。一九八五年、イスラエルよりこの展覧会の企画者が東京の著者のもとを訪れ、日本系ユダヤ人の展覧会の企画についての相談があった。

(14) シドンに関する記述は、この他、ヨシュア記19・28、イザヤ書23・2、4、12、ヨエル書3・4などにみられる。

(15) Yer., Shab. vii, 2. 参照。

(16) Sotah 486; Suk. iv, 6. 参照。

(17) The Jew. Encycl. vol. V. p. 677. の挿絵より。

(18) Kelim xxx, 1~4; B.B. 89a; B.K. 31a. 参照。

(19) The Jew. Encycl. vol. V. p. 677. の挿絵より。

(20) Kid. 72a; Yeb. 166. 参照。

(21) Sanh. 5a. 参照。

(22) The Jew. Encycl. vol. V. p. 292. 参照。

Ⅱ　タルムードの成立

私の友人ラビ・トケイヤー（Rabbi M. Tokayer）が、ある日こんなことを言いだした。

〝現在この地球上に存在している人間は総てユダヤ人からの影響を受けている。つまり、マルクス、フロイト、アインシュタインという三名のユダヤ人の影響をまぬがれることはできない〟

確かにこのラビの言う通り、ソ連・東欧圏ではK・マルクスからの影響が支配的である。我々もまたS・フロイト、A・アインシュタインの思想から逃れて生活をすることはむずかしいだろう。

このようなユダヤ人の強い自信の源泉はいったいどこにひそんでいるのだろうか。私の質問に答えてラビ・トケイヤーは物議をかもしそうな返事をした。

〝考えてもみてくれたまえ。ローマ時代からユダヤ民族はその故郷を追放されて生き続けてきた。そして数千年ものあいだ民族としての主体性《アイデンティティ》を失わずに存在し続けてきたのだ。この長い期間を通して、ユダヤ民族はあらゆる土地で迫害を受けてきた。たとえばヨーロッパのある都市のゲットーでユダヤ民族の集団虐殺事件が発生したとする。恐らくその大部分は殺されてしまうが、そのなかの最も

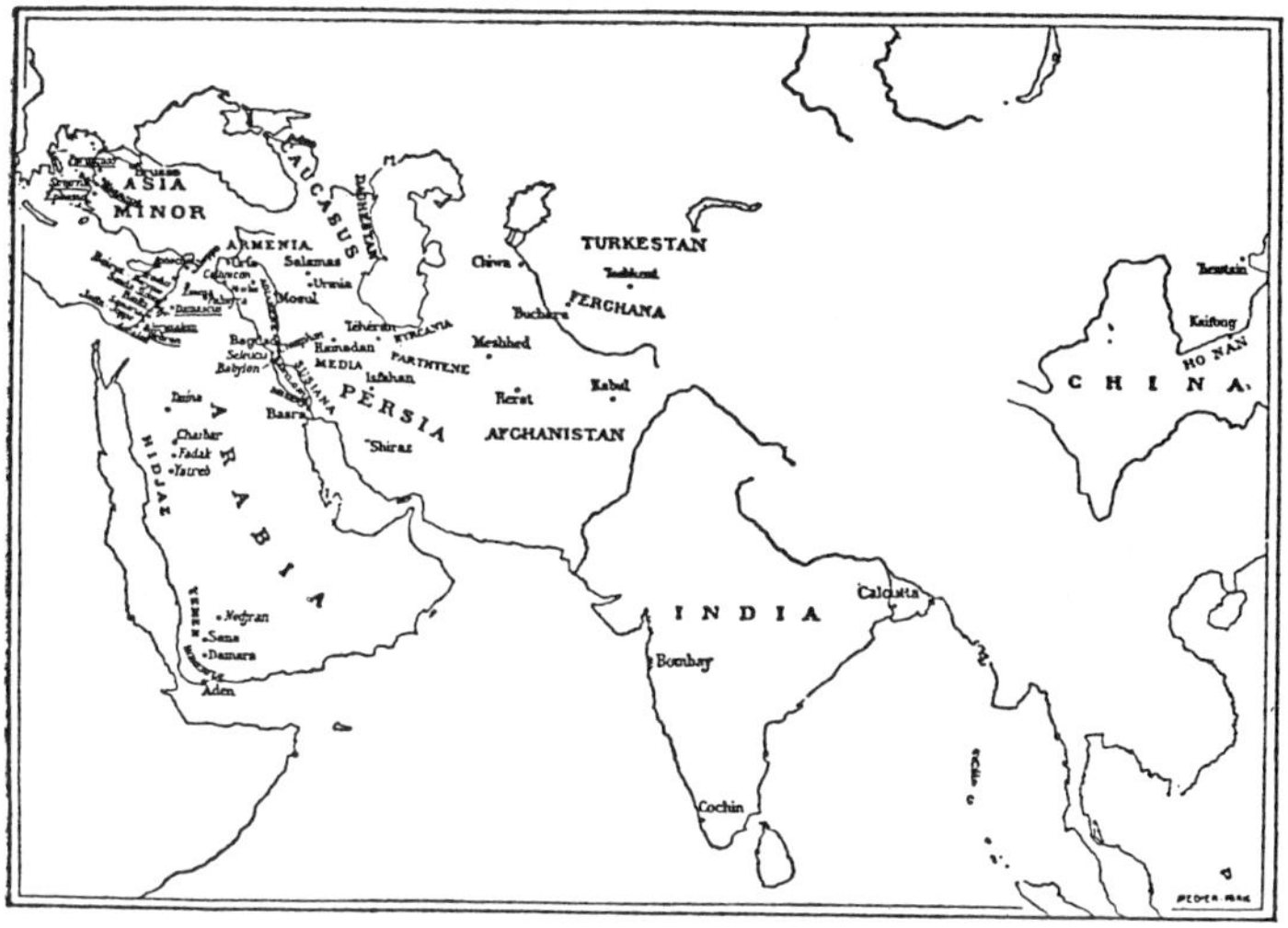

アジアにおけるユダヤ人の居住地域（1）

優秀で状況判断の正しい何人かのユダヤ人は脱出に成功することになるだろう。事実歴史はそのことを証明してくれている。数千年もの期間を通じて絶えず虐殺・迫害という淘汰を受け続けてきた場合、その民族がいかに優秀な分子だけを後世に残す結果になるか想像もつかないだろう〟

ラビ・トケイヤーの言葉には冷酷な歴史的真実がどっしりとした重みで含まれている。ラビはさらに言葉を続けて言った。

〝だからユダヤ人たちの心理には常に脱出という行為に対する偏執的な傾向が認められる〟

世界的に著名な奇術師《マジシャン》・手品師の多くはユダヤ人によって占められているが、そのテーマのほとんどが〝脱出《エクソドス》〟であることは興味深い。なかでも十九世紀から二十世紀にかけて活躍した米国の奇術師ハリー・フーディニ（Harry Houdini, 本名 Erich Weisz, 1874～1926）のことを忘れるわけには

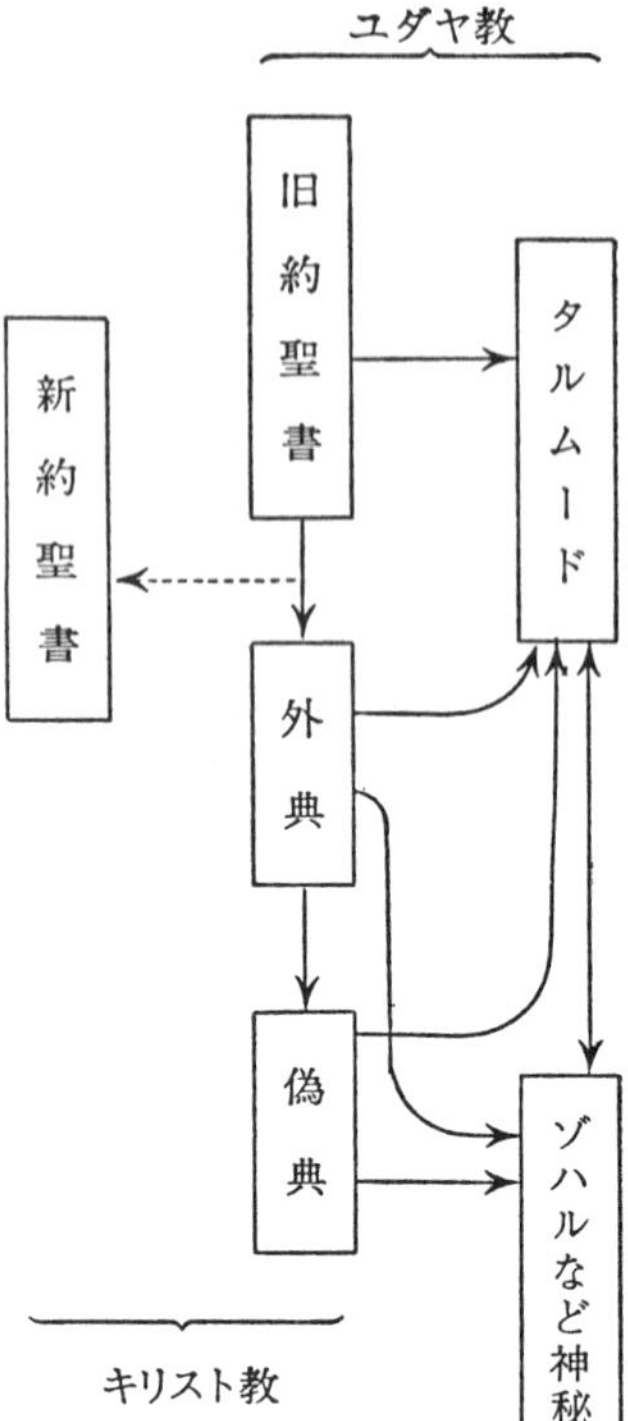

表1

いかない。彼は〝脱出の芸術家〟(Escape Artist)とも呼ばれた。ユダヤ教ラビの孫であるこの人物はブタペスト生まれ、幼年時宗教家であった父に連れられて渡米、ウィスコンシン、アップルトンなどのユダヤ人区で育てられ、当時五セント・サーカス団と呼ばれていた巡回サーカスに参加、後にニューヨーク市において奇術師としての名声を高めることになった。一九一八年、ニューヨーク・ハイポドロームでの初演のテーマは〝生きた象の消滅〟というもので満員の観衆の面前で巨大な象を一瞬にしてかき消してしまうというものだった。またフーディニの名声を高めた脱出奇術は手足に錠をつけて箱につめられたのち、半ば凍結したハドソン河に沈められ、その一見不可能な状況からの脱出に成功するというものだった。

ここにも明瞭な形でユダヤ人の〝脱出《エクソドス》〟に対する執念がいかに強いものであるかの実例をみとめることができよう。

ユダヤ民族が長年にわたりその主体性《アイデンティティ》を保ち続けてきたもう一つの秘密の鍵は旧約聖書のなかにひそんでいそうである。旧約の初めの五書、創世記・出エジプト記《エクソドス》・レビ記・民数紀・申命記は特に重要なものとみなされ、『モーゼの五書』（Pentateuch, hamishshah humshe ha-TORAH）あるいは『律法の書《トーラ》』と呼ばれた。そのほか『預言者の書《ネビイーム》』（Nebi'im）『諸書』（Ketubim）と呼ばれる文献群があり、いずれも紀元前数世紀頃既に成立していたと推定される。そのほか旧約聖書外典（Apocrypha）と呼ばれる古代ユダヤ民族文献群が存在している。さらにその周辺には旧約聖書偽典（Pseudepigrapha）と呼称されるユダヤ民族文献が存在する。

タルムード（Talmud）は旧約聖書モーゼの五書に関する註解書としての性格をもつものであり、その成立は西暦三－五世紀にかけて行なわれた。紀元前二世紀以降、タルムードが形成されるまでの期間、ユダヤ民族とその宗教には大いなる迫害が加えられ、ユダヤ教のなかからキリスト教と呼ばれる新興宗教が生みだされてきた。キリスト教は新約聖書という二七種の文献（そのうちの大部分は書簡の形式）より構成され、独自の思想体系を具えているが、旧約・外典・偽典というユダヤ教文献は総て共有使用している状況である。

その状況を表示したものが、表1である。

＊

従来わが国で行なわれていた聖書に関する研究はキリスト教的立場からのものがほとんどであり、ユダヤ民族の立場から行なわれた古代文献の研究はほとんど紹介されることがなかった。

ユダヤ民族の伝統について語る場合〝タルムード〟（Talmud）を忘れることはできない。現在タルムードは二種類あり、それはパレスチナ・タルムードおよびバビロニヤ・タルムードである。両タルムードは西暦三－五世紀にかけてアモラ（Amora）と呼ばれる知識人たち、およびタンナ（Tanna）と呼ばれる学者たちによって編纂された。

アモラ（複数形はアモライム Amoraim）とは〝話す人〟あるいは〝翻訳する人〟を意味し、ヘブライ語およびアラム語の動詞アマル Amar（言う、話す）より派生した言葉である。タルムードにおいてアモラと記述されている場合には以下のごとく二つの意義をもって使用されている。第一義としては学院内において教師あるいは講師の横に立って聴衆にむかい大声で話しかける役目をもつのがアモラである。通常の場合、講師は学問的な言語であるヘブライ語を話し、その内容をアモラがより通俗的な言語であるアラム語で聴衆に説明することになる。(2)

第二義としてはより広義の意味でアモラは用いられる。パレスチナ地方およびバビロニヤ地方に在住していたユダヤ人の学者たちは西暦三－五世紀の約三百年の間、非常に恵まれた生活と研究時間を持つことができた。その時期はラビ・ユダ一世が死亡した西暦二一九年頃から始まっている。この時期にタルムードの基本となるミシュナ（Mishnah）が書かれたのであり、ユダヤ学院はパレスチナ地方ではティベリアス（Tiberias）、セホリス（Sephoris）、カエサレア（Caesarea）の各都市に置かれていた。まだバビロニヤ地方ではネハルデア（Nehardea）、スーラ（Sura）、プンベディタ（Pumbedita）の各都市にユダヤ学院があった。これらの学院における研究目的はミシュナの文章の意味を論考し、簡潔な表現とすること、旧約聖書の原典との照合作業、現実に発生した事件例に関して律法がどのように適用されうるかの

ロシアの律法の櫃（『モーゼの五書』を収納、シナゴーグ正面に安置されている）（3）

タンナ・アキバ（4）

判例研究、さらに新しい原則の設立のための研究などが含まれていた。そしてこれらの研究を担当した学者たちは、ゲマラ（GEMARA）あるいはアモラと呼ばれることになったのである。パレスチナ地方におけるアモラにはその称号として〝ラビ〟（RABBI）が、バビロニア地方では〝ラブ〟（RAB）あるいは〝マル〟（MAR）という称号があたえられた。

タンナ（TANNA）とはアラム語のテニ（teni）から派生した単語で〝教える〟という意味を持ち、次第にタルムードに登場する学者たちの意味に用いられるようになった。一般にタンナイム期と呼ばれるのは西暦一〇年より二二〇年までの約二一〇年間の時期であり、さらに六つの時期に細分化される（表2参照）。

タルムードのなかで活躍する学者《タンナ》たちの生涯についてはわが国ではこれまでほとんど紹介されていないので、そのうちの代表的な数人についてその伝記を物語ることにしよう。

タンナイム期第四世代に属するシメオン・ベン・ヨハイ

は後にユダヤ神秘思想大系『光輝《ゾハル》の書』の著者と目された西暦二世紀の学者《タンナ》である。ガリレア地方で生まれ、伝説によればメロンの地においてイヤルの月の十八日（18th of Iyyar = Lag be-'Omer）に死亡したと伝えられる。彼の名前はタルムードの各所に登場する。ベン・ヨハイはタンナイム期第三世代に属する大学者《タンナ》アキバの最も優れた弟子であり、師のもとで十三年間にわたって勉学にはげんだ。その期間中、師アキバはローマ皇帝ハドリアヌス（117〜138. A.D.）によって投獄されたが、ローマ皇帝から特別の許可をえて、師アキバの獄中で勉学したとも伝えられる。ベン・ヨハイはシドンの地に居住していたらしい。師アキバのローマ皇帝による迫害という事実によってベン・ヨハイの反ローマ的言動は激しさを増し、師アキバの死後約一年後、ウシャ（Usha）の地において公衆の面前で反ローマ的行動を起こした。西暦一六一年頃のことである。ベン・ヨハイに対する死刑が確定すると彼は山中の洞窟に逃げ、そこで十三年間息子と共に生活することになったという。

　別の伝説によれば、ベン・ヨハイはガダラ（Gadara）近くの洞窟に隠れ十三年間そこに住んだ。食物としてなつめやしの実といなごまめの木（Carob）の実を食べて生きていたが、全身が発疹で被われてしまった。ある日のこと、猟師のかけた網から小鳥が何回も抜け出すのを目撃したベン・ヨハイは、息子と一緒に洞窟から抜けだす勇気が湧き起こってくるのを感じた。小鳥が網から抜け出したのは神の意志の前兆のように思われたからであった。洞窟の外に出れば自由があると〝天の声〟（bat kol）が告げた。ティベリアス湖に注ぐ温かい流れに身をひたすと、全身を被っていた発疹はきれいに治ってしまった。

　ティベリアス湖の付近には古代の聖人たちの墓が沢山あったのだが、その場所は失われてしまっていた。そこでベン・ヨハイはこれら古代の聖人たちに感謝の気持を捧げるために、それとおぼしき場所に

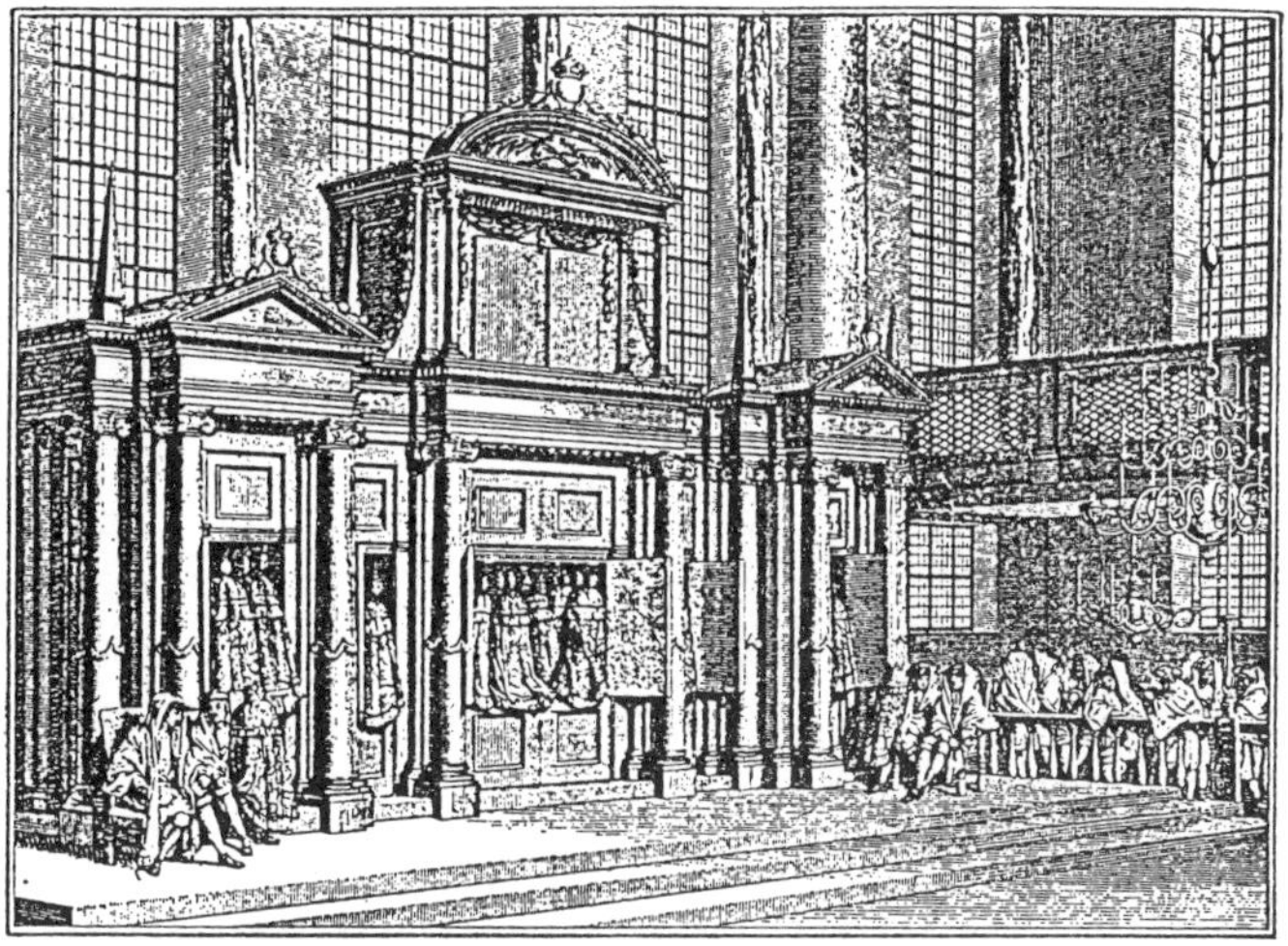

アムステルダムの律法の櫃(6)

ルピナスの木 (Lupine) を植えたという。その際いくつかの墓をあばき、屍体を他の場所に移したあと、その地が聖別されたと宣言した。ベン・ヨハイを信用していない人達はその行為を不愉快に思い、あるサマリア人は秘かに屍体をもとの場所に移した。しかし、ベン・ヨハイは直ちにその行動を聖霊の力によって知り、次のように言ったと伝えられる。

〝何か上なるものがくだり、何か下なるものが昇ってこい〟

するとそのサマリア人は墓にとじこめられ、ベン・ヨハイを侮った学校の長《おさ》マグダラは骨くずの山となった(5)。

別の伝説によれば、ベン・ヨハイとその子エレアザールが洞窟に隠れた時、奇蹟が起こり洞窟のなかにいなごまめの木 (Carob) と泉が出現したという。衣類を節約するため彼等は裸になって砂の上に座った。すると、彼等の皮膚はかさぶたですっかり被われてしまった。十二年の生活のあと預言者エリヤが出現しローマ皇帝の死を彼等に告げ、死罪が無効になったことを宣告した。ベン・ヨハイは洞窟から外へ出た。そこで目にしたものは人々が快楽の追求にあけくれ、神の定めた律法を守っていない状況だった。ベン・ヨハイはそれを一目見るなり怒りにかられ、その眼力で彼等を一撃した。そのとき〝天の声〟(bat kol)が彼等に洞窟にもどりさらに十二カ月の間、そこに止まるように命じた。十二カ月のあと〝天の声〟の命によって洞窟から出てみると、義理の息子ピネハスと逢った。彼は泣きながら俗世間のなさけない状況を話した。そのときベン・ヨハイは彼に喜ぶべきことを告げた。つまり、十三年間洞窟のなかに止まったことで律法《トーラ》に関する知識がいちじるしく増大した事実を告げたのである。

シメオン・ベン・ヨハイはそれからティベリアス湖付近で起こった聖別の奇蹟に関して感謝の気持のなかったことも話し、地面の上にルピナスの枝を投げた。そのとき地面の下にあった屍体があちこち地上に現われた。彼等はそこに墓のしるしをつくったのである。ティベリアス湖の聖別に関してベン・ヨハイを侮った人達はもとより、彼の弟子たちのなかで密告を行なった者たちは総て骨くずの山となってしまった。

ベン・ヨハイはメロンの地の谷間一ぱいに金貨を充ちあふれさせる奇蹟も行なった。(7) その後、彼はテコア(Tekoa)の地に立派な学校を建て沢山の弟子を養成した。その一人がユダ一世である(表2、第五世代参照)。

テコアの地はガリラヤ地方に位置し、旧約『歴代志下』の第十一章六節に記載されたテコアとは別の土地である。

〝すなわちベツレヘム、エタム、テコア、ベテズル、……〟

(歴代志下11・6)

おそらく、テコアとメロンの地は同一地点だと考えられる。

ベン・ヨハイのその後の生涯のうちで重要な事件は、同世代の学者《タンナ》エレアザール・ベン・ヨゼ一世（Eleazar ben Jose I）とともにローマ宮廷を訪問していることである。ローマ訪問の目的は、ユダヤ教義の慣例に関する三つの位階を廃止するというもので訪問は成功裡に終わった。(8) ベン・ヨハイがローマ派遣団員として選抜されたのは、かつて彼が数々の奇蹟を行なった人物であることが知られていたためだという。ローマにおけるベン・ヨハイの成功も彼の行なった奇蹟のひとつに数えられており、彼がローマへ派遣される途中、悪魔ベン・テマリオン（ben Temalion）に逢い、この悪魔の助けを借りたのだと伝えられている。両者の合意のもとで悪魔は皇帝の娘の体内にはいり、ベン・ヨハイがローマ宮廷に滞在中、悪魔払いに成功したので皇帝は彼を宝物室に案内し、どれでも好きな宝物を選ぶようにと言った。よく見るとそこには〝煩わしき運命〟がひそんでいたので、彼はそれを引きずり出し、引きちぎってしまった。後世の研究者によると、この伝説には非ユダヤ的要素が認められるとのことである。

ベン・ヨハイと同行した学者《タンナ》エレアザール・ベン・ヨゼはどんな人物だったのだろうか（表2、第四世代参照）。

彼の父は大学者ヨゼ・ベン・ハラフタ（Jose ben Halafta）で、彼はその五人の子供のうちの第二子であり、父はしばしばこの息子に意見を求めたという。ベン・ヨハイと同行しローマ宮廷に赴いた時、先の皇帝ハドリアヌスが設定した宗教上の法令をどうしても撤回する必要に迫られていた。ローマへの途上、エレアザールは重病に冒されたが幸いにも回復し旅を続けることができた。ローマで彼はユダヤ人居留者の代表と逢うことに成功し、そこにユダヤ教の学院が設置されていることを知った。彼はそこで

世代	代表的人物
•第1世代(西暦10～80年)	Simeon b. Gamaliel Johanan b. Zakkai
•第2世代(西暦80～120年)	Rabban Gamaliel Ⅱ Zadok
•第3世代(西暦120～140年)	Ṭarfon Ishmael Akiba
•第4世代(西暦140～165年)	Simeon b. Gamaliel Eleazar b. Jose Simeon b. Yoḥai
•第5世代(西暦165～200年)	Nathan ha-Babli Judah Ⅰ Symmachus Simeon b. Eleazar
•第6世代(西暦200～220年)	Polemo Eleazar b. Jose Ḥiyya Aḥa Abba(Arika)

表2　タンナイム期

教義問答を行なった。(9)

エレアザールは、別の用件でローマを訪れたときかつてエルサレムの神殿に安置されていた至聖所のなかで、高位の神官が額につけた純金のヘアバンドを見たと報告している。それはローマ皇帝ベスパシアヌス（79~81. A.D.）がエルサレムから持ち帰ったものであった。(10)

アレキサンドリアで彼が見聞したことは、古代エジプト人たちが未完成の建物の壁にユダヤ人の屍体を埋めこんで仕事の完成を急いだということ。この残虐行為は事実あったと、報告されている。(11)

エレアザールの慈善行為に関する発言もタルムードのなかに散見される。(12)

タルムードにその名前を記載された学者《タンナ》たちの行跡を、実際に記録した人達が、アモライムである。

パレスチナ地方のアモライムは、タルムードに記載されたミシュナの内容によって区別することが可能である。バビロニヤ地方に在住したアモライム達は、より広範な弁証法的な論説を展開していた。とくにプンベディタの学院において展開されていた討論には定評があり、つぎのように言われた。

〃プンベディタの人達はどのようにしたら針の穴から象を通すことができるかをよく知っている〃(13)

一般にバビロニヤ地方のアモライムは六世代に細分化して考えることができる。彼等こそが現在使用されているタルムード(バビロニヤ・タルムード)の編纂者・製作者たちなのである。

現在ユダヤ人たちが全世界的に使用しているバビロニヤ・タルムードが実際に編纂されたプンベディタという都市は、どこに存在していたのだろうか。

かなり詳細な世界地図をひもといてもプンベディタは記載されていない。それは既に遠い過去のもの

- 第1世代(西暦219〜257年)
  代表的人物 { Shila, in Nehardea / Rab, in Sura
- 第2世代(西暦257〜320年)
  代表的人物 { Huna, in Sura / Judah ben Ezekiel, in Pumbedita
- 第3世代(西暦320〜375年)
  代表的人物 { Rabbah bar Huna, in Sura / Rabbah bar Naḥman, in Pumbedita
- 第4世代(西暦375〜427年)
  代表的人物 { Ashi, in Sura (バビロニア・タルムード編集者) / Amemv, in Nehardea
- 第5世代(西暦427〜468年)
  代表的人物 { Mar Yemar, in Sura / Idi bar Abin, in Sura
- 第6世代(西暦468〜500年)
  代表的人物 { Rabbina bar Huna (Suraの最後のアモラ) / Jose (Pumbeditaの最後のアモラ)

表3 アモライムの系譜(バビロニア地方のみ)

となってしまったからである。プンベディタはユーフラテス河とティグリス河とを結ぶ運河の北岸に位置していた。この付近は温暖な気温と水利の良さに恵まれており、シリア経由の隊商《キャラバン》の経路にもなっていた。豊富な穀物・果物の産出地であり、繊維産業も栄えていたことがタルムードに記載されている(14)。プンベディタにおけるユダヤ居留地はすでに第二神殿期に形成されていた。だがこの地が重要性を増すのは西暦二五九年以降のことである。その頃、ネハルデアの学院（表3、第一世代参照）がキリスト教集団によって潰滅され、エゼキエル（表3、第二世代参照）によってプンベディタに学院が創設されたからである。この学院はすぐバビロニア地方在住ユダヤ人の宗教的中心地となった。西暦三五二年以降はスーラの学院に研究の中心が移動し、そこで活発なタルムードの編纂活動が行なわれることになる。

プンベディタにおける最後の学問的研究の名残りは、カイロ市にあるユダヤ教会堂のゲニザ（Genizah）から発見された資料によれば、十三世紀頃まで行なわれていたことが推定される(15)。プンベディタのあと研究の中心となったスーラという土地について検討してみることにしよう。

バビロニア地方にある小都市スーラについては、二つの地点が推定されている。そのひとつはユーフラテス河岸の北岸、シリア地方にあり、プンベディタより十五日間の距離に位置していたという。この地はプンベディタよりイスラエル《エレズ・イスラエル》にむかう隊商《キャラバン》の重要な中継地であった。しかし、律法《トーラ》研究の中心地スーラ学院の所在地はここではなく、ユーフラテス河が二つに分岐するバビロニア南部地方に位置していたらしい。この地は葡萄園の中心地であり、農園があり、大麦、その他あらゆる農産物の豊饒な収穫が約束された地であった。その土地で学者《アモラ》たちはタルムードの編纂にはげんだのであった。

西暦二一九年以降、この恵まれた地において学者《アモラ》たちは律法《トーラ》の研究に専念することができたのである。このスーラの地に関する歴史的記述があまり残されていないのは、エレズ・イスラエルからの脱出《エクソド》者《ス》たちが必死になってやっとこの地にたどりついたためであろうと推定される。たとえこの地に関する資料が乏しくとも、この地での学者《アモラ》の研究の集大成はバビロニヤ・タルムードという現実に確かな証拠としてわれわれに遺されている。

西暦二四七年以降、このスーラの地も学問的研究の中心地から脱落し、その中心はネハルデアに移動する。

ネハルデア（Nehardea）は、ユーフラテス河とマルカ河との分岐点に位置する土地である。ネハルデアは城壁にとりかこまれた街であった。この土地にユダヤ人たちが移住したのは、紀元前六世紀頃のこととされている。彼等はここにユダヤ教会堂《シナゴーグ》を建て、エルサレムの神殿を模した建造物もつくりあげた。西暦二五〇年頃、この地にはユダヤ学院が創設され、活発な研究活動が開始された。西暦二世紀の初め頃、学者《タンナ》アキバがこの地を訪問したという(16)。このことは当時のネハルデアのユダヤ人居留地での活動がいかに活発に機能していたかの指標ともなりうるだろう。

西暦三世紀初頭、学者《アモラ》サミュエルの頃、その学院の研究活動は頂点に達する。西暦二五九年、この地の学院はパパ・ベン・ネザール（Papa ben Neẓar）という人物によって破壊され、その後また研究の中心地はプンベディタに移動することになる。

プンベディタがタルムード編纂の中心地であり、同時にこの土地がいわゆる〝絹の道《シルク・ロード》〟の重要通過地点であったという歴史的事実についてあまり言及されていないのは残念なことである。私の友人ラビ・トケイヤーによれば、中央アジアを経て中国にいたり、さらに海路を経て奈良の正倉院にまで〝絹の道〃は達していたのだという。[17]

ラビ・トケイヤーは、古代社会における通商の困難さは通商により市民としての権利が失われるという点にあったと指摘する。つまり、多くの国境がそうさせたのである。これが古代社会での交易を困難にさせた原因であった。たとえば遠距離の交易、シルク・ロードを介しての交易などの場合、もし荷物が失われたときその損失はどのように補償されたのだろうか。ユダヤ商人にとってはこれらの問題は障害とならなかった。総ての現実問題はタルムードに記述された律法の解釈に従って解決することが可能だからである。彼等はまた現金の代用となる信用状も持っていた。どのような遠隔地にいてもタルムードの定める律法を守るユダヤ人がいるかぎり、通商は可能だった。つまり、このプンベディタにおいて編纂されたタルムードは、一種の国際法でもあった。そこで〃絹の道〃を介して行なわれた東洋と西洋の交易では、このスーラとプンベディタという古代都市の果たした役割を忘れることができないのである。おそらく〃絹の道〃を経て交易ができた商人は、ユダヤ人以外にはありえなかったとも推定されるのである。[18]

ユダヤ人たちが東洋の一角、ユーフラテス河の北岸でタルムードという浩瀚な書を創りあげたという事実すら、わが国では知られていないのだから、多くは望めないと言わざるをえないだろう。

註

（1） The Jew. Encycl. vol. II. p. 208. の地図より。

(2) バビロニヤ・タルムード M.K. 21a, Sanh. 76, Kid. 316. 参照。
(3) The Jew. Encycl. vol. II. p. 110. の挿絵より。
(4) The Jew. Encycl. vol. I. p. 310. の挿絵より。
(5) Pesik. X. 90. 参照。
(6) The Jew. Encycl. vol. II. p. 108. の挿絵より。
(7) Pekude 7; Ex. R. lii. 参照。
(8) Me'i. 17b. 参照。
(9) Yoma 84b. 参照。
(10) Yoma 57a. 参照。
(11) Sanh. 111a. 参照。
(12) B.B. 10a. 参照。
(13) B.M. 38b. 参照。
(14) B.M. 18b. 参照。
(15)『創造の書』("Book of Creation.")は、簡潔でかつ極めて曖昧なスタイルで書かれている。この不思議な短いテキストには特有な用語が使用されている。テキストは二種類存在していて、本文のみの短いテキストと、付録《アプペンディックス》部分の追加されたやや長文のテキストがある。この二つのテキストは既に十世紀頃にその存在が確認されており、多数の手稿が残存している。現存する最古の手稿は、カイロ市のユダヤ教会堂《シナゴーグ》附属の古文書保存所《ゲニザ》(Genizah)から発見されたものでほぼ十一世紀頃の手稿と推定されている。このカイロ旧市にあるエズラ・シナゴーグ(Ezra Synagogue)は、西暦八八二年に建築されたコプト派教会をユダヤ人が買収しユダヤ教会堂《シナゴーグ》に改造したもので、天井部屋が古文書保存所《ゲニザ》として使用されており、一八九〇年に再建された際にも手を触れられなかった部分で、数々の貴重な古文書が千年以上もの保存期間を経て発見されたのである。

ゲニザにはヘブライ語で〝貯える〟の意味があり、一般にはユダヤ教会堂《シナゴーグ》で使用できなくなった古い教典・宗教用具などを保存しておく場所の意味に転用されることになった。シナゴーグに附属した一室が通常、ゲニザにあてられており、神の御名を含んでいる対象物はたとえ使用に耐えなくなったものでもそれを燃やすことは禁じられていて、総てゲニザに保存する習慣があった。

(16) Yeb. 15: 7. 参照。

(17) M・トケイヤー著、拙訳『ユダヤと日本、謎の古代史』産業能率大学刊、参照。

(18) NHKの連続テレビ・ドキュメンタリー番組「シルクロード」ではおそらくスーラとプンベディタの取材は行なわれていないだろう。歴史的事実の取材方法が主としてキリスト教・回教・仏教という側《サイド》から行なわれるかぎり、この二つの古代都市スーラとプンベディタはその正体を現わすことがないだろう。

Ⅲ　死海の書

歴史家ヨゼフス(1)によれば、アレキサンドリア市には紀元前三世期頃すでにユダヤ人居住区があったと記述されている。初めユダヤ人居住区は同市の東方、地中海沿いの三角洲《デルタ》附近に位置していたが、時代がくだりローマ時代になるとアレキサンドリア市五区のうちの二区にユダヤ人居住区が設けられ、各居住区にはユダヤ教会堂《シナゴーグ》が存在していた。ユダヤ人の大部分は手工業の職人であったが、少数の富豪たちもいた。彼等は金融業・交易業・徴税代理人（Alabarchs）として財をなした人たちであり、ユダヤ人の指導者《エトナルクス》（Ethnarchs）としての役割を果していた。ローマ皇帝アウグストスの時代に同市には七十一名のユダヤ人長老たちが指導者《エトナルクス》として活動していたのである。タルムードにもアレキサンドリア市の中央教会堂《シナゴーグ》の壮麗さについての記述があるが、それは二重の列柱を持つ回廊によってとりかこまれていたという(2)。

紀元前三八年、カリグラ帝の時代に、同市の一般市民ことにギリシャ系住民による反ユダヤ感情の発生から市民暴動が起こった。当時のローマ政府総督フラックス（Flaccus）の政治的策謀によってこの暴動は計画されたものらしかった。

そこで同市におけるユダヤ系市民の間で直接皇帝カリグラに直訴する計画がねられ、カリグラ宮廷への大使に選任されたのが後世、哲学者フィロン（アレキサンドリアのフィロ、別名ユダヤ人フィロ Philo Alexandria, Philo Judaeus）として知られるようになった人物である。

フィロンはアレキサンドリア市における指導者階級《エトナルクス》の子弟として紀元前二〇年頃、同市に生まれ、西暦四〇年頃死亡したと推定されている。自伝的記述がわずかに彼の著作集のなかに散見される。[3] 彼がカリグラ宮廷への大使として派遣されたのはその最晩年、西暦四〇年頃のことであったと推定されている。


膨大なフィロンの著作集は、その大部分が流暢なギリシャ語で書かれ、その思想的背景はユダヤ教であった。彼が学んだと推定されるストア学派からの影響も色濃く認められる。フィロンの思想は現代ユダヤ教においては承認されていない。その理由として考えられることは、ユダヤ教パリサイ派ではギリシャ哲学が排斥されていたからであろう。フィロン自身も『夢』[4]においてパリサイ派信者たちについて〝彼等は横柄な目を開く〟と記述している。フィロンの著作集は初期キリスト教会において広く読まれ、教父達によって現在まで手厚く保存されることになり、このため後世フィロンをキリスト教者と誤認することが多くなった。

フィロンの著作集は旧約聖書『モーゼの五書』[5]に関する評釈書という形式を採用して記述され、質疑問答（Quaestions et Solutiones）の形をとっている。フィロンの評釈は常に聖書の章句を寓意《アレゴリー》として解釈する傾向を示している。ことにこの傾向は『比喩の原義』[6]において顕著であり、『創世記』における最初

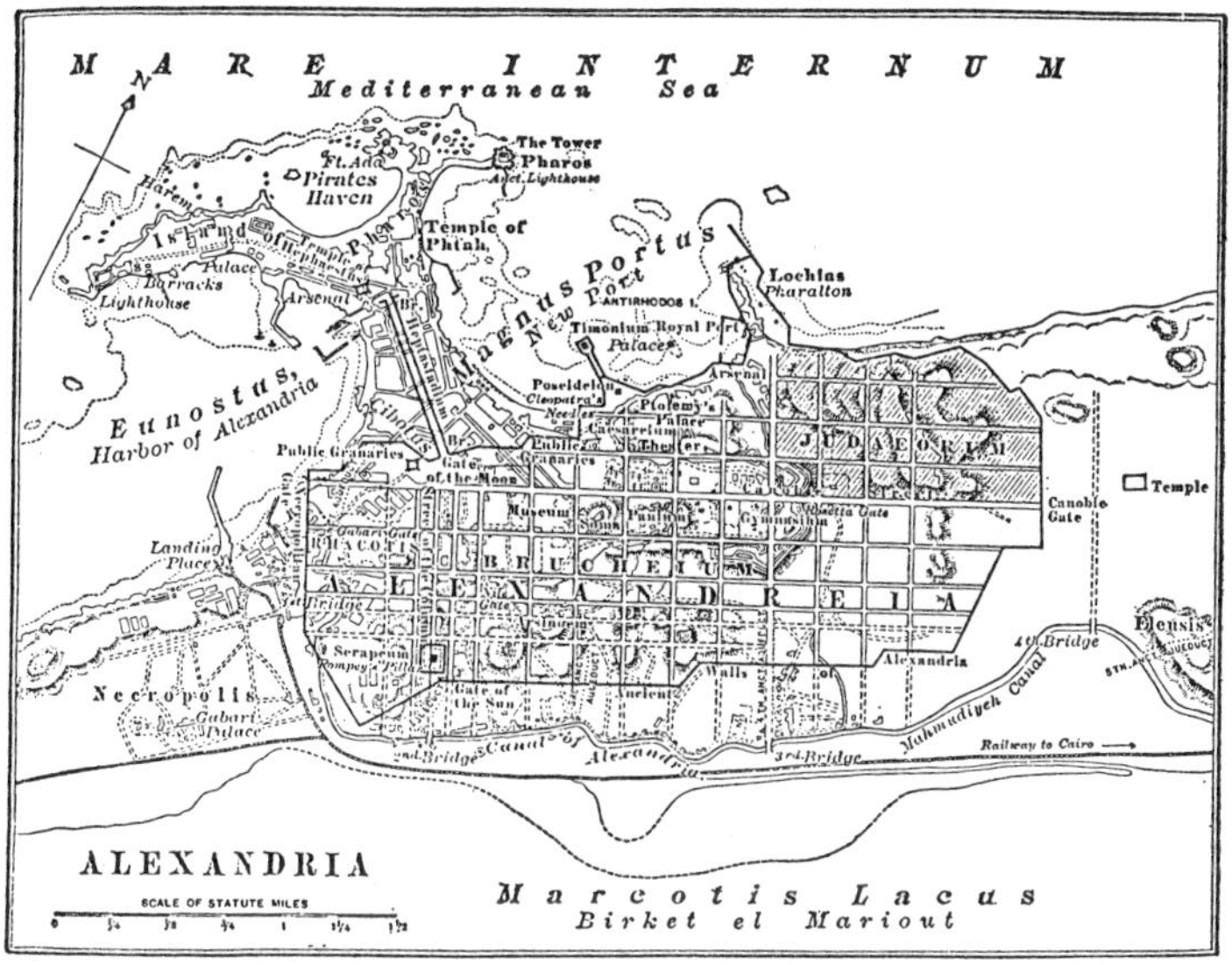

古代アレキサンドリア市（斜線部はユダヤ人居住区）（7）

の人間アダム（原始の人間《アダム・カドモン》）は、フィロンにおいては人間の霊魂が発達する象徴として考えられている[8]。これらの象徴的解釈方法が後世のユダヤ神秘思想体系カバラに濃厚な影響を与えることになる。

フィロンの思想体系のうちで注目すべきものは数に関する秘儀あるいは比喩的解釈である。彼は神の数と、その他総ての数に関する比喩的解釈について記述している[9]。

フィロンによれば基本数1は神の数であり、その他総ての数の基本となる。2は分裂の数であり、比喩的[10]にはこの数から死が生まれたと解釈している。3は身体に関する数であり[11]、聖なる存在のもつ基本的な力との関連を示すものである[12]。4は完全数10の潜在的状態であるが[13]、悪魔的な意味では情熱を暗示している[14]。5は鋭い感覚の数あるいは五感をしめす数である[15]。6は男性数と女性数の掛けあわされたもの３×２であり、さらに有機的存在（＝身体）の象徴３の合算されたもの３＋３であるとも思考された[16]。７は各種の素晴らしい特性の象徴である[17]。８は立方体の数であり、その各特性はピタゴラス学派によって研究されたものである[18]。９は『創世記』14章に記述された抗争の数である[19]。10は完全数である[20]。フィロンはさらに50、70、100、12、120などの数に対する検討も行なっていた。最終的にフィロンの到達した象徴主義《シンボリズム》の内容は膨大なものとなった。

フィロンの数に関する象徴主義の考察は正統的ユダヤ教の教義であるよりもギリシャ哲学からの影響が強く、当時アレキサンドリア在住の学者たちからも反論が起こったほどであった[21]。その後、ユダヤ教の表面から彼の影響は払拭されたかに見えたが、深く潜行して後世のユダヤ神秘思想カバラのなかにゲマトリア[22]として逞しく復活することになる。

またフィロンの採用した質疑問答形式は後世カトリック神学に影響を与え、教義問答《カテキスム》[23]という形式で現在でも使用されている。だがここで注目したいのは、フィロンの描いた瞑想的生活に関する記述である。それはつぎのように描写されている。

〃エジプトのマレオティス湖付近に敬虔な人たちの集団があり、彼らは一週のうち六日間瞑想にふけり、主として聖書の記述についての思いをめぐらす。七日目に男と女たちは会堂に集合し、そこで指導者が聖書の記述に関する譬喩的註解について語りかける。五〇日間にわたる断食はとくに賞讃される。儀式は質素な食事とともに始まる。それはパン、塩で味つけられた野菜、水などのつつましい内容である。食事の間、聖書の譬喩的な意味が語り続けられる。食事がすむと、集団の全員が宗教的な合唱を行なう。その間、歌の章句に含まれた意義がくり返し説明される。儀式はモーゼとミリアムが紅海を越えて勝利の帰還をした合唱のうちに終わりを告げ、歌声が消えていく間に太陽が東の地平線から昇りはじめる。こうしてこの人たちの一日が始まる(24)〃

こうした瞑想的生活のなかからカバラ神秘思想が発生してきたと考えられる。またその生活様式は〃聖なる知恵による瞑想〃という考え方であり、その典拠となった旧約の章句はつぎのようなものであった。

〃知恵は呼ばわらないのか、悟りは声をあげないのか〃

（箴言8・1）

ユダヤ人の第二反乱（紀元元年）の時の銅貨(25)

〝しかし知恵はどこに見いだされるか、悟りのある所はどこか〟

（ヨブ記28・12）

また旧約外典にもつぎのような記述が認められる。

〝知恵は神の力の息にして、また全能者の栄光の明らかなる輝きなり。されば汚れたるものは、知恵のうちに入るを得ず〟

（外典、ソロモンの知恵7・25）

その他、外典『スラブ語エノク書』にも神は知恵によって人間を創造し、さらに神の栄光の流出によって形を与えられたとしるされている。(26)

このような聖書記述に関する瞑想的生活が集団的に行なわれ、これが後世にいたりカトリック教会の修道院生活の原型となったようである。

フィロンがアレキサンドリア市で活躍していた頃、パレスチナ地方死海のほとりに禁欲的な瞑想的生活を続けている一群のユダヤ人たちがいた。

一九四七年、アラブの羊飼い少年が死海の西岸にそそり立つ断崖の洞窟のなかから二千年近い歳月の間埋もれていた『死海の書』を偶然の機会に発見した。

『死海の書』は旧約『イザヤ書』の手稿が中核となっており、ヘブライ語によって記述されていた。この『死海の書』の発見によって最も衝撃を受けたのがこの手稿を記述した人たちの子孫にあたる現代イスラエルの研究者たちであった。イスラエル国家はこの『死海の書』の原本を収蔵した〝本の神殿〟を建設し、永久にユダヤ民族の至宝として保存することとなった。

『死海の書』に関する研究が進むにつれ、この手稿を記述した人びとは紀元前一〇〇年頃から西暦六八年頃まで死海西岸附近の洞窟群のなかで集団生活を営んでいたことが判明した。彼らはエルサレムの第

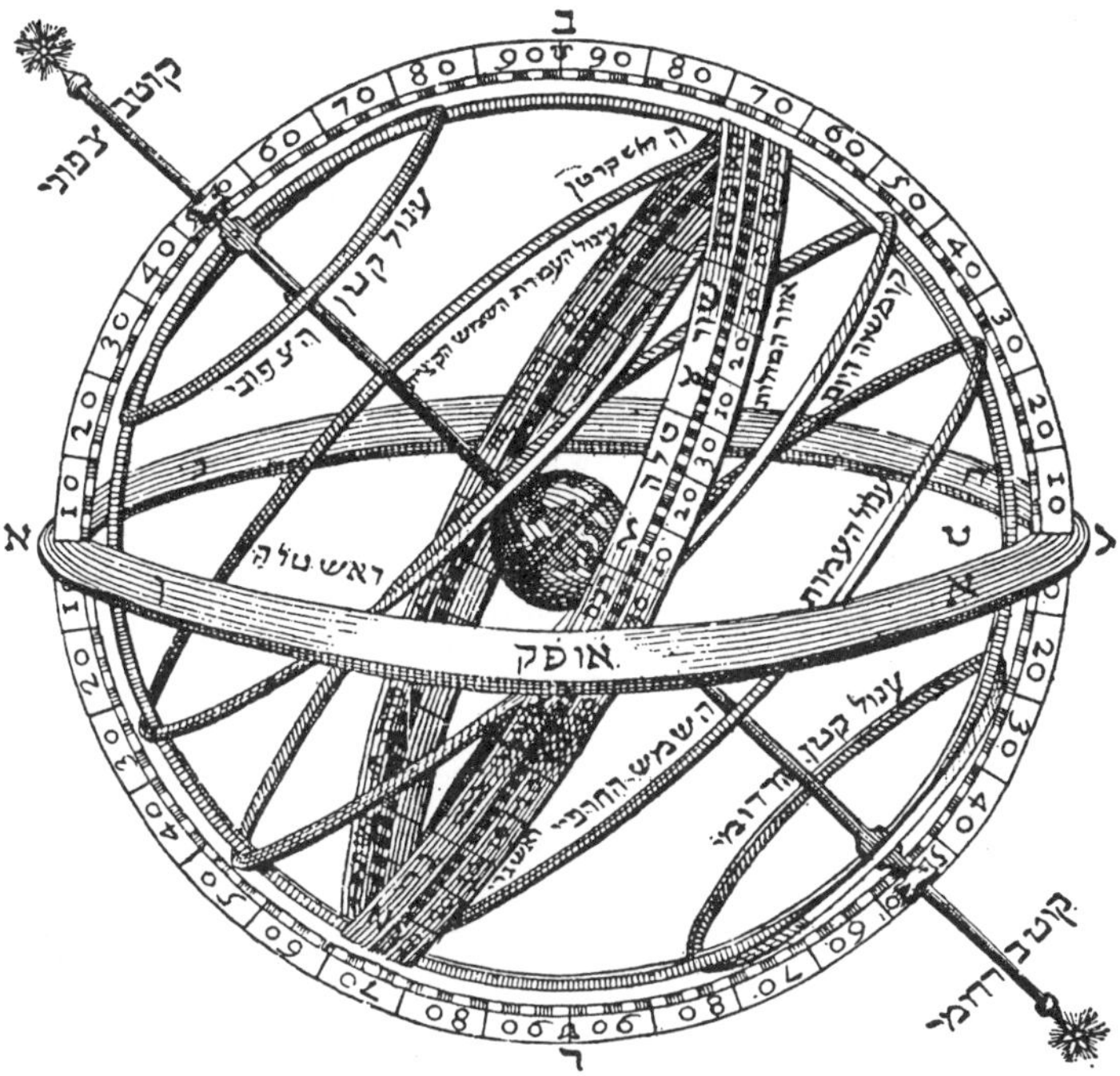

アストロラーベ（天象儀）(27)

ユダヤ人の偶像崇拝
バール神（太陽の神）[28]

二神殿が破壊されたあとこの地方へやってきたわずかな生残者たちであった。現代の研究者は彼らを〝クムラン宗団〟または〝死海宗団〟と命名している。

『死海の書』に関する研究が進むにつれて新たに脚光を浴びてきた事実があった。死海宗団はユダヤ神秘思想とくにカバラ思想の原型とも見なすことのできる神的霊知に関するかなり発達した秘儀体系をもっていたことが判明した。そのなかでも『ダマスコ文書』（写本A、3・18）『ハバクク書註解』（7・8および14）[29]は解読に従事した研究者により『秘儀の書』と命名されたほどである。

　こうした秘儀宗団が共通して抱いていたユダヤ神秘思想の背景には、さらに古代ギリシャで発達した神秘思想との関連性も認められる。とくにネオ・ピタゴラス学派からの影響が濃厚であるこの学派は、今日では数学者として知られているピタゴラスに端を発する神秘主義教団であった。平面幾何学におけるピタゴラスの定理（三平方の定理）の発見者ピタゴラスは、紀元前六世紀頃の人物である。

ピタゴラスによれば数は万物の根本であり、原型である。この基本数の関係にしたがって宇宙は秩序ある体系として創りあげられた。〝限りあるもの〟は奇数で〝限りなきもの〟は偶数であるとされ、この二種類の数によって宇宙は構成される。数的調和関係は天体運動にも、和音を発生させる琴の弦の長さにも存在すると考えられた。

ネオ・ピタゴラス学派では、数学は霊魂浄化手段と見なされた。魂を鎮める音楽と、普遍的真理を探求する数学研究を通じて、霊魂の不滅と輪廻思想・死後の応報思想が解明されるものとされ、それが彼らの宗教信条となった。同学派の数的象徴はつぎのようなものである。天体数は神聖数である10、霊魂の数は6、結婚は5、正義は4、などと規定された。この発想形式は前述したフィロンの数的象徴にも認められ、後世のカバラ神秘思想のゲマトリアのなかに更に発達した形で組みこまれていくことになる。

フィロンの記述による瞑想的生活および死海宗団の禁欲的瞑想生活の実際はどのようなものであったろうか。それはユダヤ神秘思想家の間で師伝の形をとって数千年来連綿と継承されてきたものだが、具体的瞑想手段については現在でも極めて厳重な秘密のベールにつつまれている。さらに口伝の形をとっているため文書化された文献も存在しない。わずかな資料を綜合してみると、秘儀実行の際には聖歌が合唱され精神の集中度が高められてゆく。意識の焦点を頭と膝の中間部分に集中させながら瞑想を続けていくことで、めくるめく恍惚感によって全身がとらえられるという。秘儀実行のさい合唱されるのは〝天の車《メルカバ》の聖歌〟であり、これは既に西暦三世紀以前にパレスチナ在住ユダヤ教徒間で愛唱されていた。この聖歌のために使用された『天の祈禱文』と呼ばれるヘブライ語の詩文は『死海の書』のなかにもその断章の存在が確認されている。詩文の内容はすべて旧約『イザヤ書』（6・3）に述べられた神聖化《ケドウシヤ》

(kedushah) と関連した内容である。『イザヤ書』の記述は次のごときものである。

〝ウジヤ王の死んだ年、わたしは主が高くあげられたみくらに座し、その衣のすそが神殿に満ちているのを見た。その上にセラピムが立ち、おのおの六つの翼をもっていた。その二つをもって顔をおおい、二つをもって足をおおい、二つをもって飛びかけり、互に呼びかわして言った。「聖なるかな、聖なるかな、万軍の主、その栄光は全地に満つ」〟　（イザヤ書6・1〜3）

瞑想によって霊魂を上昇させる目的は〝天の車《メルカバ》〟のかたわらに座る人の形をしたものを目撃することであるとされた。この点に関し『エゼキエル書』はつぎのように記している。

〝彼らの頭の上の大空の上に、サファイアのような位の形があった。またその位の形の上に、人の姿のような形があった。そしてその腰とみえる所の上の方に、火の形のような光る青銅の色のものが、これを囲んでいるのを見た。わたしはその腰とみえる所の下の方に、火のようなものを見た。そして彼のまわりに輝きがあった。そのまわりにある輝きのさまは、雨の日に雲に起こるにじのようであった〟　（エゼキエル書1・26〜28）

この天なる人の形の中に出現する光輝《ソハル》を認めることがカバラ秘儀のうちの最も重要な事柄であり、それが〝(天なる人の)身体の測定《シュール・コマ》〟(SH'UR KOMAH) と呼ばれるものである。

註

（1）ヨゼフス Josephus, Flavius. 37〜95. A.D. ユダヤの歴史家。アラム語とギリシャ語で著述。翻訳には、秦剛平訳『ユダヤ古代誌』全20巻、山本書店刊がある。

（2） Suk. 516; Josef. 4; 6. 参照。

（3） フィロンの著作集は現在ロエブ古典叢書（ギリシャ語原文英語対訳つき）全十二巻として遺されている(Philo. vol. I～XII. The Loeb Classical Library. Harvard University Press. 1935)。自伝的要素が散見されるのは Legatio ad Caillm, §§ 22, 28; Mangey. ii, 567, 572; De Specialibus Legibus. ii, 1 [ii, 299]; Josephus ("Ant." xvii, 8, §1; Comp. ib. xix, 5, §1; xx, 5, §2) などにおいてである。

（4） De Somniis, i, pp. 16～17. 参照。

（5） モーゼの五書 Pentateūch とは、旧約聖書の最初の五章、創世記・出エジプト記・レビ記・民数記・申命記をいい、ユダヤ教では特にこのモーゼの五書を重要な内容を含むものと認めている。

（6） Legum Allegoriae; *Νόμων Ἱερῶν Ἀλληγορίαι.* 参照。

（7） The Jew. Encycl. vol. I. p. 363. の地図より。

（8） 原始の人間《アドム・カドモン》に関するフィロンの記述は次の各章に認められる。① De Allegoriis Legum; on Gen. ii, 1–iii. 1a, 8b–19. ② De Cherubim; on Gen. iii, 24. 1, ③ De Sacrificiis Abelis et Caini; on Gen. iv, 2–4. ④ De EoQuod Deterius Potiori Insidiatur. ⑤ De Posteritate Caini; on Gen. iv, 16–25. ⑥ De Gigantibus; on Gen. vi, 1–4. ⑦ Quod Deus Sit Immutabillis; on Gen. vi, 4–12. ⑧ De Agricultura Noë; on Gen. ix, 20. ⑨ De Ebrietate; on Gen. ix, 21. ⑩ Resipuit Noë, seu De Sobrietate; on Gen. ix, 24–27. ⑪ De Confusione Linguarum; on Gen. xi, 1–9. ⑫ De Migratione Abrahami; on Gen. xii, 1–6. ⑬ Quis Rerum Divinarum Heres Sit; on Gen. xv, 2–18. ⑭ De Congressu Quaerendae Eruditionis Gratia; on Gen. xvi, 1–6. ⑮ De Profugis; on Gen. xvi, 6–14. ⑯ De Mutatione Nominum; on Gen.

xvii, 1–22. ⑰ De Somniis; Book i. on Gen. xxviii, 12 et seq., xxxi, 11 et seq. De Somniis; Book ii., on Gen. xxxvii, 40. 〝夢〟に関するフィロンの第三書は現在失われている。第一書において神自身が夢みる人に語りかけることについての論考が含まれており、これは創世記20・3の章句〝ところが神は夜の夢にアビメレクに臨んで言われた……〟と一致している。

（9） De Allegoriis Legum; ii, 12 [i, 66] 参照。

（10） De Opificio Mundi; §9 [i, 7], De Allegoriis Legum; i, 2 [i, 44], De Somniis; ii, 10 [i, 688] 参照。

（11） De Allegoriis Legum; i, 2 [i, 44] 参照。

（12） De Sacrificiis Abelis et Caini; §15 [i, 173] 参照。

（13） De Opificio Mundi; §§15, 16 [i, 10, 11] 参照。

（14） De Congressu Quaerendae Eruditionis Gratia; §17 [i, 532] 参照。

（15） De Opificio Mundi; §20 [i, 14] etc. 参照。

（16） De Allegoriis Legum; i, 2 [i, 44] 参照。

（17） De Opificio Mundi; §§30–43 [i, 21 et seq.] 参照。

（18） Questiones in Genesis; iii, 49 [i, 223, Aucher] 参照。

（19） 創世記14・9には、九人の王たちの抗争がつぎのごとく記されている。〝……戦いの陣をしいた。すなわちエラムの王ケダラオメル、ゴイムの王テダル、シナルの王アムラペル、エラサルの王アリオクの四人の王に対する五人の王であった〟

（20） De Plantatione Noae; §29 [i, 347] 参照。

（21） De Vita Mosis; 27 [ii, 168] 参照。

（22） Gematria. ヘブライ語アルファベットにつけられた数値とその象徴的意味解読から旧約聖書の章句のもつ隠された別の意義を探索する技法である。それは一種の暗号解読法でもある。ゲマトリアに関しては別章において詳述する。

（23） Catechism. カトリックでは公教要理と呼ばれており、カトリック教会における公的教義の一般信者に対する教科書として現在でも全世界で広く使用されている。

（24） De Vita Contemplativa; 7 [ii, 480] 参照。

（25） The Jew. Encycl. vol. II. p. 506. の挿絵より。

（26） 〝わたしはそれをよしと見て、言った。「汝は下へ降りて、確固としたものとなり、下のものの基いとなれ」。そして暗闇の下には他の何も存在しない〟（外典・スラヴ語エノク書11・9）。〝わたしはわたしの英知に命じて人間を造らせた〟（外典・スラヴ語エノク書11・13）。

（27） The Jew. Encycl. vol. II. p. 244. の挿絵より。

（28） The Jew. Encycl. vol. II. p. 379. の挿絵より。

（29） Encyclopaedia Judaica, vol. V. pp. 1396~1408. 参照。

Ⅳ　メルカバの秘儀

あらゆる宗教のもつ秘儀的部分には、思惟を超えた感覚的恍惚感の体験が存在しているように思われる。まず絶対者に対する祈りがあり、人間という存在の微小さを実感することから始まる。ついで瞑想というプロセスを経て、ある種の宗教的恍惚感が訪れる。現実的与件の重要性は次第に稀薄なものとなっていき、次第に心理的な高揚感にとらえられる。そして究極的には至福の感情にともなって視覚的な幻影、その多くは絶対者そのものの姿を垣間見ることになる。脱俗の境地あるいは覚醒の瞬間、悟りの境地とはそのようなものであるかもしれない。

カバラ神秘思想家たちが到達しようとした境地もまた、そこにあった。瞑想を通じて〝天の車《メルカバ》〟(Merkabah)の幻影を見ること。その具体的瞑想手段は総て師伝の形で口頭で伝えられることになっていたので、文書化された記録は少数の例外を除きほとんど存在しない(1)。

〝天の車《メルカバ》〟とはヘブライ語で〝戦車〟の意味を持ち、天の玉座の象徴である。『エゼキエル書』には〝天の車《メルカバ》〟について次のような記述がある。

〝わたしが生きものを見ていると、生きもののかたわら、地の上に輪があった。四つの生きもののおのおのに、一つずつの輪である。もろもろの輪の形と作りは、光る貴かんらん石のようである。四つのものは同じ形で、その作りは、あたかも、輪の中に輪があるようである。

その行く時、彼らは四方のいずれかに行き、行く時は回らない。四つの輪には輪縁と輻とがあり、その輪縁の周囲は目をもって満たされていた。生きものが行く時には、輪もそのかたわらに行き、生きものが地からあがる時は、輪もあがる。霊の行く所には彼らも行き、輪は彼らに伴ってあがる。生きものの霊が輪の中にあるからである。彼らが行く時は、これらも行き、彼らがとどまる時は、これらもとどまり、彼らが地からあがる時は、輪もまたこれらと共にあがる。生きものの霊が輪の中にあるからである[2]〟

（エゼキエル書1・15〜21）

〝天の車《メルカバ》〟に関する伝承によれば、〝神《ヤウエ》〟（YHWH）は〝天の車《メルカバ》〟以外には天使《ケルブ》の肩に乗るか、燃えて煙をだす火の鳥に乗るか、天高く雲の上に存在しているものと考えられた。この点に関し『詩篇』では次のように述べられている。

〝主はケルブに乗って飛び、風の翼をもってかけり、やみをおおいとして、自分のまわりに置き、水を含んだ暗き濃き雲をその幕壁とされました〟

（詩篇18・11）

そのほか、次のような記述も認められる。

〝エシュルンよ、神に並ぶ者はほかにない。あなたを助けるために天に乗り、威光をもって空を通られる〟

（申命記33・26）

〝神にむかって歌え、そのみ名をほめうたえ。雲に乗られる者にむかって歌声をあげよ〟

〝見よ、主は速い雲に乗って、エジプトに来られる〟（イザヤ書19・1）

そのほか〝神《ヤウェ》〟は戦車あるいは〝火の車〟に乗るという記述もある。

〝見よ、主は火の中にあらわれて来られる。
その車はつむじ風のようだ。
激しい怒りをもってその憤りをもらし、火の炎をもって責められる〟（イザヤ書66・15）

〝主よ、あなたが馬に乗り、
勝利の戦車に乗られる時、
あなたは川に向かって怒られるのか〟（ハバクク書3・8）

あるいは〝神《ヤウェ》〟はケルビムの金の車に乗るとも記されている。

この〝神《ヤウェ》〟の乗る車はちょうど預言者エリヤが天に登る時に見た火の車とよく類似しているようだ。

〝彼らが進みながら語っていた時、火の車と火の馬があらわれて、ふたりを隔てた。そしてエリアはつむじ風に乗って天にのぼった〟（列王紀下2・11）

『エチオピア語エノク書』にも次の記述がある。(3)

〝彼は霊の車でひきあげられ、（その）名は彼ら（地上の住民）の間から消えた〟（エチオピア語エノク書70・2）

〝それをのせた車を風が吹き送り、太陽は没して天から姿を消し〟（同書72・5）

〝その球は天球のようで、それが乗る車は風に吹き送られ、光が適度に授けられる〟（同書73・2）

これらの記述を総合的に判断すると、預言者エゼキエルの幻影の中に出現した〝天の車《メルカバ》〟はちょうど古代アッシリヤの兵士が乗った戦車のような形をしており、その上に主なる〝神《ヤウェ》〟が搭乗して天高く飛び立っていったのであろう。

このことは既に外典の記述者ベン・シラの時代にもよく知られており、次のようにしるされている。

〝栄光の幻を見しはエゼキエルなり。
主これをケルビムの車の上に現出したまえり〟

（ベン・シラの知恵49・8）

だが〝天の車《メルカバ》〟に関する秘密は厳重に守らねばならないものとされていた。

〝天の車《メルカバ》の作業（Ma'aseh Merkabah）に関しては誰にも教えてはならない、ただし、彼が賢明で、教えられた知識を彼自身の知恵にまで高めることができる人物に対しては例外である(4)〟

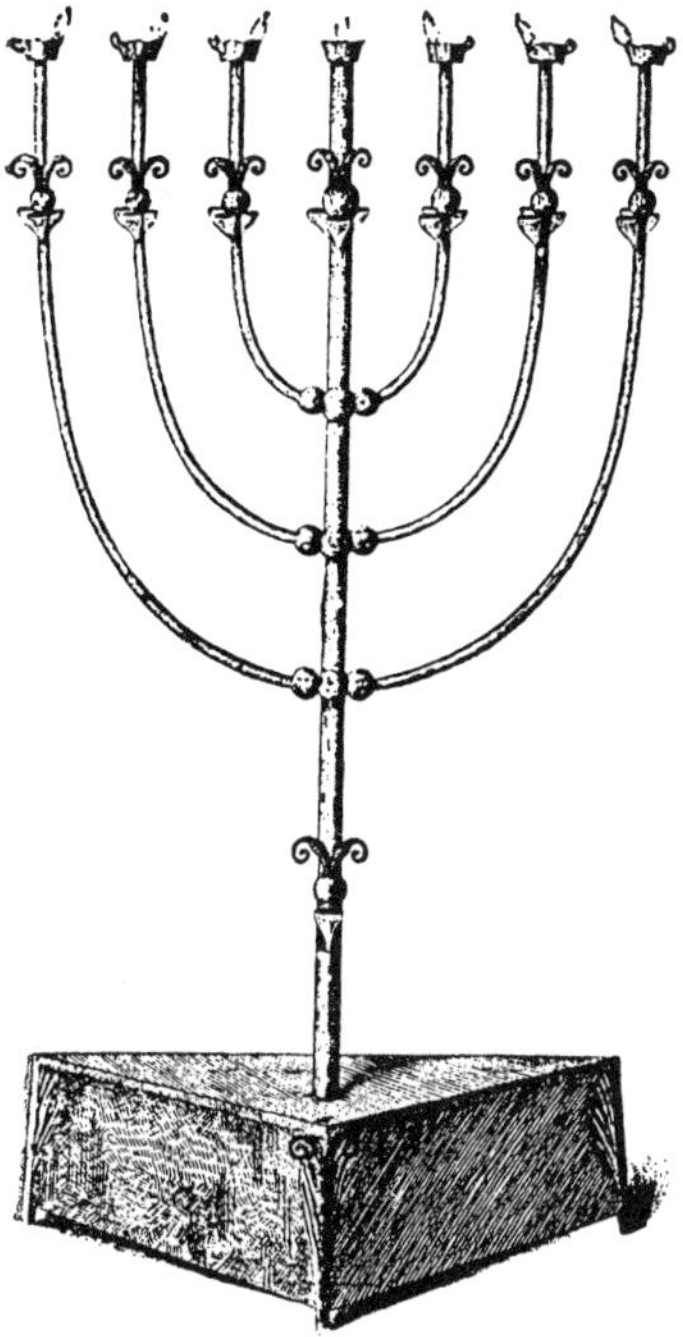

七本腕の燭台メノラ（Menorah）（七つの惑星あるいは七つの天を象徴している）(5)

興味深いのは、タルムードでも数カ所に〝天の車《メルカバ》〟に関する寓話が記述されていることである。(6)

〝ラビ・エレアザール・ベン・アラクはラビ・ヨハナン・ベン・ザカイの後について驟馬に乗っていた。

彼（アラク）が〝天の車《メルカバ》〟の秘密に通じるための特権について話し始めた時、大いなる師（ザカイ）は彼の知恵が秘儀の伝授に適しているかどうかを立証するようにと言った。そこでエレアザール（アラク）が彼の学んだことを話し始めるとラビ・ヨハナン（ザカイ）は直ちに驟馬からおりて岩の上に座った。

「師よ、どうして驟馬からおりられたのですか？」

とこの弟子はたずねた。

「（おまえが）〝天の車《メルカバ》〟の秘密について話しているとき、われわれの間には聖霊《シエキナ》（Shekinah）が存在し、天使がわれわれによりそっていたではないか？　どうして驟馬に乗ったままでいられようか」

――というのが（師ザカイの）答であった。

エレアザールは語り続けた。ところが見よ、天から火が降りて来て、野に生える木の梢に火がついた。そこで彼等は（神への）讃美歌を唄った。

そのとき天使は（次のように）叫んだ。

「まことにこれは〝天の車《メルカバ》〟の秘密である」と。

そのあとラビ・ヨハナンはエレアザールの額に接吻して言った。

「なんじ祝福された者よ。アブラハムの父が（天から）降りてこられてラビ・エレアザール・ベン・アラクに（祝福を）くだされた」

その後、ラビ・ヨハナン・ベン・ザカイの弟子二人が歩みより、お互いに話しあった。

「われわれも共に〝天の車《メルカバ》〟の秘密について語ろうではないか」

そしてラビ・ヨスアが語り始めるやいなや虹（エゼキエル書1・28の記述のごとき）のようなものが現われ、空を覆った厚い雲の上に見られた。そして天使が出現し、結婚式の音楽を聞く人のように（熱心に）耳を傾け（て二人の話を聞い）た。

ラビ・ヨハナン・ベン・ザカイはこれらの事を聞き、弟子たちを祝福して言った。

「これらの事柄を見守った目は祝福されよ！　私はおまえたちと共に夢を見た。それは選ばれた者達がシナイ山の頂に座っているところだ（出エジプト記24・11）。そして、私は天の声が呼ぶのを聞いた。（天なる）大宴会場へ入れ。あなたの座席、あなたの弟子の、そしてそのまた弟子の座席も持って入れ。選ばれた者たちよ、高き位（第三級）にある者たちよ(7)」〟

このようなタルムードの記述には、宗教的恍惚感に浸った師弟間の雰囲気がよく描写されているように思われる。

〝天の車《メルカバ》〟を学ぶことは天なる玉座を直接に見ることであり、その形状は次のようなものである。

〝彼らの頭の上の大空の上に、サファイアのような位の形があった。またその位の形の上に、人の姿のような形があった。そしてその腰とみえる所の上の方に、火の形のような光る青銅の色のものが、これを囲んでいるのを見た。わたしはその腰とみえる所の下の方に、火のようなものを見た。そして彼のまわりに輝きがあった。そのまわりにある輝きのさまは、雨の日に雲に起こるにじのようであった〝

（エゼキエル書1・26〜28）

タルムードの各所に認められる〝天の車《メルカバ》〟に関する寓話には神秘的な恍惚感にひたっている人たちの状況がよく示されている。つまり〝天の車《メルカバ》〟について研究し、瞑想にふけることは接神論（theosophy）の一形態であるとも考えられ、このことは直ちにカバラ神秘思想と深く結びつく傾向を持っていたのである。

そのほかタルムードには次のような記述がある。〝天の車《メルカバ》〟の瞑想にさいしては、老人から指導してもらうことでその秘密に達することができると考えられた。

〝私はまだ十分に齢をとっていない、とラビ・エレアザールはラビ・ヨハナン・ベン・ナパハが彼に指導を求めた時に答えた。彼は話を総て教えてもらうよりも、初めの暗示の言葉（rashe parakim）を求めていたのである(8)〟

〝ヨハナン・ベン・ウジールが（天の車《メルカバ》の）勉強をしているとき、彼の頭の上を鳥が飛びさった。すると彼の周りにあった総てのものが焼き尽されてしまった(9)〟

〝ベン・アザイが座って律法について瞑想していた時、見よ、彼の頭の周囲は焔の輪で包まれた。人人は（この話を）ラビ・アキバに話した。そこで彼はベン・アザイの所へ行って尋ねた。

「その時、あなたは〝天の車《メルカバ》〟の秘密について勉強していませんでしたか？(10)」〟

そのほか、タルムードには次のような記述もみられる。

〝天使サンダルフォン（Sandalfon）はほかの天使たちの上にはるかに高く聳えたっていた。それは五百年の旅を（必要とするほどの）距離をもつ（高さ）であった。彼（サンダルフォン）の足が地面に触れ

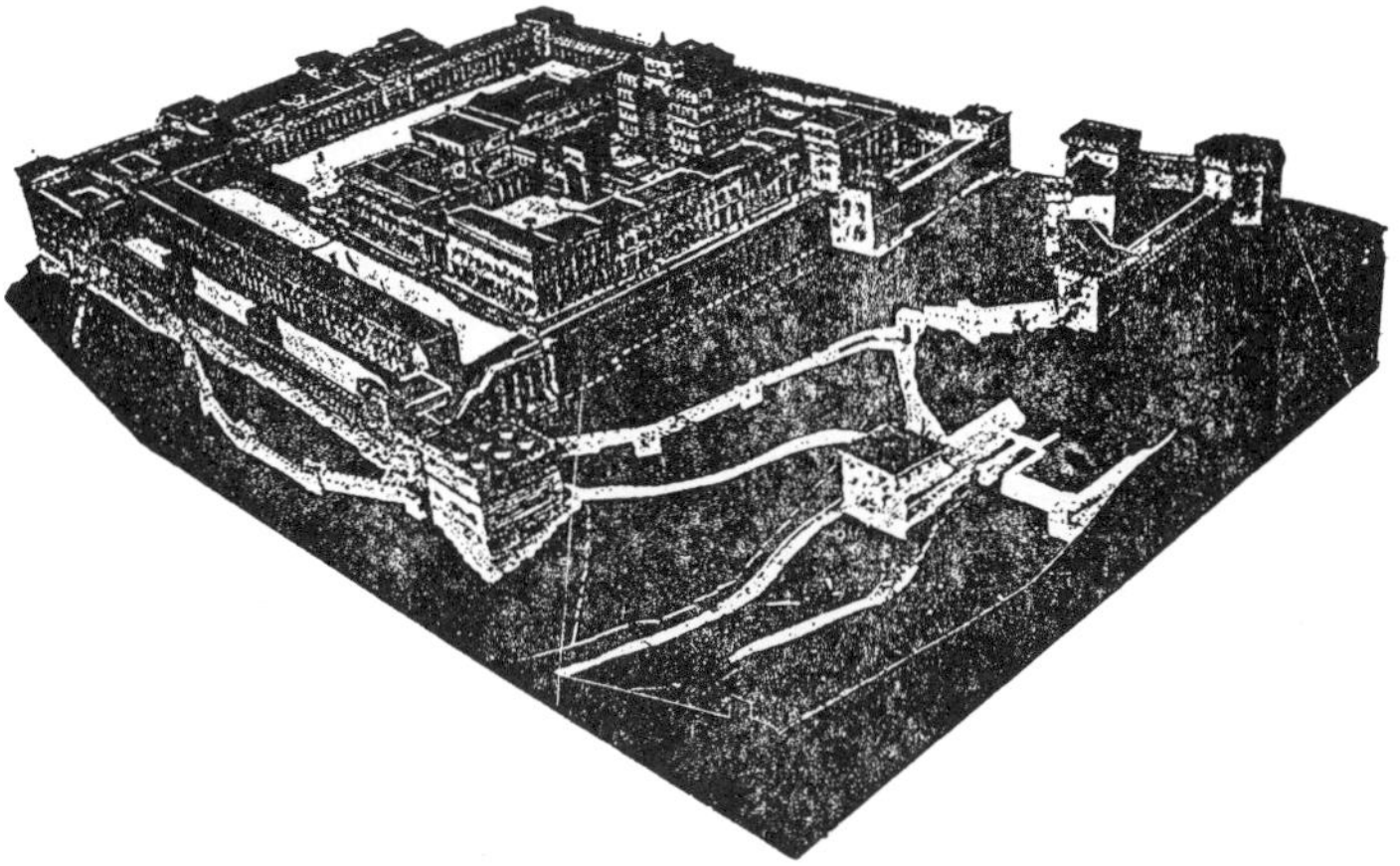

ソロモン王第一神殿（復元図）（11）

ているとき、彼の頭は聖なる生き物（Hayyot）にまでとどいている。彼は（神の）玉座の戦車のうしろに立ち、彼の主（なる神）に花の冠を結びつけている[10]〟

天使サンダルフォンは巨大な形態をもち世界の三分の一の大きさがあるとされた[12]。『エゼキエル書』（1・15）に関するバビロニヤ・タルムードの註解によれば〝四つの生き物のおのおのに一つずつの輪がある〟との記述はサンダルフォンについて述べられたものだという[13]。この輪はサンダルフォンと呼ばれ、別の天使の名称はメタトロン（Metatron）である。その天使間の距離は五百年の旅を必要とするほどである。大天使サンダルフォンはまた人間の祈りの言葉を神の神秘的な冠の中へ伝える仲介者であるとも考えられた。

サンダルフォンは言語的にはシナデルフォス（Synadelphos）から派生した言葉で同僚の意味をもつ。メタトロンも同じくメタトロニオス（metathronios）から派生した言葉であり、玉座の傍に侍るものとの意味をもつ。

聖なる生き物（Hayyot）には四つの頭がついており、それはライオン、牡牛、鷲、そして人間の顔をもっている。この生きものが神の玉座である天の車《メルカバ》を引くのである。それはちょうど四頭立ての二輪馬車（Tetramoulon, Quadriga）のような形に類似している。

旧約偽典『エチオピア語エノク書』にも神の玉座のある家についての記述がある。

〝――恐怖がわたしをおおい、戦慄がわたしをとらえた。こうして震えおののきながら身を伏せると、幻が見えた。見よ、先のより大きい別の家がそこにあった。その扉はすべてわたしの前に開かれており、それ（家）は火の舌で建てられていた。すべての点において、（すなわち）きらびやかさ、豪華さ、巨大さにおいてひいでており、そのきらびやかさ、巨大さをあなたがたにうまく伝えることはできそうにもない。床は火、その真上に稲妻と星の軌道があり、屋根も燃えさかる火である。わたしがじっとながめていると、そのなかに一段と高くなった座席が見え、その外観は霜のようで、周囲には太陽のようなものがあり、光を放っていた。またケルビムの声（もした）。その大きな座席の下から燃えさかる火がいく筋も流れ出し、それ（座席）を見ることができない。大いなる栄光（をまとわれたかた）がそれに座しておられる。その衣は太陽よりも明るく輝き、どんな雪よりも白い[14]〟

こうした神の玉座に関しての瞑想と感覚的な幻影の体験を宗教的恍惚感の最中に得ることは〝天の車《メルカバ》の幻〟（Zefiyat ha-Merkabah）と呼ばれた。特に重要な幻影の体験として虚空に浮かぶ天の車《メルカバ》の内部に入り、天の車《メルカバ》・神の家・神の玉座についての神秘的な知識は、西暦紀元前に既にエッセネ派に属する神秘教団（死海宗団）の中で重要なものとして伝承されていたと推定される。

りこむこと、それは〃船の形のような天の車《メルカバ》に入る〃(Yorede Merkabah) 体験と呼ばれた。選ばれた少数者だけが体験しうるこの不思議な幻影のなかで、天の車《メルカバ》はまばゆい光のなかを天に向けて上昇してゆく。もはやそれは肉眼では直視することはできない。

とくに注目すべき神の玉座である天の車《メルカバ》は戦士のような天使によって守られ、炎は槍のように彼らの目を射る。彼らは燃えさかる馬に乗ると形容された。

『ゼガリヤ書』には次のような記述がある。

〃わたしがまた目をあげて見ていると、四両の戦車が二つの山の間から出てきた。その山は青銅の山であった。第一の戦車には赤馬を着け、第二の戦車には黒馬を着け、第三の戦車には白馬を着け、第四の戦車にはまだらのねずみ色の馬を着けていた。わたしは、わたしと語る天の使いに尋ねた。「わが主よ、これらはなんですか」。天の使いは答えて、わたしに言った。「これらは全地の主の前に現われて後、天の四方に出て行くものです。黒馬を着けた戦車は、北の国をさして出て行き、白馬は西の国をさして出て行き、まだらの馬は南の国をさして出て行くのです」〃　(ゼガリヤ書6・1〜6)

この恐るべき天の車《メルカバ》に乗る馭者は、その身を守るために護符《アムレット》(Amulets) か神聖な名 (Tetragrammaton) をかいた封印をつけるものとされた。

〃天の車《メルカバ》〃の幻影を見るための具体的瞑想手段は、前述したごとく総て師伝の形で口頭で伝えられることになっていた。しかし十世紀頃にバビロニヤ地方のユダヤ学院長《ガオン》(GAON) ハイ・ベン・シェリラ (Hai ben Sherira) の手稿からわずかにその片鱗を窺うことができる。

ハイ・ベン・シェリラは九三九年プンベディタ (Pumbedita) の長老の家に生まれ、一〇三八年三月二十八日に百歳の高齢で死亡した人物である。彼は四四歳の時にアブ・ベト・ディン（ab bet din）の称号を受けた同地方のユダヤ人居住区の指導者であった。

彼の手稿によれば〝天の車《メルカバ》〟および高き天に住む天使の宮殿を（幻影のうちに）見ようとする人はある種の手続を踏まねばならない。まず数日間にわたる断食のあとで、両膝の間に頭を低くたれた状態で囁くように多くの聖歌と聖書の言葉を伝統にしたがってとなえる。するとそのあとで彼は（幻影の中で）部屋の内部におりながら、あたかもその目で七つの宮殿を眺めているような知覚をうることができるようになる[15]。

このような準備を総てすませた後、瞑想の達人は恍惚状態のまま（幻影の中の）旅へ出発する。『大会堂書』（Hekhaloth Rabbati）には、天国への旅において通り抜ける天の高みの七つの宮殿についての記述がある。七つの天球の叡智の指導者の場で地上的なものが霊魂から総て開放されてゆくのである。天なる大会堂の入口の左右には門番がおり、その許可をえなければ霊魂はそこを通過することができない。

危害を加えられることなく霊魂がその旅を続けるためには聖なる名をしるした護符が必要で、これにより悪魔や怒りの天使からの危害をまぬがれることができる。天国への上昇にさいして通過すべき新しい関門では、それぞれに新しい護符が必要となる。

G・ショーレムによれば、瞑想者は深い恍惚感の中で幻影の旅を続けるさい、強烈な心理的フラストレーションを体験するので、それを防止する目的で数多くの護符がつくられ、さまざまな言葉が記入されたといわれる。『小会堂書』（Hekhaloth Zutarti）の内容は総てこの護符によって占められることになった。

これらの護符の製作年代はローマ帝国時代で、製作地はギリシャからエジプト地方にかけてであった。(16)第一期の〝天の車《メルカバ》〟の瞑想はこのような多くの護符によって代表されるが、次第にこの傾向は薄れ、中世ヨーロッパにおける第二期の〝天の車《メルカバ》〟の瞑想時代へと移行していくことになる。

前述した『大会堂書』および『小会堂書』はイシュマエル・ベン・エリシャ（Ishmael ben Elisha）によって執筆されたと伝えられており、多くの名称（Sefer Hekhaloth, Pirke Merkabah etc.）で呼ばれている。この書はタルムード形成期頃に形成されたと推定されており、〝天の車《メルカバ》の搭乗者〟（Yorede Merkabah）の禁欲・祈り・恍惚の状態において天国の神秘は彼の前に開かれるという内容である。

生きている状態のまま恍惚状態にはいり、霊魂が上昇して七つの天国に入るという思想は、やや歪められた形ではあるが、旧約偽典『第四エズラ書』などにも認められる。

註

（1）第一章七三ページ参照。
（2）その他、エゼキエル書10・9〜14参照。
（3）聖書外典偽典4・旧約偽典Ⅱ、日本聖書学研究所編、村岡崇光訳『エチオピア語エノク書』教文館刊による。
（4）Hag, ii, 1. 参照。
（5）The Jew. Encycl. vol. VIII. p. 493 の挿絵より。
（6）Tosef., Hag. ii. 1; Hag. 146; Yer., Hag. ii, 77a. 参照。

(7) Hag. ii, 1. 参照。
(8) Hag. 13a. 参照。
(9) Suk. 28a. 参照。
(10) Cant. R. i. 10; Lev. R. xvi. 参照。
(11) The Jew. Encycl. vol. XII. p. 87. の挿絵より。
(12) Hag. 13b. 参照。
(13) Ex. R. iii. 参照。
(14) 村岡崇光訳『エチオピア語エノク書』14・14～20より。
(15) この特有な瞑想の姿勢について、G・ショーレムは特に注目している。G.G. Scholem. Major Trends in Jewish Mysticism. Schoeken Books. N.Y., p. 46. 参照。
(16) 同前、50～51ページ参照。

第二章　創造の書

I　宇宙創造

『創造の書』(1)(Sefer Yeẓirah) 第一章

律《ミシュナ》1・1

　聖なる知恵の三二の経路によって、主なるYH、YHWH、イスラエルの神《エロヒム》、永遠の王、救世主《エル・シャダイ》、慈悲深く仁慈に満ち、高くそして高揚されし永遠に存在する高貴にして聖なる御名は刻印せられた。そして彼は三つの印をもってこの宇宙を創造した。それは、境界、文字および数である。

律《ミシュナ》1・2

　そこには無形の十のセフィロトおよび基礎となる二二の文字がある。そのうち三つは母なる文字であり、七つは重複し、十二の文字は単音である。

律《ミシュナ》1・3

そこには無形の十のセフィロト（それは十本の指の数である）があり、五つと五つが向かいあっている。そして、中心には、舌（発声器官）のような、裸体（機関）のような統合の契約が設置されている。

律《ミシュナ》1・4

そこには無形の十のセフィロトがあり、それは九ではなく十であり、十一ではなく十である。それは知恵によって理解される。理解するには賢明でなければならない。それを検証し、探究し、事柄を徹底的に理解しなければならない。そして創造主は彼の場所に復帰せしめられる。

律《ミシュナ》1・5

そこに十の無形のセフィロトがあり、これらは十の終わりなきものである。始まりの深さ・終わりの深さ・善の深さ・悪の深さ・高位の深さ・深淵の深さ・東の深さ・西の深さ・北の深さ・そして南の深さである。

唯一の神、EL、信仰深き王、総ての宗規は永遠なる居住地に住む聖なるものから由来する。

律《ミシュナ》1・6

そこには無形の十のセフィロトがあり、それらは稲妻のような外見をしており、無窮なるものである。さらに彼らは行きつもどりつしながら語りあい、彼の言葉はつむじ風のように走り、そして神の御座の前にひれ伏す。

律《ミシュナ》1・7

そこには無形の十のセフィロトがあり、その終わりは始まりと結びつく。それはちょうど炭に火が結びついているようである。唯一なる神、そして彼は二つとない、唯一なるもの以前をどのように教えることができるのか。

律《ミシュナ》1・8

そこには無形の十のセフィロトがあり、そこで貴方の口は語るのを止め、心は思考することを停止してしまう。もし貴方の口が語り、心が思考すれば（もとの）場所へもどってしまう。だからこのようにしるされているのだ。

〝生きものは、稲妻のひらめきのように速く行き来していた〟

この言葉によって契約は断ちきられる。

律《ミシュナ》1・9

そこには無形の十のセフィロトがある。第一番目に、生きた神《エロヒム》の精霊がやどり、永遠に生きる彼の名前は声と精神と言葉によって祝福されねばならない。

律《ミシュナ》1・10

第二番目に、聖霊からの空気がある。それは基礎となる二二文字を通して切断され、刻印される。三つの母なる文字、七つの重複文字、そして十二の単純文字があり、それらは唯一、聖書のなかに含まれる。

律《ミシュナ》1・11

第三番目に、水と空気。それらは無形にして虚《むな》しきもの、泥と埃を通して切断され、刻印されている。それらは庭の花壇のように刻みつけられており、ちょうど壁のようにそそり立ち、ちょうど天井のように囲まれている。

律《ミシュナ》1・12

第四番目に、火と水。それらは栄光の座、炎の天使、車輪《オファニム》、聖なる存在、奉仕の天使などに分けられ、刻みこまれている。そして、それらのうちの三つによって居住地がつくりあげられる。それはあたかも〝彼の召使いである風、彼の支える炎〟としるされているような状況である。

律《ミシュナ》1・13

三つの単純文字の音、これによって空気は封印され、その中に偉大な御名ＹＨＷがすえられる。そして六つの末端を通じて封印される。

第五番目に、高さが封印され、そして彼は上方に向かいYHWが封印された。第六番目に、彼は深淵に封印し、下方に向かい、そこにYWHが封印された。第七番目に、東が封印され、彼は前方に向かい、HYWが封印された。第八番目に、西が封印された。彼は後方に向かい、そこにHWYが封印された。第九番目に、彼は南を封印し、右方に向かい、そこにWYHが封印された。第十番目に、彼は北を封印し、左方に向かい、WHYが封印された。

律《ミシュナ》1・14

そこには無形の十のセフィロトがあり、それは一である——生きた神《エロヒム》の霊、空気からの聖霊、水、高さ、深淵、東、西、南、および北よりの炎。

（『創造の書』第一章了）

＊

『創造の書』の形成時期は二～六世紀とされている。G・ショーレムは、本書は三世紀頃に記述されたと推定している。タルムードのサンヘドリン篇(2)に『創造の書』について言及した部分があり、この記述はその形成時期を考えるうえで重要である。

〃聖なる知恵〃（律1・1）とはホクマ（Hokhmah）のことであり、古代ユダヤ思想における宇宙発生論（cosmogony）における重要概念の一つである。

〃三二の経路によって〃（律1・1）は、ヘブライ語アルファベット二二文字と十のセフィロト（Sefrot）を合計した数である。

〝セフィロト〟というカバラ用語は、『創造の書』において初めて使用されたものである。
十のセフィロトのうち初めの四つのセフィロトは『エゼキエル書』に記述された四つの生き物（Ḥayyot）と密接な関係があると指摘されている。

〝わたしが見ていると、見よ、激しい風と大いなる雲が北から来て、その周囲に輝きがあり、たえず火を吹き出していた。その火の中に青銅のように輝くものがあった。またその中から四つの生き物の形が出てきた。その様子はこうである。彼らは人の姿をもっていた〟　（エゼキエル書1・4〜5）

この四つのセフィロトは創造する力であり、神性の内部からの流出（Emanation）ではない。この四つのセフィロトは世界の四大要素を表現している。つまり神の霊、全世界の大気中の聖霊・エーテル、水、そして火である。

セフィロトはヘブライ語名詞のセフィラ（Sefirah）より派生した言葉で、その本来の意味は〝数〟あるいは〝範疇〟である。十三世紀に成立した後期カバラ思想大系ゾハル（Zohar）においてはセフィロトは〝光〟あるいは〝球体〟という意味をもつ。セフィロトの意味の変遷はそのままカバラ思想発展史と平行しているので、随時記述を加えていくことにする。

〝主なるYH、YHWH、イスラエルの神《エロヒム》、永遠の王、救世主《エル・シャダイ》〟　（律《ミシュナ》1・1）

神の名がさまざまに異なった方法で呼ばれている。なぜ神の名はこれほど異なっていたのであろうか。これが〝聖四文字の秘儀《テトラグラマトン》〟（Tetragrammaton）と呼ばれるものである。

タルムードによれば、神の聖なる名前は、ソロモン王の神殿において年一回の〝贖罪の日〟（The day of Atonement）に最高位の神官によって唯一人、誰も神殿の中にいない時、至聖所内で声高く十回呼ばれ

ることになっていた。(3)

紀元前五八六年、バビロニヤの王ネブカデネザルによってソロモン王の第一神殿は破壊された(列王紀下52・9)。その年まで年一回、贖罪の日に神の名は神殿内で叫ばれていた。(4) 神殿破壊後約一世紀間は、ユダヤ神官、非ユダヤ人の間でも聖なる名を示す四文字の正確な発音は知られていた。(5)

三五〇年、バビロニヤ在住のアモラであるラバ(Raba)は神の名の正確な発音を一般の大衆に教えようとした。(6)

しかしその後、神の名YHWHの正確な発音は忘却されてしまった。一説によると、バビロニヤ在住のユダヤ神学者の間では十世紀頃まで、YHWHの正確な発音は知られていたとも伝えられている。一般には、紀元前三世紀以降、聖四文字の正確な発音は忘れさられた。その結果、神の名の別称としてアドナイ(Adonai)が用いられるようになった。アドナイYHWHという組み合わせの呼称も使用された。さらにエロヒム(Elohim)の呼称も用いられた。

更にキリスト教神学者によってヘブライ語聖書の研究が進められた結果、YHWHの発音はエホバ(YEHOWAH, JEHOVAH)と発音されるようになった。

その他、聖四文字の発音を妨げた要因として神の十戒の三番目の戒めがある。

〝あなたは、あなたの神、主の名を、みだりに唱えてはならない。主は、み名をみだりに唱えるものを、罰しないでは置かないであろう〟 (出エジプト記20・7)(7)

だが、聖四文字の正確な発音を求める要求が別の方面から強く出されるようになった。それは民間伝承・迷信・悪魔払い(Exorcism)の求めに応えるためでもあった。中世初期の一般医療技術においては神

の御名において疾患を起こす悪霊を取り除くことが重要視されていた。新約にもこれに関する記述が認められる。(8)

そこで中近東・欧州各地に散在していたユダヤ人居住区において、ＹＨＷＨの正確な発音を探求する動きが活発に展開された。まずヘブライ語聖書の記述のなかでＹＨＷＨとして記述される頻度が調査された。旧約においては、ＹＨＷＨの出現は五四一〇回認められる。創世記・一五三回、出エジプト記・三六四回、レビ記・二八五回、民数記・三八七回、申命紀・二三〇回、以上モーゼの五書（Pentateuch）における出現計一四一九回。

その他、ヨシュア記・一七〇回、士師記・一五八回、サムエル書前後・四二三回、列王紀上下・四六七回、イザヤ書・三六七回、エレミヤ記・五五五回、エゼキエル書・二二一回、その他小預言書（Minor Prophet）での出現数・三四五回、以上旧約預言書での合計二六九六回。

さらに、詩篇・六四五回、箴言・八七回、ヨブ記・三一回、ルツ記・一六回、エレミヤ哀歌・三二回、ダニエル書・七回、エズラ書およびネヘミヤ記・三一回、歴代志上下・四四六回、以上旧約第三部《ハギオグラファ》（Hagiographa）での合計一二九五回、聖四文字の出現が認められる。

聖四文字出現率の調査で興味ある事実は、ソロモンの雅歌・伝道の書・エステル書・ダニエル書においては聖四文字の記述は七回のみであり、これは上記四書の制作年代が比較的新しいことを示す証拠とも考えられた。

タルムードにも聖四文字の持つ聖なる力についての記述があり、(9)聖四文字の正確な発音をめぐってさまざまな魔術・呪術・悪魔払いなどの通俗的カバリスト（瞑想と思索を主としたカバリストとは区別するための呼称）の活動が展開されたのである。これがつまり〝聖四文字の秘儀〟なるものの中心課題であった。

それでは、ＹＨＷＨの正確な発音はどのようなものであったのか。現代の研究者によればそれは決して紀元前三世紀以来忘れられていたのではなく、キリスト教初期のギリシャ語記述のうちに〝ヤウェ〟（Yaweh）として記録されていることが指摘されている。さらに、ＹＨは母音が付加されてＹＡＨとして『出エジプト記』の詩のうちにも記述されていることが判明した。

〝主はわたしの力また歌、わたしの救いとなられた、
彼こそわたしの神、わたしは彼をたたえる、彼はわたしの父の神、わたしは彼をあがめる〟
（出エジプト記15・2）

－ＹＡＨＵ、－ＹＡＨは、ヘブライ語の名詞の語尾につくことが多い事実も判明した。また、ＹＨＷＨは古代ヘブライ語における〝ある〟（to be）を意味するＨＷＨの動詞形であることが、多くの学者によって指摘されている。

この神の名の意味について、旧約には次の記述がある。

〝神はモーセに言われた。「わたしは、有って有る者」。また言われた。「イスラエルの人々にこう言いなさい。『〈わたしは有る〉というかたが、わたしをあなたがたのところへつかわされました』と」〟
（出エジプト記３・14）

この記述のうち、〝私は、有って有る者〟（Eheyeh-Asher-Ehyeh）が神の名の正確な名称であり、ＹＨＷＨはその短縮形であろうこと、さらに古代における神の名の原形はおそらく、〝YAH-WEH-ASHER-

YIHWEH〟であったろうと推定されている。

また、聖なる文字——神の名を表わす聖四文字の持つ奇蹟的な動きについて、タルムードではつぎのように述べられている。

〝ベザレルは天と地を創造した文字の組み合わせ方を知っていた[10]〟

これは〝聖四文字の秘儀〟と〝ゲマトリア〟との関係を暗示している。聖なる文字の組み合わせによって奇蹟を起こしうるとする考え方は、二世紀頃のグノーシス思想にも認められ、さらに時代を遡れば古代エジプト王朝期にも神聖文字のもつ奇蹟的効果は一般に信仰対象となっていた。古代エジプトの象形文字、とくに神聖文字が刻まれた神殿・ピラミッド・記念碑などには、こうした奇蹟的な力が付与さ

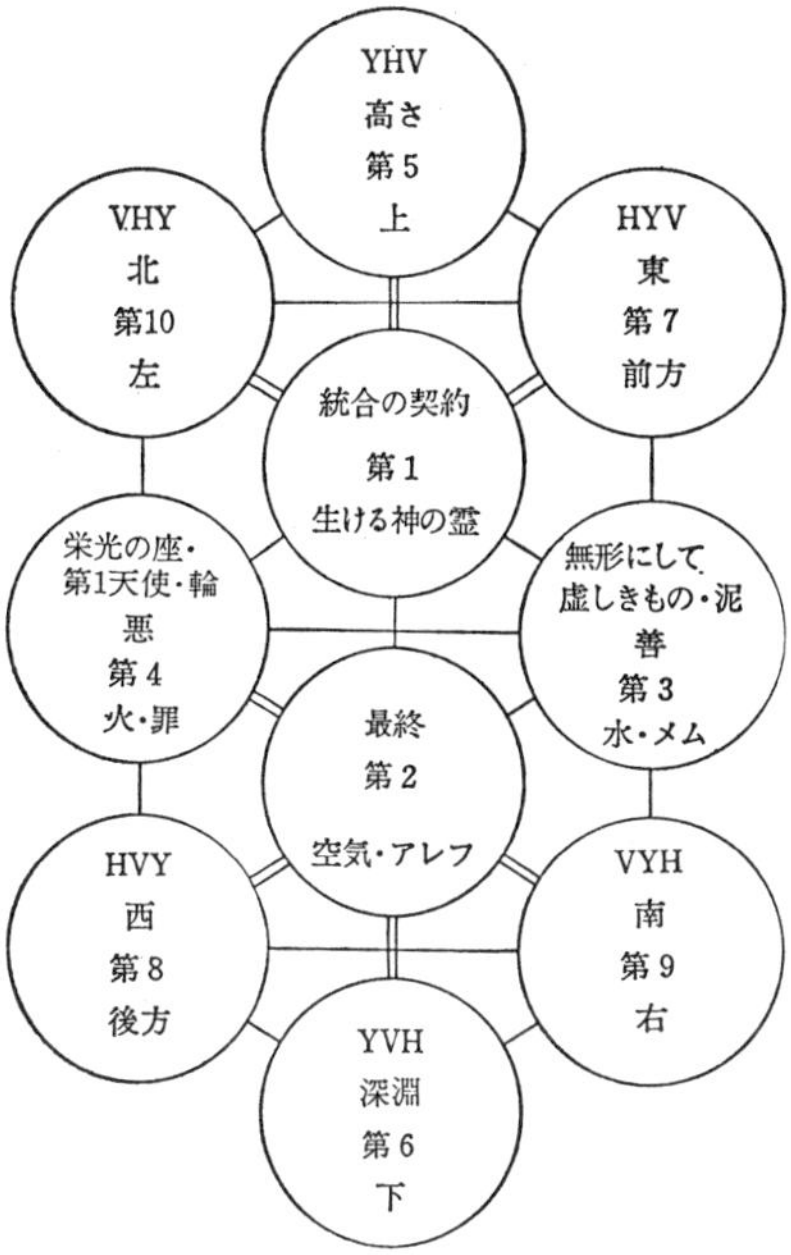

図A(12)

れているものと信じられた。

こうした点から考えると、カバラ思想の中には古代エジプトに起源をもつ神秘思想の影響が認められるとする指摘も肯定しうることになる。

『創造の書』には古代エジプトに起源をもつと推定されるアブラクサス（Abraxas）の宇宙発生論の影響も認められる。アブラクサス神秘思想によれば、十の音のうち三つの音を除いた七つの聖なる音によって、七つの宇宙が創られたと考えられた。

一三〇年頃死亡したグノーシス思想家バジリデス（Basillides）によれば、アブラクサスとは宇宙の最高存在に対して名づけられた名称であり、それは精神界における三六四の王国を支配するものであるとされた。バジリデスは、ABRAXASのそれぞれの文字には数値が付与されており、〝ゲマトリア〟（Gematria）の解析手段によれば、A＝1、B＝2、R＝100、A＝1、X＝60、A＝1、S＝200で合計三六五となり、これに最高位の存在を合計して聖なる数値である三六六を得るとした。この数はまた一年間の日数にも相当する[11]。

古代エジプト起源の宇宙発生論によれば、二八個（アルファベットの数）は占星術的な暦による二八日に相当し、そこには聖なる存在の本質を形成する要素が含まれていると考えられた。大宇宙《マクロコスム》と小宇宙《ミクロコスム》（人間）はこの聖なる文字の組み合わせと、〝ゲマトリア〟による文字のもつ数値計算による秘儀的解読法を通じて理解されるものとされた。

文字とそれに付与された数値による神秘的計算法は、古代バビロニヤ地方でも存在した考え方であったことが知られている。またユダヤ人哲学者アレキサンドリアのフィロンの著述にも同様の発想が認め

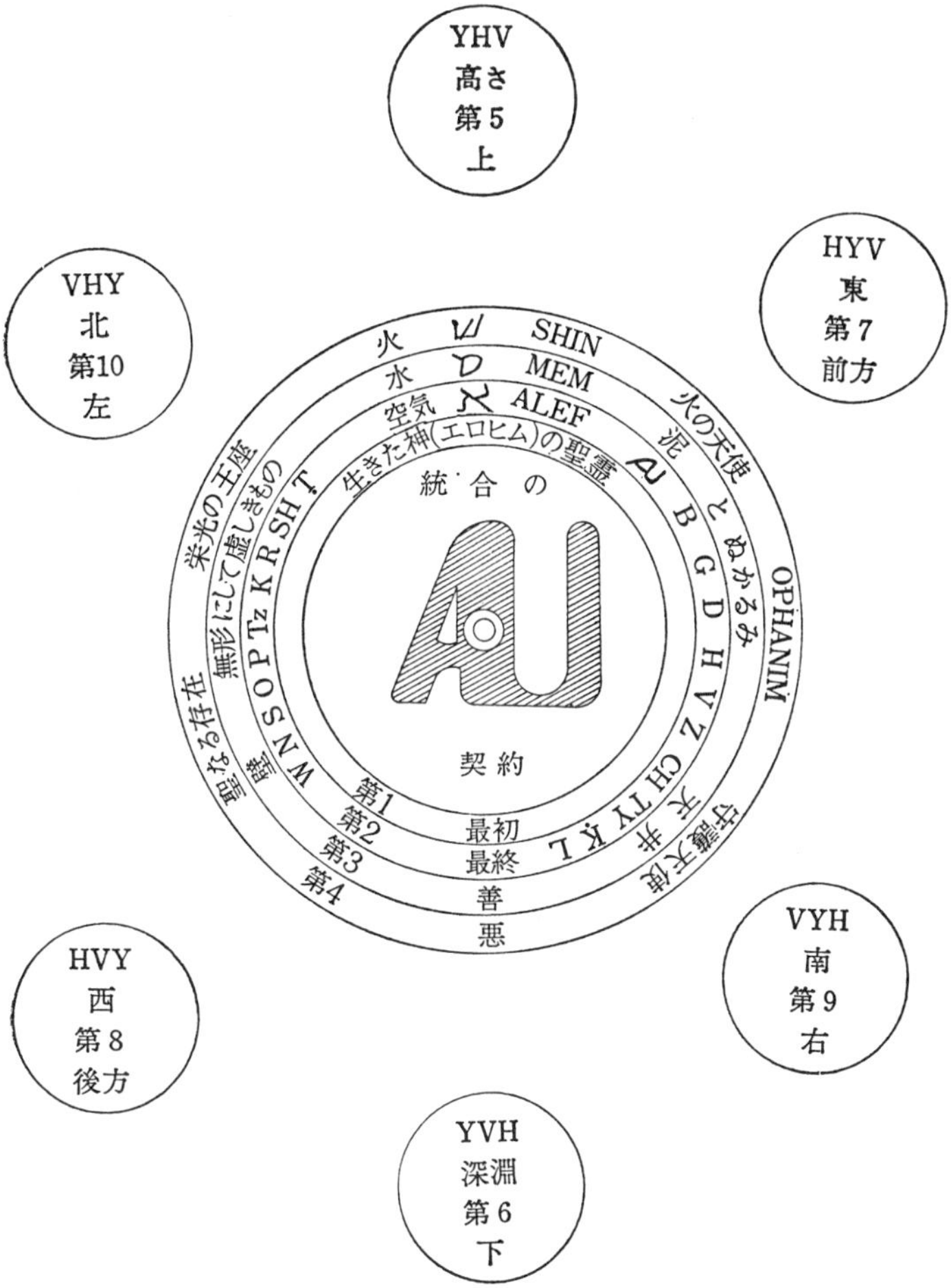
YHV
高さ
第5
上
HYV
東
第7
前方
VHY
北
第10
左
VYH
南
第9
右
HVY
西
第8
後方
YVH
深淵
第6
下
火
SHIN
水
MEM
空気
ALEF
生きた神(エロヒム)の聖霊
統合の
契約
火の天使
泥とぬかるみ
OPHANIM
栄光の王座
無形にして虚しきもの
T SH R K Tz P O S N W
B G D H V Z CH T Y K L
聖なる存在
霊
守護天使
水 井
第1
第2
第3
第4
最初
最終
善
悪

図B(13)

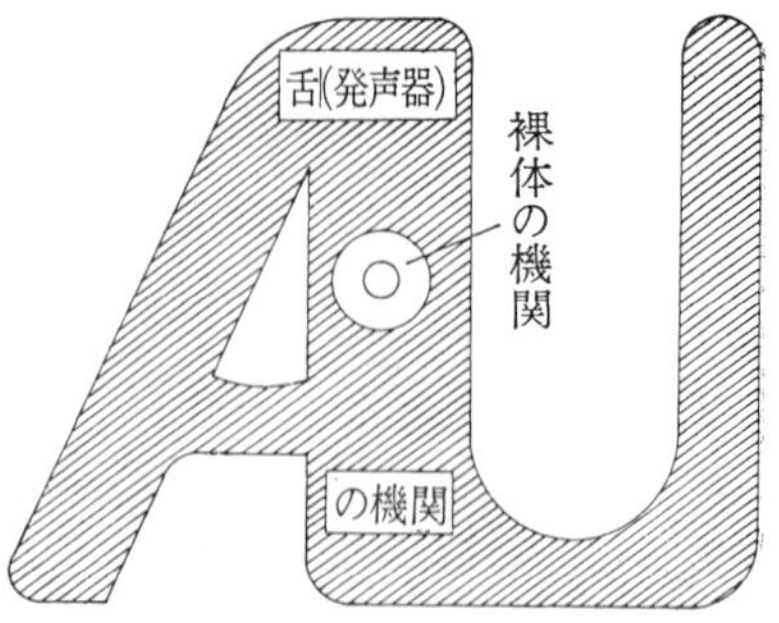

図C

られる。

古代バビロニヤでは、アルファベットとそれに含まれた数値を発声するさいに、ある種の神秘的働きが生みだされると信じられていた。各文字の発音を母音・閉鎖音・有声音の三種に分類する習慣は古代ヘレニズム文明にその起源を求めることができる。しかし、文字の発音に神秘的な力を結びつけるとき、こうした発声上の三種の分類はヘブライ語にはうまく適用できないので『創造の書』では、ヘブライ語に適応するような変更と修正が加えられている。

『創造の書』における宇宙観はつぎのようなものである。宇宙の構成要素は三つあり、それは世界・時間・人間である。さらにこれを構成する細分化された要素が考えられていて、たとえば神からの流出物が火を形成し、それが変化して水となる。しかし、創造の原始期には単に潜在的に存在する三つの原始物質があるだけで、それにはヘブライ語アルファベットの三つの文字があてはめられている。

『創造の書』に述べられている〝虚無よりの創造〟(Creatio ex nihiro)は二重創造の概念である。一つは理想世界として創造され、他は現実世界として創造されたものとする思想である。神霊からの流出によって世界が形成されるが、三つの原始物質から現実世界が創られる以前に、実在しない世界のプロトタイプが創られた。まず空間が形成され、おのおの方向に向かう空間の三次元ができあがり、その空間の三次元には更に反対方向に向かう鏡映像としてのもう一つの世界が創造されたとする。要素として三つの原始物質が存在し、それが鏡に映されてさらに三つの像が生まれ、合計して六つの像となり、そこから空間が形成されると考えられた。

さらに十のセフィロトが存在する。しかしそれは非現実的存在である。セフィロトが現実の存在物となるためには、相互を結びつける神秘的な数が必要とされた。二から十までの数は、基本数一から生みだされたものであり、十のセフィロトもまた一から生み出されたものであるとして、一という数値と神霊とは完全に同一視されている。さらに十のセフィロトが結合されると、そこに存在するのは神の霊であると考えられた。

この関係を示すのがセフィロトの樹である。

〝五つと五つが向かいあっている〟

（創造の書・律《ミシュナ》1・3）

これは顔に両手を当てた形と考えられており、中世初期より図Aのごとき図解が行なわれている。

セフィロトの概念はカバラ神秘思想における中核となるもので、数多くの図解が存在する。これらセフィロト相互間の関係はつぎのように表現されている。

〝その終わりは始まりと結びつく。それはちょうど炭に火が結びついているようである〟

（律《ミシュナ》1・7）

セフィロトとヘブライ文字との神秘的な関係は〝対点思想《サイジジー》〟（Syzygies）と呼ばれるものである。それは一対という考え方であり、創造の書では第四章に記述されている。

〝総ての宗規は永遠なる居住地に住む聖なるものから由来する〟

（律《ミシュナ》1・5）

この記述に関して、図Bのごとき図解が行なわれている。

さらに、

〃舌（発声器官）のような、裸体（機関）のような統合の契約が設置されている〃（律《ミシュナ》1・3）

このことに関しては、その中心部をAとUの組み合わせとして、図Cのごとく図示されることが多い。

さまざまな迂回路を経て、やっと『創造の書』の本文にまで辿り着くことができた。だが御覧の通り、その本文は簡潔でありながら意味は把握しにくく、曖昧な表現が多数鏤《ちりば》められている。そこでどうしても補足説明とか解説が必要になってくる。古来カバリストの間では、師伝の形で本文の解釈が語り伝えられてきた。しかし、残念ながらその多くは文書化されることなく忘れさられてしまった。そこで現在とりうる最上の手段としてはできるかぎり多くの文献を参照すること、G・ショーレムなどの現代カバラ思想研究者の業績を研究すること、などの方法が残されているだけである。

個人的友人であるラビ数人とも、カバラ思想の研究手段について話し合ってみたことがある。ここで紹介した『創造の書』の本文も、そのような個人的交友関係を通じて入手した資料によるものである。『創造の書』に関する註解書はいくつかあるが、そのいずれもが註解にあたったカバリストの個性を強く反映していて興味深い。

註

（1）『創造の書』はタルムードにも記載され、その成立起源は古代期に属する。エプスタイン（Abraham Epstein）、ギンズバーグ（Louis Ginsberg）らの研究者は、『創造の書』は三〜六世紀ごろ制作されたと推定している。

『創造の書』はカバラ思想における最も古典的な文献であるが、全文がヘブライ語で千六百字にも満たない短いものである。

『創造の書』（形成の書）（Sefer Yeẓirah）の全訳はまだ本邦においては発表されたことがないと思われるので、全六章をいくつかに分けて註解を加えながら紹介してみよう。

（2） Sanh. 65 b; 67 b. 参照。
（3） Yoma ii, 2; Yoma 396; Mishna Yoma 6: 2. 参照。
（4） Yer., Yoma 40a, 67. 参照。
（5） Sanh. x. 1; Tosef., Sanh. xii, 9; Sifre Zuta xci. 参照。
（6） Kid. 716. 参照。

ヘブライ文字	発　音	対応する英文字	数 値
א	alef	silent	1
ב	bet	b	2
ג	geemel	g	3
ד	dalet	d	4
ה	he	h	5
ו	vav	v	6
ז	zayeen	z	7
ח	chet	ch	8
ט	tet	t	9
י	yod	y	10
כ ך	kaf	k	20
ל	lamed	l	30
מ ם	mem	m	40
נ ן	noon	n	50
ס	samech	s	60
ע	ayeen	silent	70
פ ף	pe	p	80
צ ץ	tsadee	ts	90
ק	kof	k	100
ר	resh	r	200
שׂ שׁ	sheen	sh	300
ת	tav	t	400

ヘブライ語アルファベット
ヘブライ文字は22あり，母音がなく子音のみである。発音のさい母音記号をつける。

（7）その他、申命記5・11参照。
（8）Matt. viii. 16; ix. 34, 38; Mark i, 34, 38; Luke xiii. 32.
（9）Yer., Yoma 40a. 参照。
（10）Suk. 28a; B.B. 134a. 参照。
（11）第一章、六八ページ参照。
（12）中世カバラ思想家ルーリア（Luria）によれば、これらのセフィロトは〝完璧なる木〟（図Aの図形を樹木状に配置したもの）を使用して視覚的な瞑想の素材として使用されるべきものであるという。まずセフィラ（セフィロトの単数形）は、それぞれ独立して瞑想される。ついで、中心部に位置したセフィロトはグループとして瞑想される。さらに、総てのセフィロトをグループとして瞑想し、各セフィロトの間を結ぶ経路と文字、そしておのおのの門は、無限の光に満ちあふれていると瞑想する。
カバラにおける具体的な瞑想方法は、現在ほとんど廃絶・忘却されてしまっている。イエーメン出身のユダヤ人グループ（現在、イスラエルに移住）がわずかにその瞑想に関する秘儀を伝承していると伝えられているが、彼らはその瞑想方法を公開していない（一九八五年現在）。
（13）空気と訳したが、ヘブライ語原文はAVIRで空間の意味もある。さらに、大気の意味でも使用されることがある。
RU-ACHとしばしば同義的に使用される。

ゲニザ手稿においてもRU-ACHが使用されている。この手稿は西暦九四〇年頃のものと推定されており、カイロ・シナゴーグのゲニザ古文書から発見された資料による。

Ⅱ　象徴の言語

『創造の書』(Sefer Yezirah) 第二章

律《ミシュナ》2・1

二二の文字は基礎である。三つの母なる文字、七つの重複文字、十二の単純文字。三つの母なる文字、ALEF・MEM・SHEEN、これらは価値の等級および罪の等級として基礎づけられ、神の戒律がそれらの間を平均している言葉である。

ALEF・MEM・SHEENの三つの母なる文字のうちNEMは独立音、SHINは摩擦音、ALEFは聖霊の空気で両者の間の平均された等級を示している。

律《ミシュナ》2・2

二二の文字は基礎である。

彼はそれを刻み、

彼はそれを切りはなち、
彼はそれを結びあわせ、
彼はそれを計り、
そして、それらを対立させ、
そして、それらを通して総ての形づくられたものが形をなした、
そして、総てのものは形づくるように予定されている。

律《ミシュナ》2・3

二二の文字は基礎である。
彼は音声によってそれを刻み、
彼は空気によってそれを切りはなち、
彼はそれらを口の中にある五つの場所を通じて固定した。
ALEF・CHET・HFY・AYIN は咽頭を通じ、
GIMEL・YOD・KAF・KOF は口蓋を通じ、
DALET・TET・LAMED・NUN・TAV は舌を通じ、
ZAYIN・SAMECH・SHEEN・RESH・TZADE は歯を通じ、
BET・VAV・MEM・PEY は唇を通じて固定される。

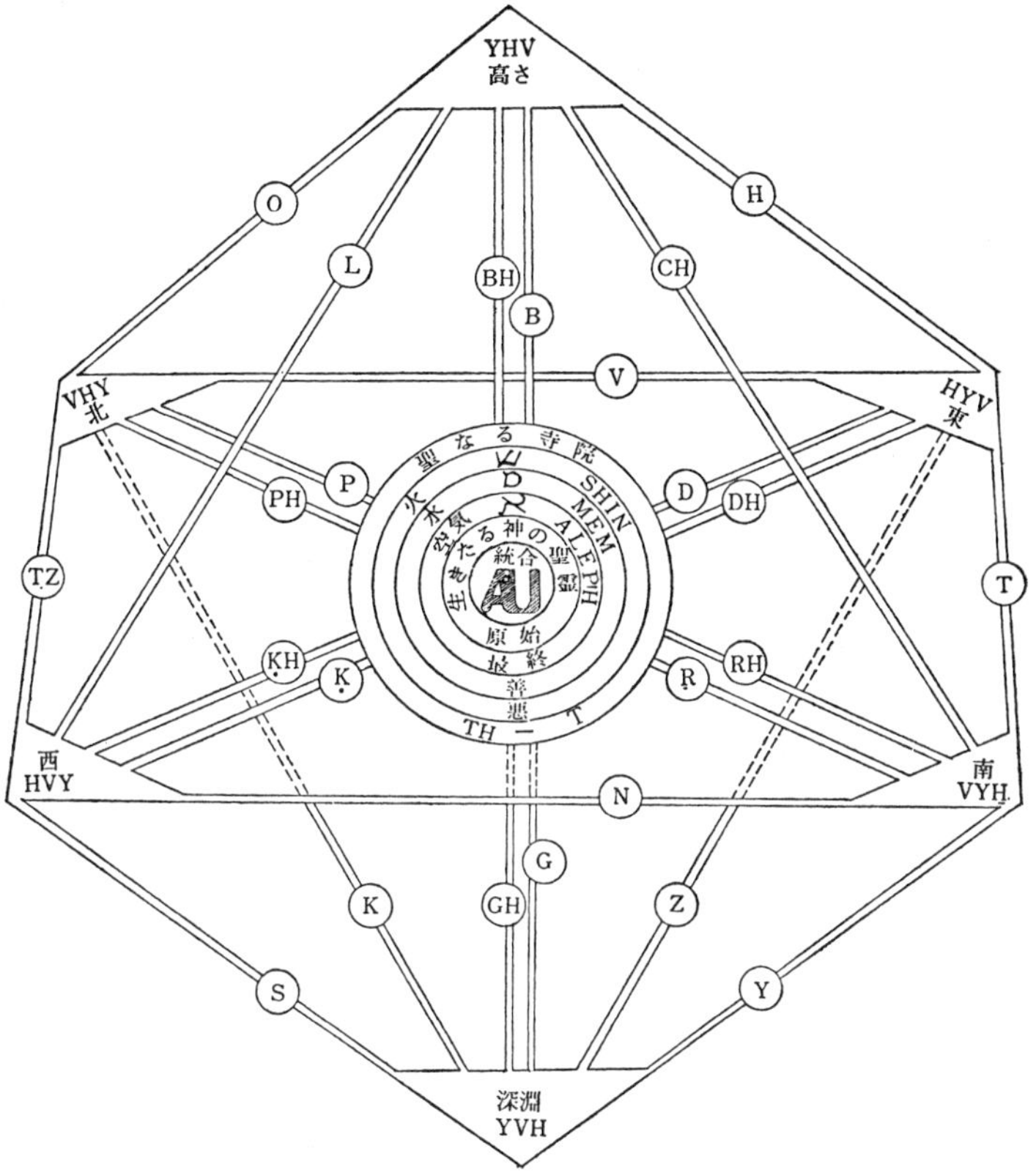

図1 "二二の文字は基礎である"

律《ミシュナ》2・4

二二の文字は基礎である。

彼はそれを二三一の門のある壁のように輪の形にめぐらして設置した。さらにこの輪の形は前へ、後へと回転する。そして、そこにつけられたしるしは——快楽の上に善きものはなにもなく、痛みより以下の悪しきものはなにもない。(1)

律《ミシュナ》2・5

彼はいかにしてこれらを結びつけたのであろうか。その重さを計り、対立して設置したのだろうか。

ALEFはそれらの総てであり、そしてその総てのものにはALEFがつけられている。

BETはそれらの総てであり、そしてその総てのものにはBETがつけられている。

さらにそれらはめぐり、回転し、それらはちょうど二三一の門をめぐるようである。

このようにして総ては形づくられ、総てのものは唯一の御名として語られる。

律《ミシュナ》2・6

彼は空虚から、虚無から物質を形づくる。そして、彼は触れることのできない空気からつくられた偉大な柱を切断する。

そしてそこにしるされた印とは（次のごときものである）、彼は対立を被い、そして設置し、総てのものを形づくり、総ての形づくられたものは唯一の御名とともに語られる。
さらにそれは一つの身体のように二二の印がつけられている。

（『創造の書』第二章了）

＊

〝二二の文字は基礎である〟（律《ミシュナ》2・1）とはヘブライ語アルファベット二二文字のことであり、図1のごとき図解がおこなわれている。

図1の〝空気〟はヘブライ語原文は RU-ACH であり、息・精霊・空気・空間などの意味があるが、

妊婦と子供を守る魔よけ（中心に神の名が書いてある）

ここでは空気と訳した。同図中の〝水〟はヘブライ語ではMAYIMであり、物質の意味もあるがここでは水と訳した。さらに〝火〟はヘブライ語ではESHでエネルギー、運動の意味もある。

〝彼はそれを二三一の門のある壁のように輪の形にめぐらして設置した〟（律《ミシュナ》2・4）

この関係については、図2のごとき図解が行なわれている。

〝二三一の門〟（律《ミシュナ》2・4）は恐らく〝ゲマトリア〟の解析手段によってその意味を補足すべきものであろう。ちなみにR（resh）は数値200、L（lamed）は30、A（aleph）は1で合計231となる。しかしこのアルファベットの組み合わせ以外にもR＝200、K（kaf）＝20、Y（yod）＝10、A＝1で231となりうる。さらにほかの組み合わせも考えられる。

ヘブライ語アルファベットにつけられた数値によって隠された意味を探るという手段は、すでに一世紀頃アレキサンドリアのフィロンによって考察されていた。その他古代ヘレニズム文明においても認められ、ネオ・プラトニズム思想として広く影響を及ぼしていくことになる。

カバラ神秘思想において〝ゲマトリア〟の手法が使用されるようになったのは、盲人イサクが活躍していた南フランス地方においてではなく、さらに北方のドイツ各地のユダヤ人居留地においてであった。十二世紀当時においても情報伝播の速度は早く、盲人イサクの『創造の書』に関する註解書は既に南ドイツ地方で読まれていた。そこでは新しいカバラ思想が生みだされ始めていた。

また一方では、言葉の数値を調べ、その象徴的意味を理解することで占い、予知、魔術、現世的利益のために役立てようとする通俗的カバラが育ち始めていた。盲人イサクが危惧したとおり、カバラ神秘思想は変質し始めていた。具体的には〝ゲマトリア〟およびノタリコン（Notarikon）と呼ばれる手法が導入され始めていた。

"ゲマトリア"とは、単語のそれぞれの文字に付された数値によって隠された象徴的意味を把握しようとする手法である。グノーシス神秘思想のなかにもゲマトリアがあり、古代ギリシャ文明、バビロニヤ文明にその起源を求めることができる。ラビ神学においてゲマトリア手法が初めて認められるのは、二世紀頃に書かれたタンナイム期（tannaim）の記述においてである。

カバラ思想においてゲマトリア手法を集大成させたのは、ボルムスのエレアザール（Eleazar ben Judah of Worms. 1165～1230）であった。ボルムスは南ドイツの小都市でマンハイム（Mannheim）とダルムシュタット（Darmstadt）の中間地点にあたる。彼はマインツ市（Mainz）に生まれ、その生活の大部分をボルムス市ですごした。彼はドイツ各地、北部フランスを広く旅行した。彼はドイツ系ユダヤ人《アシュケナジム》の間で高

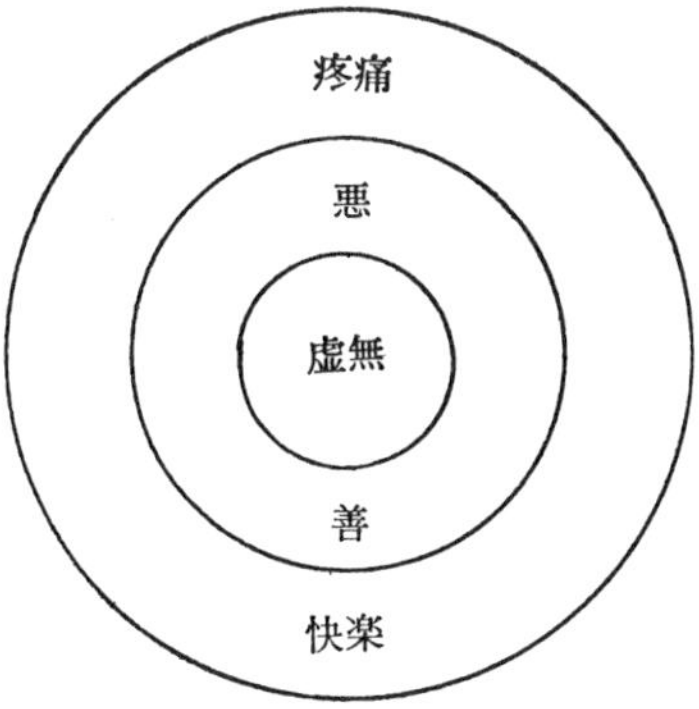

図2 "壁のように輪の形にめぐらして設置した"

名であったカロニムス家系（Kalonymus）に属していた。十二世紀初頭から十三世紀にかけてドイツ各地では十字軍の運動が活発化していた。ちょうどその頃エルサレムが回教王サラディン（Saladin）によって征服され、ドイツ国内のユダヤ人は激しい迫害にあった。彼の妻、娘、息子はいずれも暴徒によって虐殺され、彼自身も重傷を負った。その後エレアザールは彼の思想とその厭世的な感情を『知恵の書』（Sefer ha-Ḥokhmah）のなかで生々しく記述したのである。主著『秘密の秘密』（Sodei Razayya）のなかで彼は『創造の書』に言及しており、二二の文字によっていかにして地球、星辰、各要素が創造されたかについて記述している。エレアザールによれば神の言葉は二二の文字によって表わされ、それが存在の基礎となる。その著述の半分以上がALEFよりNUMにいたる文字に関するゲマトリア手法についての記述についやされている。さらに『創造の書』とゴーレムの創造に関する記述も含まれている。エレアザールの著述のほとんどは散逸し、印刷に付されたものはその少数にすぎない。

ゲマトリア手法の概要は次のようなものである。単語に含まれた数値の計算値に等しい別の単語は同価である（象徴的に同じ意味を持つ）。循環数、小数は十または百のなかに含めない。単語に含まれた数値を二乗数として計算することがある。各文字の数値は前から後へ加算してゆく。合計千になるゲマトリアの手法は重要である。各文字の数値それぞれは計算せず、その合計した数値のみが有意義であるとすることなどである。ゲマトリア手法は後世にいたり通俗的カバラの主要な関心事となっていった。より神学的、形而上学的な内容を保持しようとする瞑想的カバリストにとっては、ゲマトリア手法は無価値なものであるとして批判されることになる。

その他、カバラ思想の通俗化、歪曲化をうながす手段として使用されたのがノタリコン（Notarikon:

Latin. notaricum）である。この語はギリシャ語起源であり、速記法という意味である。古くローマ帝国の法廷においても、この手法は用いられていた。記述速度をあげるため、通常は単語を頭文字一字のみに簡略化したのである。エルサレム・タルムードにも、ノタリコンについての記述がある。(2)

この手法は聖書解釈学の手段としても活用され、単語の文字の総ては簡略化されたノタリコンであり、そこから別の意味がくみとれると考えられることになった。十三世紀頃のドイツにおける通俗的カバリストの間ではゲマトリアとノタリコンはカバラ聖典の解釈にとって不可欠の手段であると考えられるようになっていた。

ノタリコンによって、文章の意義とその訓戒の内容、そして神秘的な解釈が可能になると考えられたのである。

現在でもカバラ思想は、これらの数占いまがいの怪し気なものとして受けとられることが多い。まさに、盲人イサクの恐れたとおりの誤解が発生したのであった。

ドイツ地方のユダヤ人の間で変質し始めたカバラ思想は十六世紀頃にかけてますます腐敗堕落の傾向を深めていったが、それでもなお瞑想的カバラ思想の持つ神秘的な余韻は残されていた。

カバラ思想には通俗的カバラと瞑想的カバラの二つの大きな潮流があることを強調しておきたい。私が興味を抱いているのはあくまで瞑想的カバラ思想であり、通俗的・魔術的なカバラではないことを重ねて付け加えておきたい。

註

（1）第二章一一五ページ、図2参照。

（2）エルサレム・タルムード Orlahi, 61c. 参照。

Ⅲ　母なる文字

『創造の書』(Sefer Yezirah) 第三章
律《ミシュナ》3・1
　三つの母なる文字、ALEF・MEM・SHEEN、これらは価値の等級および罪の等級として基礎づけられ、神の戒律がそれらの間を平均している言葉である。
律《ミシュナ》3・2
　三つの母なる文字、ALEF・MEM・SHEEN、
――ここに偉大な神秘があり、それは驚くべきものでありそして秘められたるものである。彼はそこで六つの環でこれを封印した。そこから火と水が生まれ、分裂されて男性と女性になった。
　三つの母なる文字、ALEF・MEM・SHEEN はそれらの基礎であり、そこから父なるものが生まれ、総てが創造された。

律《ミシュナ》3・3

三つの母なる文字、ALEF・MEM・SHEEN、
——彼はそれらを刻み、
彼はそれらを分かち、
彼はそれらを結びつけ、
彼はそれらの重さを測り、
彼はそれらを対立して設置し、
彼はそれらを通して形づくった。
三つの母なる文字、ALEF・MEM・SHEEN は宇宙のなかにあり、
三つの母なる文字、ALEF・MEM・SHEEN は年のなかにあり、
三つの母なる文字、ALEF・MEM・SHEEN は男性と女性の身体のなかにある。

律《ミシュナ》3・4

三つの母なる文字、ALEF・MEM・SHEEN は宇宙のなかにあり、それらは空気、水、そして火である。
天は初めに火から創造され、
地は水から創造され、

さらに、
空気は火と水の間の段階を平均させている。

律《ミシュナ》3・5
三つの母なる文字、ALEF・MEM・SHEEN は年のなかにあり、火、水、空気、熱は火から創造され、
寒冷は水から創造され、
温度の状態はそれらの間の段階を空気によって平均化したものである。

律《ミシュナ》3・6
三つの母なる文字、ALEF・MEM・SHEEN は男性と女性の身体のなかにあり、そこには火、水、空気が含まれる。
熱は火から創造され、
腹は水から創造され、
GEVIYAH(1) は空気から創造され、
それらの間の段階を平均化している。

律《ミシュナ》3・7

彼は空気の領域の上に ALEF の文字をつけた。さらに彼はそこに王冠をつけた。彼はそれらのお互いを結びつけ、それらを通して形づくった。
それらは宇宙における空気(2)、
年における温度の段階、
男性の身体のなかの GEVIYAH と結びついたALEF・MEM・SHEEN、
女性の身体にむすびついたALEF・SHEEN・MEM である。

律《ミシュナ》3・8

彼は水の領域の上にMEMの文字をつけた。
彼はそれに王冠を結びつけ、それらをお互いに結びつけ、それらを通じて形づくられたものは、
宇宙における大地、
年における寒冷、
男性の身体の腹部にはMEM・ALEF・SHEENが、
そして、女性の身体にはMEM・SHEEN・ALEF が結びつけられている。

律《ミシュナ》3・9

彼は火の領域の上にSHEEN の文字をつけた。彼はそれに王冠を結びつけた、そしてそれらをお互いに結びあわせ、それらを通じて形づくられたものは、

宇宙における天、
年における暑熱、
男性の身体の頭部につけられた SHEEN・ALEF・MEM、
そして女性につけられたSHEEN・MEM・ALEF である。

*

『創造の書』(Sefer Yezirah) 第四章
律《ミシュナ》4・1
七つの重複した文字、BET・GIMEL・DAHLET・KAHF・PAY・RAYSH、そして、TAHWは二つの音として振舞う。BETとBEHET、GIMELとGEEMEL、DAHLETとDAHALET、KAHF と KAHAF、PAY とPAHY、RAYSH と RAYHASH である。それは柔らかい音と軟い音、強い音と弱い音との組み合わせである。
律《ミシュナ》4・2
七つの重複した文字、BET・GIMEL・DAHLET・KAHF・PAY・RAYSH・TAHW は生命、平和、知恵、富、優雅、種子、王権の基礎である。
律《ミシュナ》4・3

七つの重複した文字、BET・GIMEL・DAHLET・KAHF・PAY・RAYSH・TAHWぎはつのごとく言葉のなかで対立している、

生命は死に対立し、

平和は悪に対立し、

知恵は愚かさに対立し、

富は貧に対立し、

優雅さはみにくさに対立し、

種子は荒地に対立し、

王権は奴隷に対立する（図2）。

律《ミシュナ》4・4

七つの重複する文字、BET・GIMEL・DAHLET・KAHF・PAY・RAYSH・TAHWは七つの先端であり、このうち六つの先端は、

上方、

下方、

東、

西、

北、

南、
であり、それらのものの中央に聖なる神殿が設置され、それらを総て支えている。
律《ミシュナ》4・5
七つの重複する文字、BET・GIMEL・DAHLET・KAHF・PAY・RAYSH・TAHWは六でなく七であり、八ではない。それらのものを吟味し、探究し、関係する事柄を総て理解し、創造主を彼の場所に復帰させせよ。
律《ミシュナ》4・6
七つの重複する文字、BET・GIMEL・DAHLET・KAHF・PAY・RAYSH・TAHWは基礎であり、
彼はそれらを刻み、
彼はそれらを分かち、
彼はそれらを結びつけ、
彼はそれらの重さを測り、
彼はそれらを対立して設置し、
彼はそれらを通して次のものを形づくった。
宇宙における七つの星、

週における七つの日、
男性と女性の身体における七つの門。
そして、彼はそれらによって七つの天、七つの地、七つの安息日を刻んだ。そのためにこそ彼は総ての天のうちの第七番目のものを愛《め》でたのである。

律《ミシュナ》4・7

そして宇宙には七つの星がある。それは、太陽、金星、水星、月、土星、木星、火星である。そして、これらは年における七曜であり、創造における七日であり、男性と女性の身体における七つの門である。つまり二つの目、二つの耳、一つの口、および二つの鼻孔である。そして彼は七つの天、七つの地、七つの時間を刻んだ。だからこそ彼は天の下にある総てのものごとのうちで第七番目のものを愛《め》でたのである。

律《ミシュナ》4・8

彼は文字BETを生命を支配する原因とした。そして彼はそれに王冠を結び、彼はそれらを相互に結び、彼はそれらによって宇宙のなかの土星を形づくった。それは年における第一日である。また男性と女性の身体における右目である。

彼は文字GIMELを平和を支配する原因とした。彼はそれに王冠を結び、彼はそれらを相互に結び、彼はそれらによって宇宙のなかの木星を形づくった。それは年における第二日である。また男性と女性の身体における左目である。

彼は文字 DAHLET を知恵を支配する原因とした。彼はそれに王冠を結び、彼はそれらを相互に結び、彼はそれらによって宇宙のなかの火星を形づくった。それは年における第三日目である。また男性と女性の身体における右耳である。

彼は文字 KAHF を富を支配する原因とした。彼はそれに王冠を結び、彼はそれらを相互に結び、彼はそれらによって宇宙のなかの太陽を形づくった。それは年における第四日である。また男性と女性の身体における左耳である。

彼は文字PAY を優雅さを支配する原因とした。彼はそれに王冠を結び、彼はそれらを相互に結び、彼はそれらによって宇宙のなかの金星を形づくった。それは年における第五日である。また男性と女性の身体における右の鼻孔である。

彼は文字RAYSH を種子を支配する原因とした。彼はそれに王冠を結び、彼はそれらを相互に結び、彼はそれらによって宇宙のなかの水星を形づくった。それは年における第六日である。また男性と女性の身体における左の鼻孔である。

彼は文字TAHWを王権を支配する原因とした。彼はそれに王冠を結び、彼はそれらを相互に結び、彼はそれらによって宇宙の月を形づくった。それは年における安息日である。また男性と女性の身体における口である。

律《ミシュナ》4・9

七つの重複した文字、BET・GIMEL・DAHLET・KAHF・PAY・RAYSH、そしてTAHWを通して七つの宇宙、七つの天、七つの地、七つの海、七つの河、七つの砂漠、七つの日、七つの週、七つの年、七つの安息年、七つの聖年、そして聖なる神殿が刻みこまれた。

だからこそ彼は天の下にある総てのものごとのうちで第七のものを愛《め》でたのである。

律《ミシュナ》4・10

二個の基石によって二つの家が建てられる、(3)
三個の基石によって六つの家が建てられる、
四個の基石によって二十四の家が建てられる、
五個の基石によって百二十の家が建てられる、
六個の基石によって七百二十の家が建てられる、
七個の基石によって五千四十の家が建てられる。
この点から考えてみると、口は話せなくなり、耳は聞くことができなくなる。

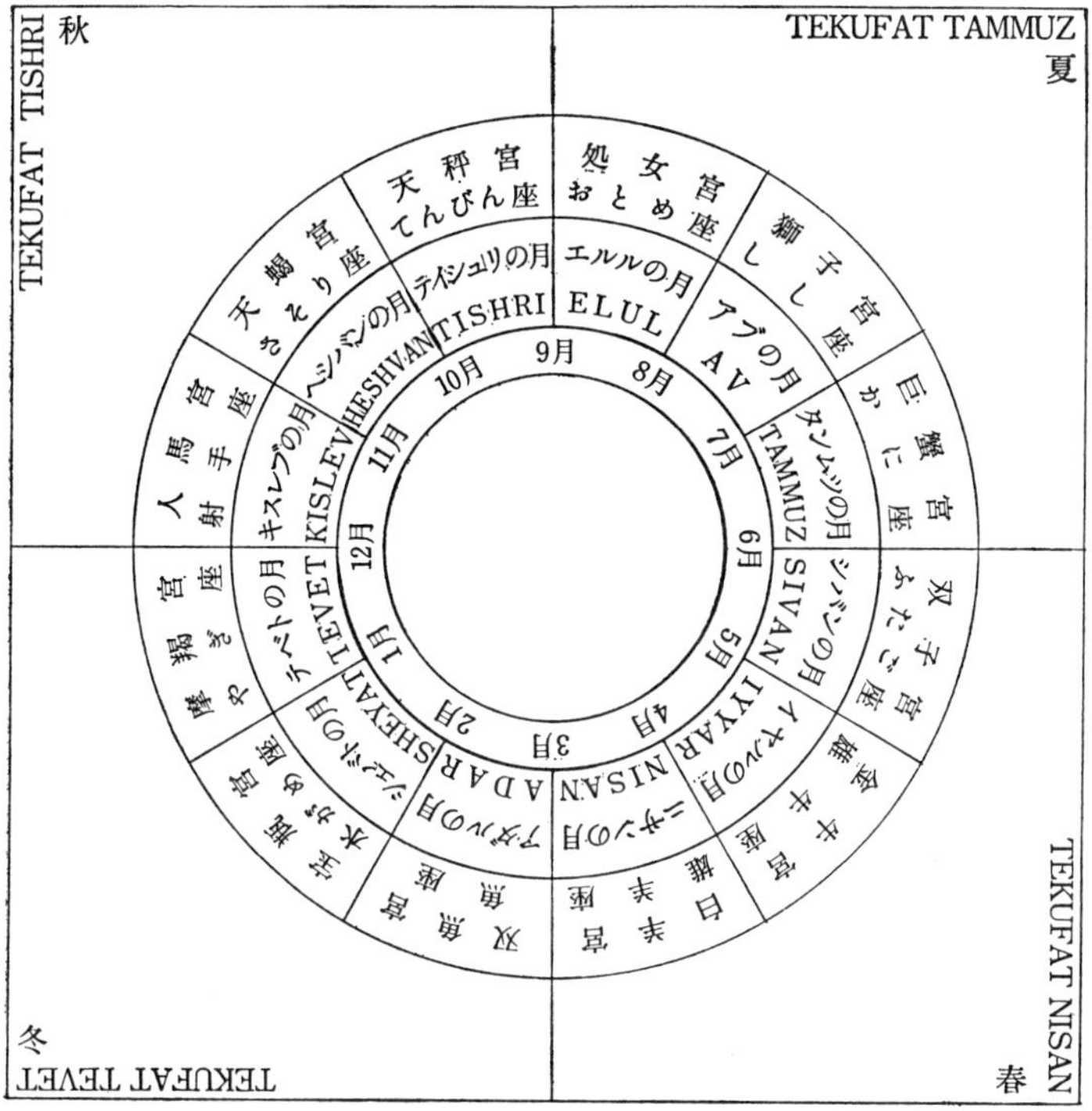
TEKUFAT TISHRI 秋
TEKUFAT TAMMUZ 夏
TEKUFAT NISAN 春
TEKUFAT TEVET 冬
処女宮 おとめ座
天秤宮 てんびん座
天蝎宮 さそり座
人馬宮 射手座
磨羯宮 やぎ座
宝瓶宮 水がめ座
双魚宮 魚座
白羊宮 雄羊座
金牛宮 雄牛座
双子宮 ふたご座
巨蟹宮 かに座
獅子宮 しし座
エルルの月 ELUL
ティシュリの月 TISHRI
ヘシバンの月 HESHVAN
キスレブの月 KISLEV
テベトの月 TEVET
シェバットの月 SHEVAT
アダルの月 ADAR
ニサンの月 NISAN
イヤルの月 IYYAR
シバンの月 SIVAN
タンムズの月 TAMMUZ
アブの月 AV
9月 10月 11月 12月 1月 2月 3月 4月 5月 6月 7月 8月

図1

＊

『創造の書』(Sefer Yeẓirah) 第五章

律《ミシュナ》5・1

十二の単純な文字、それはHAY・WAHW・ZAHYIN・CHET・TET・YUD・LAHMED・NUN・SAHMECH・AHYIN・TSAHDEE・KOOFであり、それらは言葉、思考、運動、視覚、聴力、動作、性交、嗅覚、睡眠、憤怒、味覚、笑いの基礎である。

律《ミシュナ》5・2

十二の単純な文字、それはHAY・WAHW・ZAHYIN・CHET・TET・YUD・LAHMED・NUN・SAHMECH・AHYIN・TSAHDEE・KOOFであり、それらは対角線における十二境界の基礎である。

東上境界、東北境界、東下境界、
南上境界、南東境界、南下境界、
西上境界、西南境界、西下境界、
北上境界、北西境界、北下境界(図3)。
そしてこれらは常に、永遠に広がり続け、それらは宇宙の腕となる。

律《ミシュナ》5・3

十二の単純な文字、それはHAY・WAHW・ZAHYIN・CHET・TET・YUD・LAHMED・NUN・SAHMECH・AHYIN・TSAHDEE・KOOF であり、彼はそれらを基礎として刻み、
彼はそれらを分かち、
彼はそれらを結びつけ、
彼はそれらの重さを測り、
彼はそれらを対立して設置し、

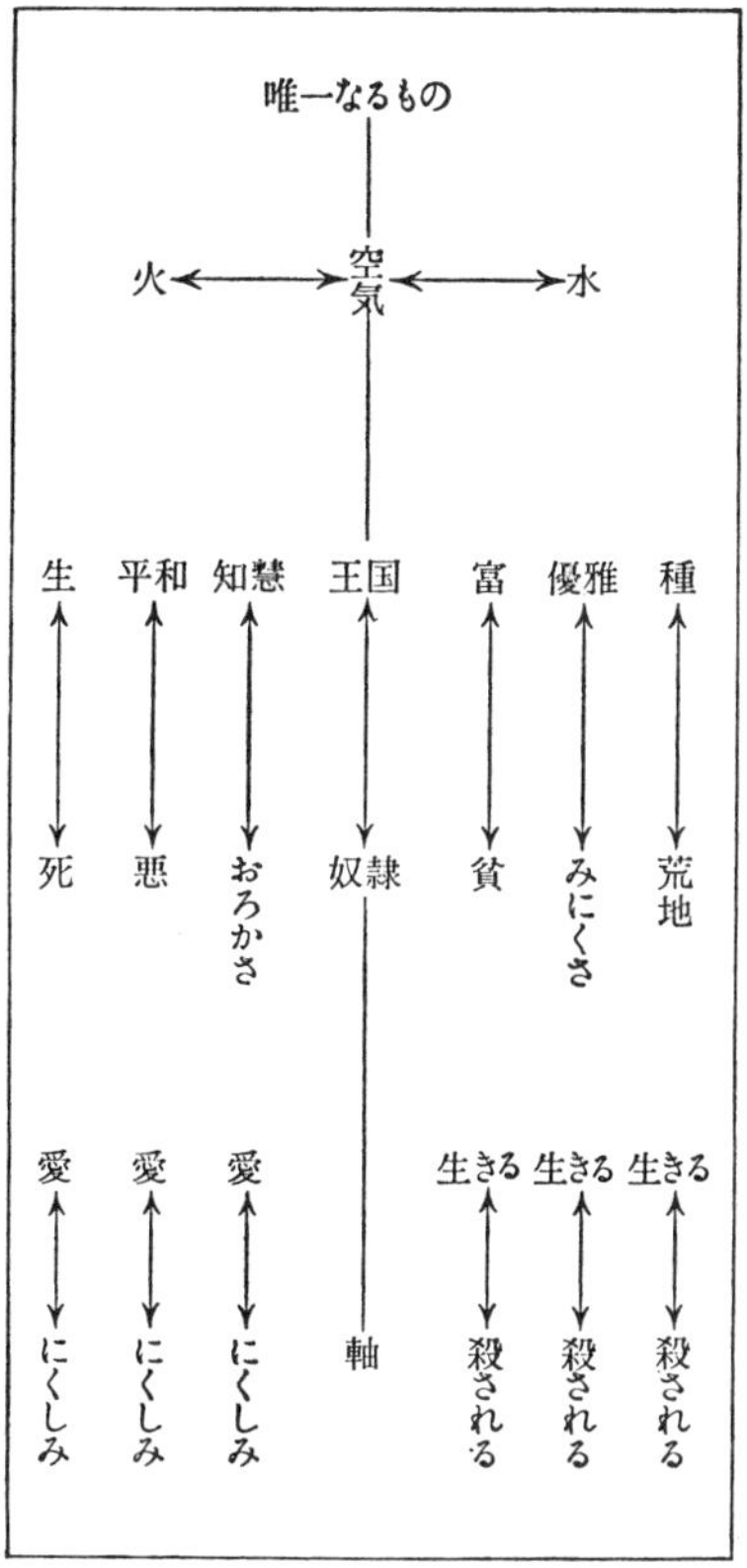

図2

彼はそれらを通して、
宇宙における十二の星座、
年における十二の月、
男性と女性の身体における十二の臓器を形づくった。

律《ミシュナ》5・4
宇宙における十二の星座は、白羊宮、金牛宮、双子宮、巨蟹宮、獅子宮、処女宮、天秤宮、天蝎宮、人馬宮、摩羯宮、宝瓶宮、双魚宮である。

律《ミシュナ》5・5
年における十二の月は、ニサンの月、イヤルの月、シバンの月、タンムツの月、アブの月、エルルの月、テイシュリの月、ヘシバンの月、キスレブの月、テベトの月、シェバトの月、アダルの月である(4)。

律《ミシュナ》5・6
男性と女性の身体における十二の臓器は、二つの手、二つの足、二つの腎、胆のう、小腸、肝、食道、胃、脾である。

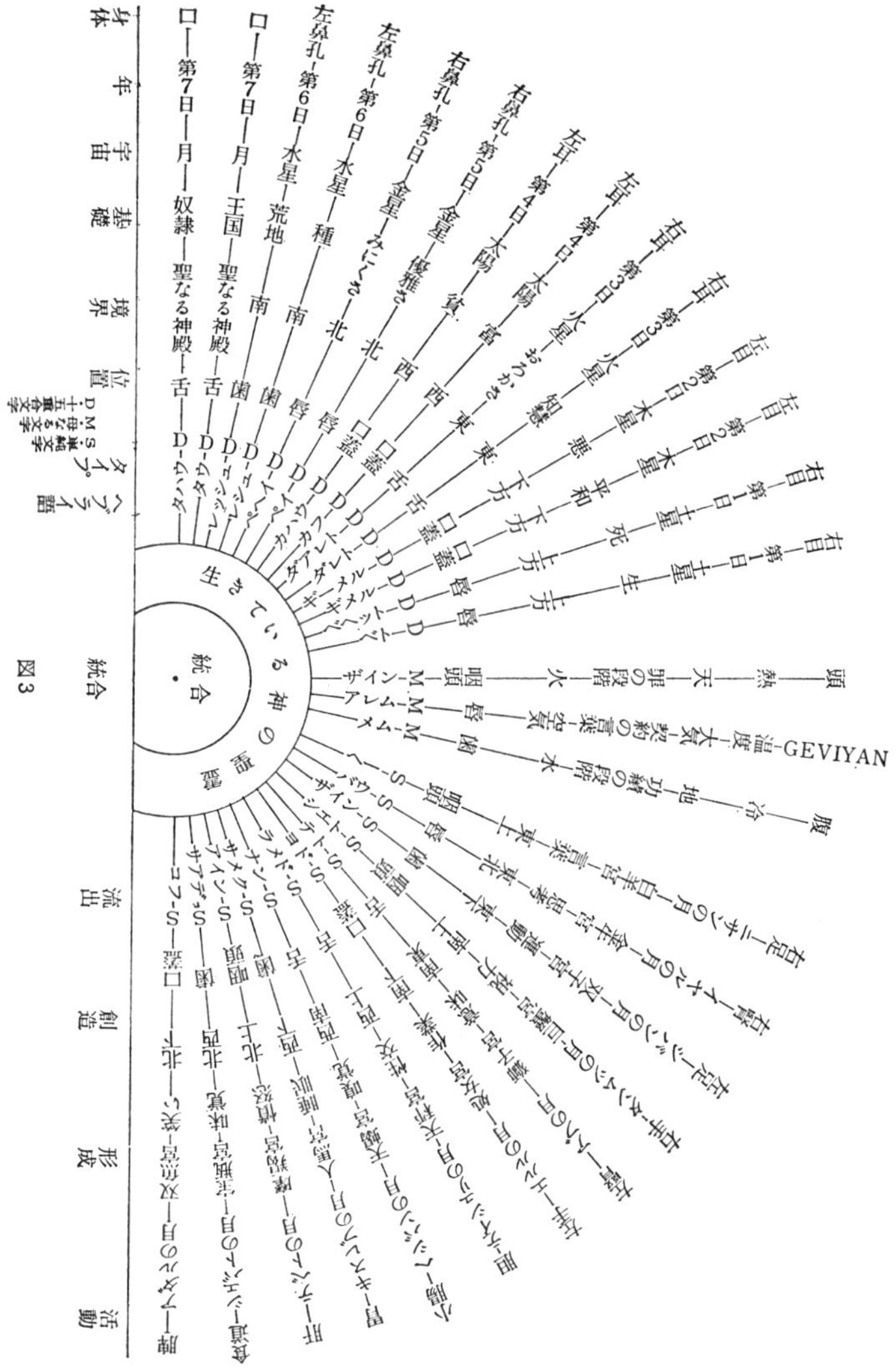
身体
年
宇宙
基礎
境界
位置
D・M・S・十二重なる文字・母なる文字
タイプ
ヘブライ語
統合
流出
創造
形成
活動
生きている神の智慧
統合
GEVIYAN

図3

律《ミシュナ》5・7

彼は文字HAYを言葉を支配する原因とした。彼はそれに王冠を結び、彼はそれらを相互に結び、彼はそれらによって宇宙のなかの白羊宮、年のなかのニサンの月、男性と女性の身体における右足を形づくった。

彼は文字WAHWを思考を支配する原因とした。彼はそれに王冠を結び、彼はそれらを相互に結び、彼はそれらによって宇宙のなかの金牛宮、年のなかのイヤルの月、男性と女性の身体における右の腎を形づくった。

彼は文字ZAHYINを運動を支配する原因とした。彼はそれに王冠を結び、彼はそれらを相互に結び、彼はそれらによって宇宙のなかの双子宮、年のなかのシバンの月、男性と女性の身体における左足を形づくった。

彼は文字CHETを視覚を支配する原因とした。彼はそれに王冠を結び、彼はそれらを相互に結び、彼はそれらによって宇宙のなかの巨蟹宮、年のなかのタンムツの月、男性と女性の身体における右手を形づくった。

彼は文字TETを聴力を支配する原因とした。彼はそれに王冠を結び、彼はそれらを相互に結び、彼はそれらによって宇宙のなかの獅子宮、年のなかのアブの月、男性と女性の身体における左の腎を形づくった。

彼は文字ＹＵＤを動作を支配する原因とした。彼はそれに王冠を結び、彼はそれらを相互に結び、彼はそれらによって宇宙のなかの処女宮、年のなかのエルルの月、男性と女性の身体における左手を形づくった。

彼は文字 ＬＡＨＭＥＤ を性交を支配する原因とした。彼はそれに王冠を結び、彼はそれらを相互に結び、彼はそれらによって宇宙のなかの天秤宮、年のなかのテイシュリの月、男性と女性の身体における胆を形づくった。

彼は文字ＮＵＮを嗅覚を支配する原因とした。彼はそれに王冠を結び、彼はそれらを相互に結び、彼はそれらによって宇宙のなかの天蝎宮、年のなかのヘシバンの月、男性と女性の身体における腸を形づくった。

彼は文字 ＳＡＨＭＥＣＨ を睡眠を支配する原因とした。彼はそれに王冠を結び、彼はそれらを相互に結び、彼はそれらによって宇宙のなかの人馬宮、年のなかのキスレブの月、男性と女性の身体における胃を形づくった。

彼は文字AHYINを憤怒を支配する原因とした。彼はそれに王冠を結び、彼はそれを相互に結び、彼はそれらによって宇宙のなかの摩羯宮、年のなかのテベトの月、男性と女性の身体における肝を形づくった。

彼は文字TSAHDEEを味覚を支配する原因とした。彼はそれに王冠を結び、彼はそれらを相互に結び、彼はそれらによって宇宙のなかの宝瓶宮、年のなかのシェバトの月、男性と女性の身体における食道を形づくった。

彼は文字KOOFを笑いを支配する原因とした。彼はそれに王冠を結び、彼はそれらを相互に結び、彼はそれらによって宇宙のなかの双魚宮、年のなかのアダルの月、男性と女性の身体における脾を形づくった。

彼はそれらをあたかも日没(5)のようにつくり、
彼はそれらをある種の壁(6)のような秩序にそって置き、
彼はそれらをある種の戦場における秩序にそって設定した。

*

『創造の書』(Sefer Yezirah) 第六章

律《ミシュナ》6・1

そこに三つの母なる文字、AHLEF・MEM・SHEEN がある。それらは三つの父なるもの、つまり空気、水、火から出てくる。そしてこれらの父たちからの子孫、つまり三人の父と彼らの子孫、七つの星とその天使、対角線における十二の境界が導かれる。宇宙、年、身体、十二の状態、七つと、三つ、これらのものは信頼しうる証人のあかしである。彼はそれらのなかに軸、輪[7]、心を割りあてた。

律《ミシュナ》6・2

そこに三つの母なる文字、AHLEF・MEM・SHEEN がある。空気、水、火。火は上方に、水は下方に、そして聖霊の空気があり、それらの間の段階を平均化する戒律がある。そこに物のしるしがあり、火は水を上昇させる。MEM は静かに立ち、SHEEN はしゅーという音をだし、AHLEF は聖霊の空気、それらのものの間の段階を平均化する戒律である。

律《ミシュナ》6・3

宇宙における軸は玉座にいる王のようである。年における輪は領土における王のようである。身体における心は戦場における王のようである。

律《ミシュナ》6・4

創造主《エロヒム》は総ての対照物をつくった。そのおのおのはお互いに対立している。善に対する悪、悪に対する善。善からは善。悪からは悪。善は悪を叙述し、悪は善の輪郭を描く。善は善のために保たれ、悪は悪のために保たれる。

律《ミシュナ》6・5

三、それはお互いにそれ自体で立っている。一つは放免し、一つは非難し、一つはそれらの間の段階を平均化する。

七、それは三は三に対立し、一つはそれらの間の段階を平均化する戒律である。

十二、それは戦場に立っている、三つの愛、三つの憎悪、三つの生存を守るもの、三つの殺害。

三つの愛は心と耳、

三つの憎悪は肝、胆、そして舌、

三つの生存を守るものは二つの鼻孔と脾、

三つの殺害は二つの排泄口と口、

そして神《エル》、信仰深き王、聖にして永遠なる彼の居所、あらゆるものの上の律法で司るもの。

一なるものは三なるものの上にあり、三は七の上に、七は十二の上にあり、これらの総てのものはお互いに結びあわされている。

律《ミシュナ》6・6

二二の文字によって神の御名は刻まれる、EHYEH・YH・YHWH・ELOHIM・ELOHIM・

YHWH、万軍の主、EL・SHADAI・YHWH。

それらは三つのしるしからつくられる。そして総ては彼の宇宙から創造される。彼は形づくられたるものの総てを通して形づくり、総てのものは形づくられるべく予定されている。

律《ミシュナ》6・7

われらの父、アブラハムが平和の裡に安息しているとき、彼は眺め、見つめ、理解し、探究し、刻み、分断し、そして成功した。

総てのものの神は、その神秘を明かした。

彼は根底を設置し、

彼はその頭部に接吻し、

彼は〝わが愛するアブラハム〟と呼んだ。

そして、

彼はその契約をたち、永遠に種をまく、

それはつぎのようにしるされている。

〝主を信じた。主はこれを彼の義と認められた[8]〟

そして、彼は彼の手の十本の指の間で契約を断ち切った。

それは言葉による契約、彼の十本の足趾の間の、彼の割礼によるものである。

彼は彼の言葉を二二の文字によって律法《トーラ》に結び、彼は秘密を明かした。

彼は水を通して描いた、
彼は火のなかで燃えた、
彼は空気を振《ふる》わせた、
彼は七つのものを照らした、
彼は十二の星座によって導いた。

（『創造の書』終）

註

（1） GEVIYAH は精巧で、鋭敏な感覚を持つ身体の意味であろうと推定される。

（2） ヘブライ語は Avir、大気とも訳せる。第二章一〇八ページ、註（13）参照。

（3） 二個の基石による組み合わせは、
AB・BA
三個の基石による組み合わせは、
ABC・ACB
BAC・BCA
四個の基石による組み合わせは、
ABCD・ABDC・ACBD・ACDB・ADBC・ADCB
BACD・BADC・BCAD・BCDA・BDAC・BDCA
CABD・CADB・CBAD・CBDA・CDAB・CDBA

DABC・DACB・DBAC・DBCA・DCAB・DCBA（以下略）

（4）　ユダヤ暦について——古代イスラエルの民が夜空を仰いで星を眺めた目的は、彼らの祭式に必要な日付を知るためであった。

〝あなたはアビブの月を守って、あなたの神、主のために、過越の祭を行わなければならない。それはアビブの月に、あなたの神、主が夜の間にあなたをエジプトから導き出されたからである〟（申命記16・1）

アビブの月を守るためには、太陽の位置、月の観測が必要であった。古代イスラエルの民はバビロニヤ暦を使用した。これは一年を十二ヵ月に分け、各月は三十日からなる暦であった。現在、二種類のバビロニヤ暦が知られており、その一つは毎月を二十九日と三十日の月と交互にくるように作成されていた。

バビロニヤ暦は太陽・太陰暦であり、一年が三六四日からなる年と、三六五日からなる年によって暦の計算が行なわれた。この暦では、十一年の期間に十二ヵ月と七日の年があったり、十三ヵ月と四日の年もあった。

タルムードによれば、ユダヤ人が各月の名前をつけるようになったのは、バビロンの虜囚の時期以降のことであった。当時、彼らの使用していた暦の誤差修正はどのようにして行なわれていたかの詳細は不明である。その当時の暦では三年間に一ヵ月余ることになるか、または、毎月十日ないし十一日ずつ追加する必要のあったことは事実である。古代ユダヤの天文学者はこの太陰暦に含まれた誤差に気づいていたらしい。古代ユダヤ暦は、完全な太陰暦ではなかったわけだが、ユダヤ祝祭日のみは太陰暦に合致するように作成されていた。

〝過越祭〟は、麦の収穫期に相当する月に定められていた。このような祭式と暦との関係は、出エジプト記・レビ記・民数紀のなかに次のように指示されている。

〃わたしが、あなたに命じたように、アビブの月の定めの時に七日のあいだ、種入れぬパンを食べなければならぬ〃（出エジプト記23・15）

〃あなたは安息の年を七たび、すなわち、七年を七回数えなければならない。安息の年七たびの年数は、四十九年である〃（レビ記25・8）

〃すなわち、第七の安息日の翌日までに、五十日を数えて、新穀の素祭を主にささげなければならない〃（レビ記23・16）

〃正月の十四日は主の過越の祭である。また、その月の十五日は祭日としなければならない〃（民数紀28・16）

このように聖書にしるされた新穀の収穫期と祭の日を一致させる方法は、とりもなおさず太陽暦に相当することになる。後期タルムード形成期において定められた一年の各月は次のごとくである。

1　ニサンの月・NISAN・三〜四月に相当。過越祭はその三十日。
2　イヤルの月・IYYAR・四〜五月に相当。二十九日間。
3　シバンの月・SIVAN・五〜六月に相当。三十日間。五旬節。
4　タンムツの月・TAMMUZ・六〜七月に相当。二十九日間。
5　アブの月・AV・七〜八月に相当。三十日間。
6　エルルの月・ELUL・八〜九月に相当。二十九日間。
7　テイシュリの月・TISHRI・九〜十月に相当。三十日間。贖罪日と仮庵（幕屋）の祭。
8　ヘシバンの月・HESHVAN・十〜十一月に相当。二十九日間。
9　キスレブの月・KISLEV・十一〜十二月に相当。三十日間。燈明祭。

10　テベトの月・TEVET・十二〜一月に相当。二十九日間。
11　シェバトの月・SHEVAT・一〜二月に相当。三十日間。
12　アダルの月・ADAR・二〜三月に相当。二十九日間。くじ祭。
13　閏年・アダルの月が三十日間となり、再アダルの月・VE-ADAR が加わりこの月は二十九日間。

エルサレム神殿破壊以前には、新月は二十九日と$1/2$の日数に$2/3$時間追加した期間ののちに出現するとされていた。その時の月が確認できないと、その月は三十日となり、次の月は二十九日と定められた。この方式で計算すると、一年は三五二日から三六五日までの日数となる。

神殿破壊後、サンヘドリン（SANHEDRIN 立法会議）において暦の決定をした。それによれば、二年・三年ごとに閏月を必要とした。もしニサンの月の十六日に太陽の位置が春分点に到達していなければ、ニサンの月とは呼ばずアダル・シェニの月・ADAR-SHENI と呼ばれた。

その後、多くのユダヤ暦研究家の手によって修正が加えられ、西暦三世紀頃にはサムエル（Mar Samuel）によって一年は三六五日六時間と決定された。更に碩学ヒレル（Hillel）によって修正が加えられた。

ユダヤ暦では、夜の訪れをもって次の日との境界とする慣習があり、夜空に輝く星が三つ見えだす時刻が夜の訪れであると決められていた。

〝夜明けから星の出る時まで〟　（ネヘミヤ記4・21）

夜と昼の中間帯は黄昏と日の明け方で、それはネシェフ（Neshef）と呼ばれた。

〝ダビデは夕ぐれ《ネシェフ》から翌日の夕方《ネシェフ》まで彼らを撃ったので……〟　（サムエル記上30・17、ルビ・筆者）

（5）　〝彼はそれらをあたかも日没のようにつくり〟（律《ミシュナ》5・7）を図解すれば図3のような形がえられる（一三三ページ参照）。

（6）〝彼はそれらをある種の戦場における秩序にそって設定した〟（律《ミシュナ》5・7）を図解すれば図3のような形がえられる（一三三ページ参照）。

（7）車輪・オファニム Ofan（Ophanim）。早朝となえられる主の祈りの中に含まれる名称。その章句はつぎのような内容である。

〝オファニム（車輪）そして聖なる生きた創造物の間の大騒ぎ、彼等はセラフィム（有翼天使）と向かいあい、つぎのように言う。「彼の場から光輝ある主は讃めたたえられる」と〟

この章句は、エゼキエル書第一章における視覚的表現に基づくものである。

（8）創世記15・6。

第三章　預言者たち

I　ガビロールの受難

〝ユダヤ人のプラトン〟と呼ばれたカバリスト、哲学者、そして詩人でもあったソロモン・ベン・ユダ・イブン・ガビロールはスペインのマラガ市[1]で生まれた。ガビロールは通称〝アビセブロン〟と呼ばれているが、これは彼のヘブライ語名が訛ったものである。

ガビロールの生涯についてはあまり多くは知られていない。彼は生後しばらくしてサラゴッサに転居し、そこで集中的な学習を受けた。彼は若年で父と母を失い孤児となった。その頃彼は両親のための哀歌《エレジー》を作詩している。当時、ガビロールは自分の体の弱さ、背の低さ、外見の醜さを歎いていた。彼はしばしば病気に罹り、とくに悪性の皮膚病に悩まされることが多かった。ガビロールが十六歳になったとき、その精神はすでに八十歳の老人のようであったと伝えられている。

だが彼の自負心は強く、すでに影響力のある人物と見なされていた。彼はジェクティエル・ハッサン(Jekuthiel ben Issac ibn Hasan)という保護者《パトロン》によって生活を保証されていた。一〇三八年、政治的暗殺によって保護者ハッサンが死亡したとき、ガビロールは二百篇以上の哀歌を創って彼を哀悼したと伝え

絵入りハガダ（15世紀）

られる。二十歳に達するまえに、ガビロールは『アナク』(Ha-Anak)と題したヘブライ語文法の本を書き、その中で四百節の文章をアルファベット順の離合体の詩の形にまとめ、さらに十部に分類した。このうちの九十五行は現在も残っており、そこに高い文法的価値を認める研究者もいる。

イブン・ガビロールが青春の日を過ごしたのは、スペイン北東部エブロ河に臨む都市サラゴッサであった。彼はその地で深い厭世的感情にとらえられ、病床に伏すことになった。その後のすべての彼の著作にみられる厭世的ニュアンスは、当時彼がいかに情緒的に深く傷ついていたかを示している。

サラゴッサにおける生活はついに耐えがたいものとなり、彼は放浪の旅に出る。それは一〇四五年頃のことであった。その後の彷徨の旅の途中、バレンシアにおいて彼は若年で死を迎えるが、それは一〇五八年もしくは五九年であったと推定される。(2)

イブン・ガビロールの死にまつわる奇妙な伝承が残されている。それは次のようなものだ。

ある回教徒がガビロールの持つ素晴らしい詩の才能を深く嫉妬し、彼を暗殺した。その屍体を〝無花《いちじ》果《く》の樹〟の根もとに埋めた。次の年、その無花果の樹には沢山の実がなり、その甘味があまりにも素晴らしかったので、人々の興味を引きつけた。そのうち、この異常な無花果の甘さとガビロールの暗殺の事実に焦点があてられることになり、暗殺者はついに発見され、処刑された、という。

イブン・ガビロールの業績の一つは中世ヨーロッパにおいて初めてネオ・プラトン思想を紹介したことである。ガビロールはまた哲学者フィロン(3)についても研究し、フィロンの死後約一千年後に初めて古代ギリシャ・アラビア系の哲学を中世ヨーロッパへ導入した人物であった。

ガビロールのこうした哲学的業績に対し、同時代のユダヤ人学者は完全にそれを無視する態度を示し

זה ספר מבחר הפנינים

במליצת החכמים הקדמונים ומשלי פלוסופוסים הראשונים ומוסרם ומצותם ודבריהם וחידותם בכל ענין שאדם צריך אליו בחכמה וביראה ובמוסר ובדרך ארץ מסודר לשערים בכל ענינים

ガビロールの著作，第１ページ（1484年刊）

た。当時ガビロールは異端視されていた。反面、ガビロールは中世キリスト教思想界へは絶大な影響を与えた。

ガビロールは、初期キリスト教神学者が行なった古代ギリシャ哲学のシリア語およびアラブ語からの翻訳作業を受け継いだ。さらに当時ヨーロッパでは知られていなかったアラビア哲学・ユダヤ哲学を教会の絶対的権威下にあって思想的には暗黒な中世ヨーロッパの思想界へ導入する役割を果たした。

ガビロールの著作『生命の泉』(Mekor Ḥayyim)はアラビア語で書かれ、教師とその弟子との対話という形で綴られた。彼の著作の特徴は聖書よりの引用、タルムードよりの引用などを完全に欠落させていることである。このためガビロールは、キリスト教研究者によってアラビア人哲学者あるいはキリスト教哲学者と見なされた。彼の著作ははじめヘブライ語に翻訳され、一一五〇年にスペインのトレド市の大主教《アーキビショップ》レイモンドの後援によってイブン・ファラケラ(Shem Tov ibn Falaquera)によるラテン語訳がつくられた。その書名は『生命の泉』《フォンス・ヴィタエ》(Fons Vitae)となった。

一八四六年、パリ国立図書館でガビロールのヘブライ語手稿の一部がソロモン・ムンクによって発見された。一八五五年には、『生命の泉』の手稿の一部がパリのマザリン図書館で発見されている。これらの資料から、長期間キリスト教哲学者であると信ぜられていた〝アビセブロン〟(Avicebron)なる人物が、実はユダヤ人カバラ神秘思想家イブン・ガビロールその人であることが判明した。

『生命の泉』は五つの論文から構成されている。第一は物質と形相の相互関係に関する考察、第二は有形な世界のもとにおける物質に関する考察、第三は物質の存在証明に関する考察、第四は単純物質および知性の証明に関する考察、および物質と形相に関する思索、第五は普遍物質と普遍形相に関する思索

ヘブライの暦書の扉（ロンドン，1813年刊）

である。

『生命の泉』に盛られたイブン・ガビロールの思想を要約してみよう。

第一に、すべての創造物は物質的形態と形相を有する。

第二に、世界は有形である状態の物質によって構成されている。ただし精神界についてはやや異なり、そこには原始物質（essentia prima）と聖なる存在が有するダイナミックな意思との関係が存在する。第一の知的世界から派生して創りあげられた存在が物質的世界であり、それはさらに九つに細分化され、それらは合わせて十のセフィロトに該当する。

第三に、物質と形相はあらゆる局面において、その基礎と固有性と属性を合わせ持っている。これがガビロールの思想の中心概念である。

『生命の泉』においてガビロールが目ざしたのは、物質と形相に関する形而上学的哲学体系を描き出すことであった。『生命の泉』は別名〝物質と形相〟という名前で呼ばれていた理由も判明しよう。このようなガビロールの思索手段が完全にユダヤ的思索の伝統に即していることは、すでに現代の研究者たちによって指摘されている。

初めてガビロールの思想を採用した人物は、十二世紀頃トレド市に在住したアブラハム・イブン・ダウド（Abraham ibn Daud）であった。彼はアリストテレス哲学の研究者であり、『カバラの本』（Sefer ha-Kabbalah）の執筆者でもある。この本でガビロールは詩人として紹介されている。ダウドはガビロールの思想を紹介しながら、彼の思想をきびしく批判している。『生命の泉』の中の神の意志に関する思想は、単にキリスト教神学のロゴス概念の翻案にすぎないと述べている。さらにガビロールの思想はキリ

絵入りハガダ（15世紀），過越祭の準備

スト教神学の〝三位一体説〟（Trinity）からの引用にすぎないとの批判も加えられた。
こうしたガビロール思想に関する偏見と誤解は、ユダヤ人社会における反論と論争のなかで彼の名前を広く伝播させる結果となった。彼が『生命の泉』を書いてから二百年後、ファラケラ訳のラテン語版が刊行され、キリスト教社会に多くの影響を及ぼすことになった。だがユダヤ社会ではガビロールは次第に忘れさられ、ただ彼の詩集『ケテル・マルクウト』（Keter Malkhut）がわずかにユダヤ人の間で愛好されただけであった。

ガビロールの思想的影響は、ドミニコ派に属する修道僧で神学者でもあったアルベルトウス・マグヌス、その他カトリック神学の創始者聖トマス・アクィナス、異端思想家ジョルダーノ・ブルーノなどに及んでいる。とくにブルーノは、ガビロールのことを〝ムーア人アビセブロン〟として紹介している。『神学大全《スンマ・テオロジア》』の著者として聖人の位に列せられカトリック神学者のなかで、最も光輝ある地位を占める聖トマス・アクィナスの思想はガビロールから多くの思想的影響を受けているが、両者間の相違は次のような点である。

第一に、普遍物質の思想。聖アクィナスは精神は非物質的であるとした。

第二に、ガビロールは物質的性状において形態が持つ多様性を認めたが、聖アクィナスはこれを否定した。

第三に、ガビロールが肯定していた物質的存在が持つ活動性について、聖アクィナスはこれをガビロールの抱いた誤解として退けている。

絵入りハガダ（プラハ，1526年）

銀のメダル(裏面)
百合の花を中心に、しばしば護符として用いられたダビデの星のマークが描かれている

厭世の詩人ガビロールやカバラ思想家アブラフィアおよびギカティラなどが生活を送ったサラゴッサ(Spanish. Zaragosa: the Roman. Caesaraugusta: SARAGOSSA)のユダヤ人地区の歴史について振りかえってみよう。

*

サラゴッサはスペイン北東部エブロ河(Ebro)に臨む都市である。この都市の起源は古くローマ時代にまで遡る。サラゴッサの周囲にある城壁はローマ時代に創建されている。同市におけるユダヤ人居住《ユデリア》区の歴史は古い。十世紀頃すでにサラゴッサには非常に繁栄したユダヤ人区があったことが知られている。中世期には同市はアラゴン王朝の首都であった。

サラゴッサのユダヤ人居住区は一般市民居住区とは区別されていた。その地区は広大でコソ地区（Coso）から始まり、聖ギル教会からマグダレナ広場（Plaza de Magdalena）さらにベロニカ通り（Calle de la Veronica）にまで及ぶ範囲であった。その中心は刃物屋通り（La Cuchilleria）と塔の通り（La Pelliceria）さらに鍛冶屋通り（Plateria）、皮なめし屋通り（Teneria）、鞍つくり屋通り（Freneria）などであった。その他、ピカトリア地区（Picatoria）にはユダヤ人経営の衣料品店が店舗をかまえていた。

これらユダヤ人地区は聖木曜日および聖金曜日には閉鎖されることになっていた。同市の記録によれば、同地区の城門の開閉を司る門番には、年間二〇〇スエルドス（sueldos）が支払われたという。(4)

同市の最盛期におけるユダヤ人は五千家族を数えた。彼等の多くは衣料品の生産、絹製品の加工、皮なめし業、綿花・亜麻の交易などに従事していた。さらに多くのユダヤ人医師が活躍していた。また同市においては同業者組合（Gilds）が結成されていた。

サラゴッサのユダヤ人居住区にはいくつかのユダヤ教会堂《シナゴーグ》があった。コソ地区（Coso）には大シナゴーグがあり、それは三つの会堂（Nave）からなり中央部が最大であった。屋根は三重構造になっていて金箔をはった多くの彫刻で飾られ、入口には大扉があり、左右の扉にはそれぞれ六つの窓がついていた。シナゴーグ内部の壁には詩篇が赤と青の色彩でヘブライ語大文字で書かれ、祭壇の聖櫃は立派な寄せ木細工で造

ユダヤ人の乞食（レンブラント画）

られていた。

他のシナゴーグはこれより小規模であったという。

サラゴッサ居住のユダヤ人が自分の財産を処分する時は、四つの安息日にわたり（四週間）シナゴーグ内部にその旨を掲示することになっていた。[5]

ソロモン・イブン・ガビロールが同市に居住していた十一世紀当時のユダヤ人居住区では多くの雑婚（キリスト教徒との結婚）が行なわれており、ユダヤ教の戒律・道徳はあまり良く守られてはいなかったらしい。反面、当時のサラゴッサにはかなり自由な生活の雰囲気があったともいえる。

同時代のトレド（Toledo）におけるユダヤ人居住区では、これに反し厳格なユダヤ教戒律による市民生活が営まれていた。

サラゴッサの富裕なユダヤ市民の多くはキリスト教徒と交友関係にあり、彼等の娘たちがキリスト教徒の夫を持つことを認めていた。さらにはピューリム祭（Purim）の折りに読まれる『エステル書』がヘブライ語ではなくスペイン語訳であったという。この点に関しては同市の聖職者の一部に批判が生じていた。[6]

一三九一年、突然サラゴッサおよびスペイン全土にわたってユダヤ人迫害の波がおそった。同市のユダヤ人の代表的人物ヴィセンテ・フェレル（Vicente Ferrer）が当局によって処刑されるという事件が発生したのである。

一四二九年および一四四八年には二回にわたり同市に黒死病《ペスト》の流行があり、このためユダヤ人居住区の人々の過半数が死亡した。その後、サラゴッサのユダヤ教徒の多くはキリスト教に改宗しマラノ

(Marano)と呼ばれることになった。
一四八六年七月三十日、サラゴッサのユダヤ人居住区は大衆の放火によって全焼、潰滅する悲運にさらされた。その後しばらくしてその廃墟のあとに、サラゴッサ最大のキリスト教会が建築された。

註

（1）マラガ市については、第三章一七三ページ参照。
（2）ガビロールの死を一〇七〇年頃と推定する研究者もいる。
（3）フィロンについては、第一章六六ページ参照。
（4）Act de Ayuntamiento de Zaragoza de 1442; Comp. "R.E.J." xxviii. 117. 参照。
（5）Issac b. Sheshet, Responsa, No. 388. 参照。
（6）Issac b. Sheshet, l.C. Nos. 389, 390. 参照。

Ⅱ　聖人マイモニデス

〃宝物幻想〃……は誰にとっても魅力的なものであるはずだ。地中から量り知れない宝物が発掘される。たとえばトロイの遺跡から数多くの黄金を発見したシュリーマンの例などがそれだ。アレクサンドル・デュマ作『巌窟王』の物語も、人類が普遍的に持っている〃宝物幻想〃を脚色したものにほかならない。

ときどき〃宝物幻想〃が突然現実のものとなる。一九四七年、パレスチナに住むアラブの羊飼いの少年が死海の西岸にそそり立つ断崖の、とある洞窟のなかから二千年近くも埋もれていたいわゆる『死海の書』を発見した話はあまりにも有名である。

ユダヤ人の歴史は血で塗られている。離散《ディアスポラ》によって各地に散在する彼らの居住区《ゲットー》は絶えず破壊され、殺戮がくりかえされた。彼らは危機に臨んで、所有する秘宝類をどのように処分したのだろうか。多くの場合それは地中に秘匿された。それがたまたま『死海の書』のような形で発見される。宝物が秘匿される場所をゲニザ（Genizah）と呼ぶ。ヘブライ語で貯蔵の意味である。一般にはユダヤ教会堂《シナゴーグ》に付属した部屋で、使い古された書籍や使用に耐えなくなった祭式用の品を収納しておく場所のことを意味していた。ユダヤ教では神の御名のついた書や器具は律法の名において破壊を禁じられていたので特別の貯蔵庫《ゲニザ》が必要だった。こうした習慣から、古代期に建設されたユダヤ教会堂《シナゴーグ》から貴重な古文書が発見される可能性が残されている。

ゲニザはペルシャ語のギニザク（Ginizakh）〝宝物〟から派生した言葉で、封印する・隠す・保存するなどの意味を持つ。名詞としては〝隠匿する場所〟を意味する。

旧約には〝王の金庫〟（Ginzei ha-Melekh）（エステル書3・9、4・7）、〝王の宝庫〟（Beit Ginzayya）（エズラ書5・17）、〝古文書をおさめてある書庫〟（エズラ書6・1）、〝王の倉〟（エズラ書7・20）などの記述がある。

タルムードでは、ゲニザとは聖典で使用に耐えなくなったもの、あるいは異端の書などの〝秘匿すべき書〟（Safarim Genuzim）の収納場所として記述されている。[1]

昔からユダヤ人居住区のあったところにはユダヤ教会堂《シナゴーグ》があり、ゲニザがあった。歴史的にみて数多くの貴重な古文書が発見されたのは、カイロ市のゲニザであった。

エジプトの首都カイロにおけるユダヤ人の記録は古い。カイロ旧市、俗称フォスタット（Fostat）は、アラブ人征服者アミル・イブン・アル・アズ（'Amir ibn al-'Āṣ）により六四一年に建設された。その当時から、多くのユダヤ人が同市に居住していたと推定される。キリスト教側の記録によると、八八二年アマド・イブン・トルン王（King Ahmad ibn Tulūn）の時代にコプト派の教会がユダヤ人に買い取られ、ユダヤ教会堂に改装されて現在まで使用されていると言われている。十世紀頃、多数のユダヤ人がメソポタミア地方からカイロに移住した結果、同市にはパレスチナ系ユダヤ人とメソポタミア系ユダヤ人のための二つのシナゴーグが造られた。

十九世紀から二十世紀初頭にかけて多数の貴重なゲニザ古文書が発見されたのは、八八二年に創設されたパレスチナ系ユダヤ人のシナゴーグ〝ベン・エズラ教会堂〟（Ben Ezra Synagogue）の屋根裏部屋につくられたゲニザからであった。このゲニザは婦人集会場の端に位置していた。入口の扉もなく窓もないため側壁にある穴に梯子をかけてやっとその内部に入ることができるというものだった。

ゲニザ古文書の発見者はソロモン・シェヒター（Solomon Schechter = Shneur Zalman, 1847〜1915）である。

このカイロ・ゲニザ（Cairo Genizah）に貴重な古文書があるらしいことは十八世紀頃から知られていたが、このゲニザの古文書に手を触れると大破局が起こるという迷信があり、正式の調査は行なわれなかった。

一八九六年、二人のキリスト教旅行者がカイロでヘブライ語手稿の断片を入手しロンドンに帰りシェヒターに見せたところ、旧約外典『ベン・シラの知恵』のヘブライ語原典であることが判明した。当時はヘブライ語原典は失われ、ギリシャ語訳のみが知られている状況だった。そこでシェヒターは早速カイロに赴きゲニザの調査を開始し、その年の末までに十万ページに及ぶ古文書・手稿・断片などをケンブリッジ大学に持ち帰ることができた。その後の研究によって、ゲニザ古文書には以下のごとき文献群が含まれていることが判かった。

外典『ベン・シラの知恵』のヘブライ語原典のほぼ全巻。アキラ（Aquila）による聖書のギリシャ語訳。

ダマスカス手稿（Damascus Document）と呼ばれる文献群。これは一九四七年に発見された『死海の書』、クムラン第四洞（4QD）および第六洞（6QD）よりの手稿断片と極めて類似点が多いもので、クムラン宗団とダマスカス宗団は同一起源を持つものと確認された。シェヒターによって発見されたダマスカス手稿A・B群のうちA群は十世紀頃のものであり、B群は十一ないし十二世紀頃のものであると判定された。文体は古典的ヘブライ語で格調高くしるされており、アラム語方言の混入は認められない。

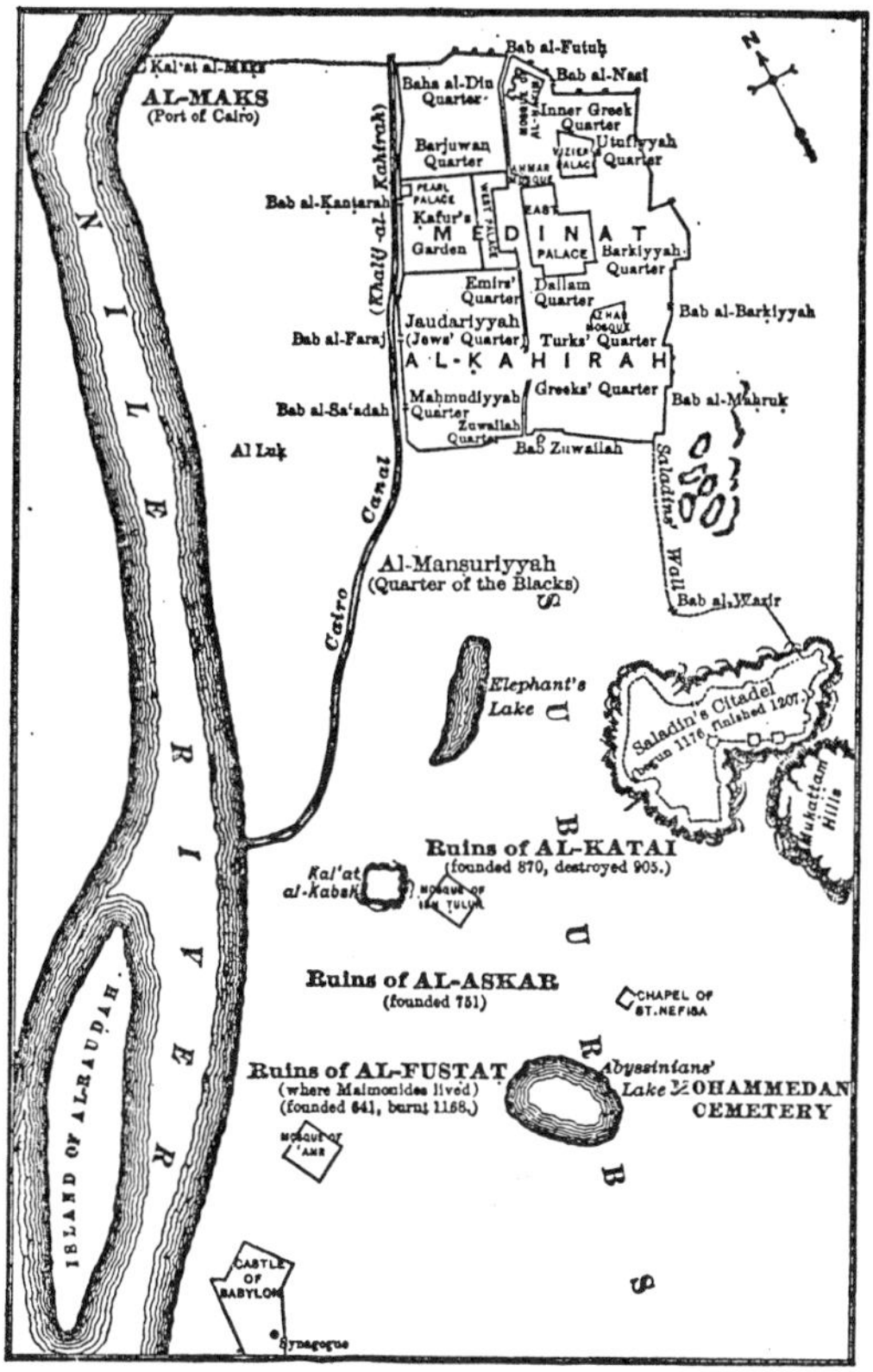

十二世紀のカイロ

ダマスカス手稿は別名〃契約の書〃(Book of Covenant) とも呼ばれ、彼等の宗団の発生からしるされている。エルサレムにあった神殿(第一神殿)が破壊されて三九〇年後に(エゼキエル書4・5と比較)このダマスカス宗団は結成され、さらに二〇年後に〃新しい契約〃が生まれダマスカスの地へ移住することになった。(2)

その他、ゲニザ古文書には古代パレスチナ、バビロニヤおよびスペイン地方の宗教的詩文集(単数 Piyyut 複数 Piyyutim)が含まれ、それらの多くは彩色の挿絵入りである。

さらにイスラエルおよびエジプトの歴史に関する多数の文集が含まれているが、それらは回教徒による古代エジプト王朝の征服から第一次十字軍派遣にいたる時期のものである。その他多くのユダヤ真教(Karaism) に関する文献。重要人物、たとえばマイモニデス、コルドベロ、ルーリアなどの真筆および署名入りの文書群。

文書のほか、貴重な歴史・文化上の遺品も数多くこのカイロ・ゲニザには遺されていた。現在世界各地のユダヤ関係研究施設にこれらの文献は散在しており、総合的なカイロ・ゲニザの研究書は未だ公表されていないようである。

カイロ・ゲニザの発見に促されてその後、クリミヤ地方のカファ(Kafa)、ポーランドのルブリン(Lublin)、トリポリ、エルサレムなどのユダヤ教会堂付属のゲニザが調査されたが価値ある発見はなされなかった。これはエジプト特有の気候、乾燥した大気という稀な好条件にも恵まれたため、ほぼ完全な姿のまま資料は保存されることになったのであろう。

ここでカイロ・ゲニザと関係の深いユダヤ思想家モーゼス・マイモニデス (Moses Maimonides, Moses

ben Maimon. 1135〜1204）について書いておこう。マイモニデス自筆の文書、署名入りの手稿など多数がカイロ・ゲニザから発見されている。

マイモニデスは一一三五年三月三十日、過越祭の宵にコルドバ市(3)のユダヤ人居住区で生まれた。一一四八年、彼が十三歳に達した年、彼の家族はコルドバを離れ、八年ないし九年間にわたり南部スペイン地方を放浪者として旅した。コルドバから離散した理由は、当時、同市は狂信的な回教徒アルモハズ集団（Almohds, al-Mowaḥḥidūn）によって占領され、総ての住民を強制的に回教徒へ改宗させようとする状況があったからである。

カイロのシナゴーグ

放浪している間の記録は遺されていないが、この時期、マイモニデスは父マイモンから個人的な教育を受けた。

一一六〇年頃には、彼の家族は北アフリカのモロッコにあるフェズ市（Fez）に居住することになった。それ以前に、マイモニデスは友人からの依頼を受けてユダヤ暦に関する論文（Ma'amar ha-Ibbur）および論理学に関する論文（Millot Higgayon）などを執筆したほか、彼の主著『発光体』（Sirāj）の下書きにもとりかかっていたらしい。

その頃マイモニデスは次のようなことを書いている。

〝私は聖書のいくつかの章についての註解を書いたが、それは放浪の旅の途中でのことであり、そのいくつかの章は航海中の船の中で、道路のかたわらで、貧しい旅の宿で、なんら参考とする文献もなしに書きつづったものである〟

当時、フェズ市もまた回教徒狂信派アルモハズ集団の影響下にあり、ユダヤ人家族にとってはかなり危険な土地であった。コルドバから移住したユダヤ人の多くは餓死したという記録が遺されている。

このような状況のもとでマイモニデスの父マイモンは友人に宛て悲痛な手紙を書いた。そのなかで彼はフェズ在住のユダヤ人はアラビア語で回教の祈りをとなえているが、その心はユダヤの伝統に忠実であるとするしている。その頃、マイモニデス自身も『強制改宗者への手紙』（Iggeret ha-Shemad）を書き、ユダヤ民族の心に道徳的な力が甦るように呼びかけている。

彼は二十五歳までラビ・ユダ・ハ・コーヘン（R. Judah ha-Kohen）の許で律法《ミシュナ》の勉学を続けた。これと並行して医学の勉強も開始していた。

一一六五年、フェズの高名なラビが回教徒の狂信的群衆により殺害されるという事件が発生した。マイモニデスの家族はイスラエル移住を決意し、パレスチナへ旅立つことになった。それはある暗い土曜日の夜のことであったと伝えられている。マイモニデスの家族の乗った帆船がフェズ港を出帆し、ほぼ一カ月の航海の後、途中激しい嵐に遭遇しほとんど難破の状態でパレスチナ北西海岸のアークル港に到着した。(4)

アークル港からマイモニデスの家族（父マイモン、マイモニデス、弟ダビデ、妹）は聖都エルサレムまで旅行し、ソロモン王の神殿廃墟〝嘆きの壁〟などのユダヤ教聖地を前後三日間にわたって巡礼した。だがこの聖地、マイモニデスがしばしば夢にさえ見たこの約束の地は彼らに深い失望をもたらした。当時のエルサレムはユダヤ人の数も少なく、いずれも極貧の状態に置かれていた。そこでマイモニデスとその年老いた父マイモンらは南に旅路をとりエジプトに向かった。初め彼等はアレキサンドリアに二年間ほど居住したのち、カイロ市の旧市街フォスタットに定住することになった。その頃老父マイモンは病死した。

マイモニデスの弟ダビデは同市で宝石商として成功し、マイモニデスには平穏な学究生活を送る余裕が初めて生まれた。マイモニデスの著作物が数多く刊行されるようになるのは、その頃からである。

一一六八年に完成した『発光体』(Sirāj)と名づけられた著作はその副題が〝律法《ミシュナ》の註解〟とあり、現在でもタルムード研究者から高い評価を受けている。

マイモニデスはまた古代ギリシャ文献を研究し、アリストテレス哲学をユダヤ教の伝統的神学体系のなかへ導入しようと試みた。

一一七〇年に発表された著作は『戒律の書』という表題がつけられた、伝統的な六一三の命題を含むユダヤ教戒律に関する註解書であった。その後、彼の研究の対象はカバラ神秘思想体系、占星術にも向けられた。

弟ダビデの援助のもとで八年間にわたって続いた幸福な学究生活の後、彼は突然の悲運に見舞われることになった。一一七四年、弟ダビデは商用旅行の途中、船から印度洋に落ちて溺死し、そのときマイモニデス家の資産であった現金および宝石のほとんど総てが失われた。

彼はアークル在住の旧友に宛て次のような手紙を書いている。

〃エジプトにおいて私は多くの、そして重大な悲運に遭遇した。病気と物質的損失とが私の身の上に発生し、さらに最も恐ろしい精神的危機の嵐が私を見舞った。この嵐は私を悲嘆の底にしずめ、私がかつて経験したいかなる悲痛な事件よりも深く私を傷つけた。義人（弟ダビデ）は印度洋を航海中、不運な死に遭遇した。われわれの所有していた多くの商品は彼とともに失われ、私には彼の未亡人と年

マイモニデスの切手
〔上〕イスラエル
〔下〕スペイン

若い二人の娘が残された。一年後、私は激しい熱病に罹り、ベッドの上で反転する苦痛を味わうことになった。八年ほどたった現在でも未だに私は嘆き続けている。なんらの慰めもない。いったい、なにが私を慰めてくれるだろう。弟は私の膝の上で育った。弟はまた私の最も良き学問の弟子であったのに……〃

その頃からマイモニデスは生計の手段として、医療を行なうようになった。彼にはそれまで臨床家としての経験はなかったが、その天才的頭脳は当時のあらゆる医学知識を総て吸収し、たちまち偉大な臨床家としての名声が高まっていった。アレキサンドリアおよびカイロ在住の回教の王侯貴族のみならず、遠くイギリスのリチャード一世からも宮廷医としての招待状がとどけられるほどであった。

マイモニデスの学識と人格はエジプト在住のユダヤ人の間でも高く評価され〝フォスタットの聖人〃として知られるようになった。

その頃の彼の生活は最も充実したもので多忙な毎日であった。彼の最初の妻はエジプトで若くして没したが、その後、妻の妹イブン・アルマリ (Ibn Almali) と再婚し、一子アブラハムをもうけた。マイモニデスは多忙な日課をさいて愛児のために教育もほどこした。

当時ヨーロッパでは十字軍遠征の熱狂的な嵐が巻き起こっており、各地のユダヤ人居住区では集団虐殺事件が頻発していた。それらの報告が総て密使を通じてマイモニデスの許にとどけられていたので、物質的援助とともに、精神的支援の目的で彼は多くの手紙を各地のユダヤ人居住区に宛て送っている。

その頃、マイモニデスの関心は霊魂と肉体との相互関係を考察するカバラ神秘思想に向けられていた。マイモニデスは、宗教こそ肉体と霊魂に対する最良の保護手段であるとの確信を抱いていた。

この点、臨床家としてのマイモニデスは同時に優れた心理学者・精神科医であったとも評価しうる。C・G・ユングもつぎのように言っている。〃最高の精神療法は宗教である〃と。マイモニデスは現在でいう心身症、神経症に対する精神療法の必要性を十分に認識していた。

当時、彼にはヘブライ語による三冊の著作があった。いずれもユダヤ律法の解説書である。彼の著作はユダヤ人のみならず、キリスト教徒、回教徒などによっても愛読され、高い評価を受けた。

マイモニデスは、神は第一の動因であり、最初の原因であり、神の実在はアリストテレスの論理によって証明可能であるとする。人間は自らのもつ知識によって生活の指導的原理を理解する。よって人生の目的は明確化されうるとした。さらに、神の行為が正しい知識によって理解されたとき、神への礼拝は必然的なものとなる。これがマイモニデスが〃神への知的礼拝〃というところの内容である。

また、人生はその目的を探求することによって、到達すべき目標が発見される。これが『迷える者への指針』(Guide of the Perplexed) と名づけられた彼の著作の論旨である。この著作は後にラテン語に翻訳され、中世紀を通じて各地の大学で講義テキストとして使用された。さらにこの著作は多くの哲学者とくにアルベルトウス・マグヌス、トマス・アクィナス、スピノザなどによって愛読された。

晩年のマイモニデスは診療に忙殺されており、当時の手紙には次のように彼の日常生活がしるされている。

〃私はカイロ旧市《フォスタット》に住んでいる。サルタンはカイロ市に居住していて、この二つの地の距離は安息日の旅の二日分に相当する。私のサルタンに対する仕事は非常に重い。私は毎日朝早くから(王宮へ)行かなければならない。彼および彼の子供たちあるいは彼のハーレムの居住者の気分が悪くなった時

ספר
מורה נבוכים
להרב רבינו משה בן מיימון הספרדי ז"ל
בהעתקת הרב ר' שמואל אבן תיבון ז"ל.
עם ארבעה פירושים
ה"ה
אפודי. שם טוב. ן' קרשקש. אברבנאל
ווארשא
בדפוס ר' יצחק גאלדמאן נ"י
שנת תרל"ב לפ"ק
More Nebuchim.

『迷える者への指針』（ワルシャワ，1872年刊）

は、私はカイロから離れることはできず、その日の大部分は宮殿のなかにとどまらなければならない。さらに宮廷の高官の一人か二人が病気になることはしばしばなので、私は彼らの治療に立ち合う。このように多くの場合、朝早くからカイロで治療にあたらなければならない。もしなにごとも起こらなくともである。

私はフォスタットに午後になるまでもどれない。その頃私は空腹のためにほとんど死にそうになっている……私は前室が人々でいっぱいになっているのを見る。ユダヤ人と異邦人たちの両方だ。貴族も平民もいる、裁判官も執行官もいる、友人もいれば敵もいる……多数の雑多な人達が皆私の帰りを待っている。

私が（乗った）動物から降りると、患者たちが前へ出てくる。そしてつかの間の休養をとる間も私は彼らを治療してやらねばならない。私が食事をとるのは二四時間のうちたった一回だけである。それから患者を診療し、処方箋を書き、さまざまな病気に対する指示をあたえる。患者は真夜中までやってきて、帰ってゆく。私は厳粛に保証するが、夜（眠りの時間）は二時間か、時としてもう少しあるだけだ。私は疲れ切って横たわっている時でも彼らと話し、処方箋を書いている。

夜が更けると、私は疲れ切ってほとんど話すこともできない。

このような有様なので、安息日を除いてイスラエル人と個人的に面接できる日は他にない。その日（安息日）、教区全員、あるいはメンバーの大部分が朝の礼拝のすぐあと私のところにやってくる。私がその週の議事について指示をあたえたあと、われわれは一緒になり昼になって解散するまで（聖書の）勉強をする。彼らの何人かはもどってきて夕べの祈りの時刻まで午後いっぱい私とともに（聖書を）読む。こんなふうにして私はその日（安息日）をすごす〟[5]

マイモニデスが彼の人生における総ての仕事をやり終えて静かに死を迎えたのは、一二〇四年十二月十三日のことであった。エジプト在住の総てのユダヤ人がマイモニデスのために三日間の喪に服した。彼の遺体は地中海を船で運ばれ、パレスチナのティベリアス（Tiberias）に埋葬された。

〝中世の暗黒時代〟と後世の歴史家は書いているが、地中海周辺に在住していたユダヤ人の間では活発な通商と、頻繁な通信が行なわれていた。彼らの学問的水準は極めて高度に保たれ、多くの独創的思索が行なわれていた。

マイモニデスの生前の足跡を辿ってみても、コルドバ（スペイン）、フェズ（モロッコ）、アークル（パレスチナ）、エルサレム、アレキサンドリア（エジプト）、カイロとほぼ地中海全域から中近東地方までその行動半径に含まれていることが判かる。さらに彼の弟ダビデは印度洋にまで赴いている。

当時、各地に散在していたユダヤ人居住区の間を通信・連絡係として往来し活躍した使者たちを〝密使〟（Emissarium）と呼んだ。中世ヨーロッパ各地を往復していたユダヤ人密使の活動がどのようなものだったかの一例を、マイモニデスが生まれたコルドバに近い南スペインのアンダルシヤ地方のマラガ市に住んでいたユダヤ人の歴史から眺めてみよう。

マラガ港は、古代フェニキヤ人たちが交易のために開いた港として知られている。ローマ時代のマラガ港は重要な商業的拠点として繁栄していたことが記録に残されている。回教支配時代のマラガにおいて、ユダヤ人居住区は市の東部に位置し、ユダヤ人墓地はジブラロファロの丘陵の斜面にそってつくられていた。

一一四六年から一二二五年頃までマラガに住んだユダヤ人には、比較的ゆとりある市民生活が約束されていた。十一世紀中期にはマラガの人口は約二万人で、そのうち二百人ほどのユダヤ人が同地に居住していた。

一四八七年八月十八日、キリスト教徒アラゴン王フェルナンドが妻イサベラと共に回教徒軍との戦闘に勝利しマラガを占領したとき、同市には約百家族、総数四百人ないし四百五十人のユダヤ人が居住していたが、これらのユダヤ人は全員が捕虜となり、その身代金として一千万マラベディス（一万ダブロン金貨相当）の金額を支払わなければ全員が虐殺されることになった。

そこでマラガのユダヤ人居住区の長老たちはアブラハム・セニオルおよびセゴビアのメイアと呼ばれる二人の青年を密使《エミッサリー》に任命し、スペイン各地、特にアンダルシヤ地方に散在するユダヤ人居住区における募金運動によって身代金をまかなうことにした。この二人の密使は立派にその重責をはたし、その全額を回収することに成功した。こうした努力のすえ、ユダヤ人捕虜は全員無事釈放された。だが一四九二年二月以降マラガからユダヤ人の姿は完全に消滅した。全財産を放棄させ翌朝までにユダヤ人は全員を国外追放にするという苛酷なフェルナンド王の命令が待ちうけていたのである。

中世紀を通じて各地ユダヤ人居住区間を連絡していた密使の存在がいかに重要なものであったか理解できよう。

マイモニデスが優れた精神療法の医師であったことは前に述べたが、この密使という言葉にも不思議な連想がついて回るようだ。それは無味乾燥なはずの解剖学用語とぴったり重なり合うからである。

われわれの脳へ運ばれる血液——そのエネルギーによって意識が保たれ、精神活動がいとなまれている――は主として頸動脈や椎骨動脈によって送りこまれている。つまり頭蓋骨の外側と内側を直接貫通し、結びつけている血管は存在しない。だがその例外的存在がある。頭蓋骨を貫通して頭蓋内部から直接頭部の皮膚へ血液を送り続けている静脈がある。この奇妙な静脈の名称としてなんと〝密使《エミッサリウム》の静脈〟という意味の学名が使われている。

現在、専門的には導出静脈（Vena Emissaria. PNA; Emissarium. JNA.）と呼ばれているのがそれだ。この〝密使の静脈〟には臨床的に重要な理由がいくつかある。それは主として側頭葉を貫通しているものが多いが、その辺の皮膚にちょっとした化膿があると、この密使の道を通って化膿菌が直接、頭蓋内部に入りこんで感染症を起こし、たちまち脳膜炎などを発生させる恐れがある。抗生物質の発達した現在ではその危険性は減少したわけだから、〝密使の静脈〟の意義もやや薄らいだかもしれない。

この含蓄に富んだ学名〝密使の静脈〟を用いたのは、十八世紀のイタリアの解剖学者サントリイニ(Santorini; 1681~1737)である。彼は一七二〇年に硬膜静脈洞と頭部の皮下静脈とを連絡する静脈を導血管（Emissarium）と命名したが、最近、パリ解剖学用語委員会（PNA; Paris Nomina Anatomica）において、導出静脈と呼ぶことが決定された。

中世ユダヤ思想、とくにカバラ神秘思想の中核に入りこむには、さまざまな予備知識がさらに必要なようである。私自身の筆はときどき脱線事故を起こし、あらぬ方向へと走り始めてしまう。

こんなとき私にはT・S・エリオットの詩がふと浮かんでくる。それはこんな詩だ。

Go, go, go, said the bird: human kind　　行け、行け、行けと、鳥が言う。（だが）人間は

Cannot bear very much reality.
Time past and time future
What might have been and what has been
Point to one end, which is always present.
(by Thomas Sterns Eliot. *Burnt Norton*, I, 11~15.)

あまりにも（赤裸々な）現実には耐えられない。
過去と未来と、
かくあったものと、かくあったろうものが
常に存在する１つの（確実な）終局を目ざしている。
（T・S・エリオット、筆者訳）

*

コルドバはスペインのアンダルシヤ地方の都市である。西暦八世紀ごろ、すでにコルドバにはユダヤ人集団が居住していたという記録が残されている。彼らは現在も同市に遺る〝アルモドバールの門〟(Bab al-Yahud; Almodovar) と呼ばれる石造の門によって区画された〝ユデリア〟(Juderia) と呼ばれる区域で生活していた。当時のコルドバ在住のユダヤ人たちの多くは絹商人で、また奴隷商人としても知られていた。ムーア帝国の支配下にあってユダヤ商人は非常に繁栄した生活を送っていた。コルドバにはカリフによって創設されたユダヤ学院があり、そこではムーア人とユダヤ人の子弟が机を並べて哲学・文法・数学・植物学・音楽などの勉学に励んでいた。

コルドバではユダヤ市民に回教徒と同等の権利が与えられ、アブデル・ラーメン三世治下（九一二〜九六一年）にはハスダイ・イブン・シャルプットというユダヤ人が大蔵大臣に任命されている。

シャルプットが九七〇年頃に死亡した後、同市におけるユダヤ人集団はラビの意見の相違から二つに分裂し、富裕な絹商人モーゼス・ベン・ハノク家がアンダルシヤ地方の総てのユダヤ人に対する支配権を持つ〝ナジ〟(Nasi)(6)に任命されるが、政治的対立が急迫し不穏な状勢となった。

コルドバのユダヤ人の幸福な生活は、一〇一三年四月十九日バルセロナからキリスト教徒の軍隊が派遣されるにいたり完全に破壊された。ユダヤ人居住区と倉庫は放火によって炎上し、この内乱によってそれまで富裕であった同市のユダヤ人家族の多くが一夜にして乞食となり、離散《ディアスポラ》の旅へ四散していった。この事件はスペインにおける最初のユダヤ人迫害として記録にとどめられている。この事件のしばらく後、小規模なユダヤ人集団が同市に残存することになったが、一一四八年にいたり、コルドバ在住希望のすべてのユダヤ教徒は回教徒に改宗するか、死を選ぶかの新しいカリフの命令によって、その多くは国外に追放された。しかし、うわべだけ回教徒に改宗したユダヤ人も多かった。

一二三六年、カスチラの聖王フェルナンド三世によって、コルドバ在住のユダヤ人にはカトリック宗教法に基づく法的保護が加えられることになった。フェルナンド三世は同時にユダヤ人居住区を以前と同じ〝ユデリア〟区域に指定した。それは市の中央、大聖堂に近く〝ペスカデリア〟(la Pescaderia)と呼ばれた。この地域の中央を横切る道路は、同地区で生まれた思想家マイモニデスを記念して現在〝カレ・ド・マイモニデス〟(Calle de Maimonides)と呼ばれているが、当時は〝カレ・ド・ロス・ユデイオス〟(Calle de los Judios)として知られていた。

ユデリア区域は周囲を城壁によって囲まれ、コルドバ市内でもとくに強固に防御された地域であった。フェルナンド三世治下のユダヤ人は同区域内にシナゴーグを創建した。

しかし、一二五〇年四月十五日に発令された教皇イノセント四世の勅令によってシナゴーグの建設は事実上禁止される。

一三一五年、ユダヤ人は壮麗なシナゴーグを建設したが、のちにキリスト教会に改造され現在にいたっている。

コルドバにおけるユダヤ人大虐殺はフェルナンド三世の死後、一三九一年に発生し、その後一四〇六年にもユダヤ人殺害事件が起こった。こうした事件によって、ユダヤ人数百人の人命と財産が失われた。その後、ユダヤ人の多くはコルドバから、当時まだ回教徒の支配下にあったグラナダへ移住したのである。こうしてキリスト教に改宗したマラノ(Marano)と呼ばれる富裕なユダヤ人たちがわずかに残存していたが、コルドバのユダヤ人居住区はほとんど無人となった。そこで同市のカトリック聖職者、枢機卿、その他の市民代表はマラノを除外した市民団体を結成した。一四七三年三月十四日、コルドバのすべての街路と家々はこの市民団体の結成を祝って花で飾られたが、マラノの家だけは花の飾りがなかった。市民の行列がコルドバの中心街カレ・ド・ラ・ヘレリヤ通り(Calle de la Herreria)にさしかかったとき、アロンゾ・ロドリゲスという名の鍛冶屋が手に持った松明《たいまつ》の火で同市で最も富裕なマラノの住宅に放火した。これがきっかけとなって、狂乱した群衆はマラノのすべての住宅に放火し、大規模なマラノ集団虐殺事件へと発展していった。

一四七三年に、コルドバのユダヤ系市民は総て公職につくことを禁ぜられ、多くのユダヤ人が死刑に処せられた。輝かしかったコルドバのユダヤ人居住区の歴史はこのような悲惨さのなかで幕をおろした。同市に残るユダヤ人の痕跡は総て抹殺された。

註

（1）タルムード Mid. 1: 6; Shab. 116a. 参照。

（2）ダマスカス宗団の詳細については、Encyclopedia Judaica, vol. V. pp. 1246～1250. 参照。

（3）コルドバ市については、第三章一七六ページ参照。

（4）アークル港は旧約にもアッコとして記述されている（士師記1・31）。またアークルの近郊には旧約にしばしば登場するカルメル山が聳えている。一一九一年、第三次十字軍はアークル港を占領した。

（5）Encyclopedia Judaica vol. II. pp. 758. 参照。

（6）ナジ（Nasi）とはヘブライ語で〝皇子〟の意味であり、タルムードによれば大集会《サンヘドリン》（Sanhedrin）の主宰者の意味にも用いられる。ラビ神学の伝統によれば大集会《サンヘドリン》は二人統治制であり、その第一人者をナジと呼び、第二人者をアブ・ベト・ディン（ad bet din）と呼ぶ（Hag. ii. 2; Peah ii. 6)。

Ⅲ　盲人イサクと聖なる言葉

風光明媚なフランスの都市ナルボンヌ（Narbonne）には、地中海から季節ごとに変わる潮風が吹きよせてくる。海岸から八キロほどの距離はあるが、平坦地なので、そこは一面の葡萄畑になっている。なぜユダヤ神秘思想とナルボンヌが結びつくのだろうか。十二世紀ごろまでこの街には多数のユダヤ人が居住していて、彼らは平穏な生活を送っていた。その頃ここ南フランス地方はユダヤ文化の中心地となっていた。なかでも盲人イサクと呼ばれる人物を中心としてカバラ神秘思想の研究が進み、『創造の書』に関する註解書も書かれた。盲人イサクの許には遠くスペインからもその謦咳《けいがい》に接するために弟子たちが蝟集した。

ナルボンヌにおけるカバラ思想研究の内容を紹介する前に、一応この都市とユダヤ人との関係を歴史的に展望してみよう。

ナルボンヌには五世紀頃からユダヤ人居住区があったと推定される。四一三年頃この地は西ゴート族によって支配され、七一九年には回教徒サラセンによって支配された。七五九年にはフランク族の占領下にあり、九〇〇年頃ナルボンヌは地方貴族の支配領となった。ナルボンヌが最終的にフランス領土となるのは一五〇八年のことであり、ルイ十二世によって同地は王国に併合された。このような歴史的変遷を経るナルボンヌで、ユダヤ人はどのような生活を送っていたのだろう。

長期間にわたりナルボンヌのユダヤ人はキリスト教徒と隣接し友誼的な関係を保ちながら生活していた。その関係がやや破綻を見せ始めるのは六世紀頃のことである。五八九年、ナルボンヌ市の評議会は次のような決定を下した。ユダヤ人は葬儀のさい埋葬儀式の一つとして旧約『詩篇』の合唱を行なっていたが、これを禁止するというものであった。違反者に対して黄金六オンスの罰金を支払うべきことが決議された。

六七三年、ナルボンヌ地方は戦乱にまきこまれた。ワンバ王(King Wamba)に対してニームのヒルデリック伯爵(Count Hilderic of Nimes)とポール公爵(Duke Paul)が反乱を起こし、ユダヤ人の多くはこの反乱軍に参加したが、反乱は失敗に終わり、ユダヤ人はナルボンヌ市内から追放された。

七六八年ローマ教皇ステファン三世はナルボンヌのアリベール大司教(Archibishop Aribert)に宛て書簡を送り、ナルボンヌ市に居住するユダヤ人の特権に対して批判を加えた。その特権とは不動産所有、キリスト教徒との同居、ユダヤ人所有の農地および葡萄園でキリスト教徒を使役することなどであり、これらの特権の剝奪を求める内容であった。

こうした資料から、ナルボンヌのユダヤ人たちはかなり富裕で多くの使用人――キリスト教徒たち――を使役していたことが判る。

十二世紀頃、ナルボンヌ市在住のユダヤ人の間にはひとつの言い伝えがあった。その言い伝えとは、ナルボンヌが回教徒サラセン軍によって占領されていた八世紀頃に遡る。ナルボンヌのユダヤ人は回教徒軍と勇敢に戦い、同市より回教徒を追放することに成功した。そこでシャルルマーニュ王の父にあたるフランク国王(Pepin the Short. 714?～768)は数多くの特権をユダヤ人に与えた。そのひとつが七五九年に授けられた、〃ユダヤ人の王《ナジ》〃(Nasi)をユダヤ人自身の選挙で選ぶ権利であるというものだ。(1)

別の言い伝えによれば、ナルボンヌ市の三分の一の土地がユダヤ人に与えられたともいう。

その他の言い伝えによれば、回教王ハルン・アル・ラシド(Harun al-Rashid)はシャルルマーニュ王の要請により、ナルボンヌ市在住のユダヤ人のためにマヒール(Machir)という碩学をバビロニヤ地方から招聘し、ユダヤ人居住区のナジにすえたとも言われている。

マヒールなる人物の存在は歴史的にも確認されているが、この人物がナジに任命されたという記録は遺されていない。

タルムードに記述されたナジに対する敬意の表わし方は、次のようなものである。

〃(大集会場《サンヘドリン》に)ナジが入ってきた時、総ての参会者は起立し、ナジが着席を命ずるまで起立していなければならない。アブ・ベト・ディンが入ってきたとき、参会者は二列に並び、その間を通して彼を席まで導く(2)〃

〃ナジが死んだ時、人々は両肩を露わにして(弔意を)表わす。アブ・ベト・ディンが死んだ時、人々は左肩を露わにして(弔意を)表わす(3)〃

そのほか、次のような記述もみられる。

〃サウルが王であり、ナジであった時、その子ジョナサンはアブ・ベト・ディンに任じられた(4)〃

後世にいたり、もはや大集会《サンヘドリン》が開催されなくなってもナジの名は残り、ユダヤ人居住区において決定権を有する者の呼称となった。長老レッシュ・ガルタ(5)(Resh Galuta)もナジに近い地位であるが、長老は大集会においてはなんの役割も与えられていない。

南フランス・ナルボンヌ地方にかつて伝説上のナジがいたとするユダヤ民間伝承には、なにかほのぼのとするロマンチックな幻想がまつわりついている。この民間伝承が語り継がれていた十二世紀頃、ナルボンヌには約二千人ほどのユダヤ人が居住していた。

一一四三年から一一六一年にかけて、ナルボンヌとツールーズ市の領主間で戦闘が行なわれていた(6)。この戦闘のあいだ、多くのユダヤ人はアンジュ(Anjou)、ポアトゥ(Poitou)などの地方へ移住していっ

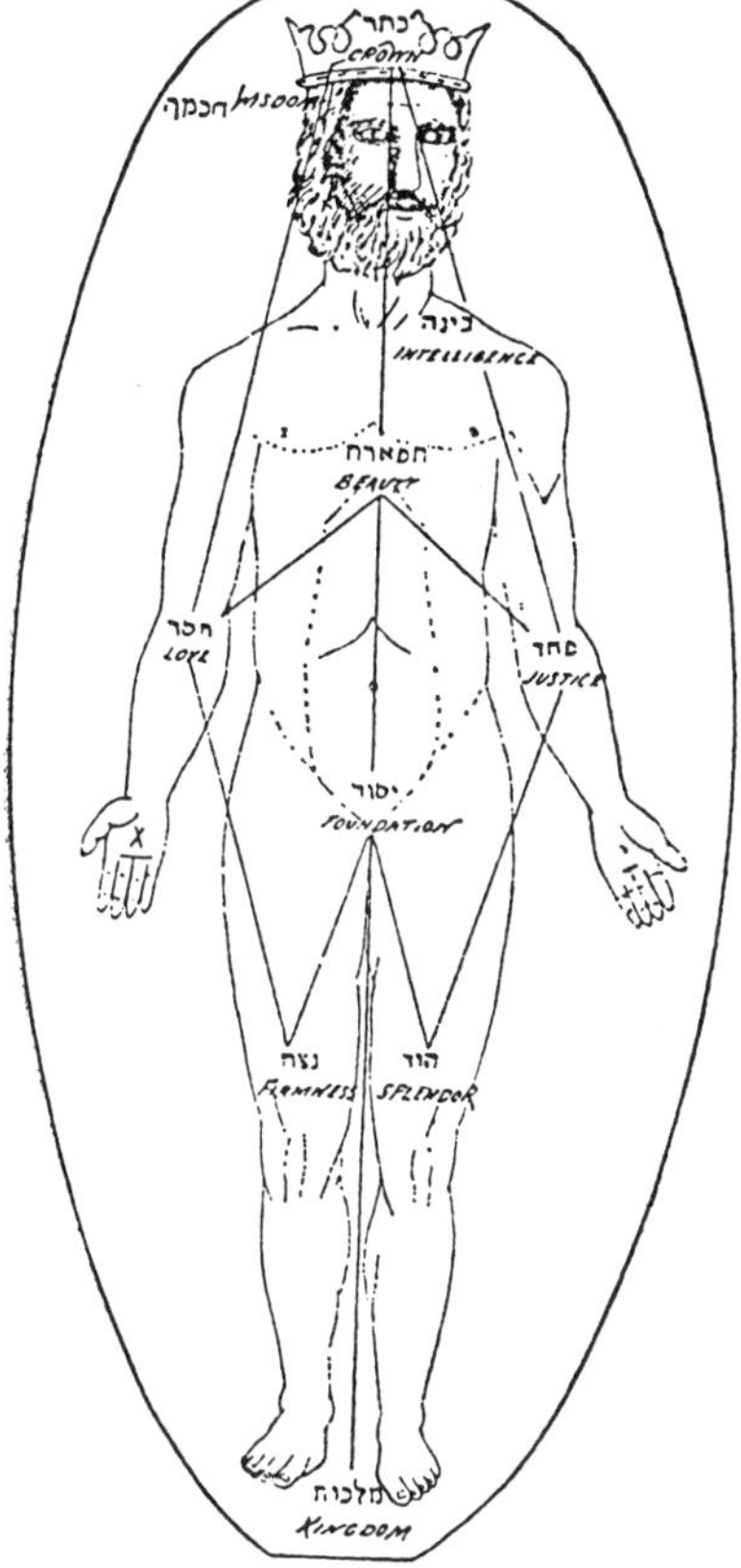

アダム・カドモン
セフィロト（神の特性）
を表わす

た。

この戦闘が終結したあとの一二一七年頃、ナルボンヌではユダヤ人は多くの特権を享受していた。ナルボンヌのユダヤ人街は十名の調停者によって治められており、二つのシナゴーグ、学校、病院、公衆浴場、作業場などが設置されていた。このユダヤ人街はナルボンヌ子爵と大司教の双方によって管理されていた。

この時期ナルボンヌはユダヤ文化の最盛期をむかえていた。タルムードに記述が認められるだけでその存在が疑われていた『創造の書』が突然出現し、盲人イサクらによって註解書の口述が開始されたのもこの頃のことである。

しかし、さしもの繁栄を誇ったナルボンヌのユダヤ文化も、一三〇六年に発生した暴動によって多数のユダヤ人が同市から追放されることになり、さらには一三四八年の黒死病《ペスト》の大流行でユダヤ人街の人口が激減したことで、その痕跡すら絶たれることになった。

十三世紀当時のナルボンヌ市周辺におけるカバラ思想研究の中心人物は通称〝盲人イサク〟(Isacc the Blind, Sagi Nahor; 1160~1235)と呼ばれ、彼の義父はナルボンヌ近郊ポスキエール(Posquières)の高名なラビ・アブラハム・ベン・ダビデ(R. Abraham ben Davide)である。

盲人イサクの生涯に関する資料はあまり存在しない。恐らく彼はポスキエール村で静かな瞑想と思索の生涯を送ったと推定される。

彼は生まれつきの盲人だったろうか。十三世紀に書かれた手稿には、

〝彼の目は生涯にわたって何物も見なかった[7]〟

としるされている。

しかし、盲人イサクのカバラ思想の手稿断片にはしばしば神秘的な光と色彩についての叙述が認められる。そこで、生まれつきの盲人であったとする説はにわかに信じ難い。恐らく青年期に達した後に彼の視力は失われたのであろう。

盲人イサクのカバラ思想は瞑想と深いかかわりを持っていた。彼は（精神的）緊張（Kavvanah）を伴った瞑想をとくに重視している。さらに各種の瞑想のタイプにはそれぞれの祈りが必要であり、その祈りはセフィロトの系統に従って完全に構成されたものでなければならないと考えた。このセフィロトの系統には〝古代の聖なる思惟〟（Mahashavah）から流出した神の属性が含まれるとされた。

さらに彼は神性における三つの次元について次のように述べる。

それは、エン・ソフ（Ein-Sof 無窮なるもの）、思惟（Mahashavah）および言語（Dibbur）である。

エン・ソフを思惟を通じて想像することは不可能であり、そのために〝思惟の虚無化〟が必要となる。エン・ソフは聖なる思惟そのものと関係しており、そこは神秘的かつ超越的な領域である。

エン・ソフに関する短い考察のあとで、盲人イサクは第一のセフィラ（Sefirah セフィロトの単数形）について次のように論考する。〝思惟〟は十のセフィロトに含めるべきものではない。セフィロトの数を完成させる知性（Haskel）は思惟（Mahashavah）と知恵（Ḥokhmah）との中間に位置するものである。聖なる意思は思惟を活性化し、優位のものとする。聖なる意思もセフィロトには含まれない。

思惟とは、宗教的高揚感が中核となりそこにあらゆる神秘的感情が結合し持続するところの球体である。つまり、思惟それ自身、隠れたる神の顕現である。そこで〝虚無《アイイン》〟（Ayin）と呼ばれる。

盲人イサクの思想における〃虚無《アイイン》〃はむしろ逆説的呼称とも考えられ、それは第一の流出物の象徴である。〃虚無《アイイン》〃の象徴するものは最も隠れたる高位の神性の存在であり、人間の思惟の虚無化によってわれわれは神性の存在を知るのである。

言語の世界は知恵《ホクマ》のセフィラ（Sefirah Ḥokhmah）から始まる。盲人イサクはしばしば言語（Devarim）あるいは言語の概念（Dibburim）を使用するが、これはセフィロトの同義語として用いられている。

創造主による言語表現によって宇宙は形成された。神性内部における言語学的発展とともに世界は創造された――ここに盲人イサクのカバラ思想の中核がある。

神が言われた聖なる言葉の物質化によって総ての創造行為はなしとげられた。表面化された言語は無意味だが、言語に内在するものの顕現――つまり聖なる言葉が物質的存在へと移行すること――によって宇宙の基礎がつくられたと盲人イサクは述べる。

セフィロトは神性の象徴であるに止まらず〃分離できる世界〃（Olam ha-Nifradim）という外的セフィロトによって形づくられた現実世界にひそむ原則でもある。〃分離できる世界〃とは、現実的存在の多様性という意味である。そこでは絶えることのない超越した神性からの流出が続いており、それが〃分離できる世界〃へと注ぎこまれていく。

盲人イサクはこれらの関係を了解するための具体的手段として、瞑想・誠意・献身の行為をあげる。これらの手段を通じて神性の顕現された世界、現実的存在に関する洞察と理解が得られるとする。

〃瞑想〃（Zippiyyah）によって、総てのものの本質と創造の各段階の間に含まれるあらゆる相互関係が了解される。総ての存在は相互に観照し合い、関係をつくり、こうして総ての存在は全宇宙的流出のプロセスに包含される。この流出のプロセスは一方において下位の存在の限界にまで拡がり、他方、瞑想と懺悔（Teshuvah）を通じて上位の存在へといたる。

物質的存在の根源に到達する存在論的なプロセスは創造のあらゆる瞬間に存在し、単純なものから複雑なものへ、複雑なものから単純なものへと移行する。

さらに、存在するものには総てそれ自体に終末論的意義が内蔵されている。このように考えると、創造とは神性それ自身における瞑想の行為であったことが明らかとなる。究極的にはあらゆる存在は根源へもどるのである。

盲人イサクは『創造の書』についての註解を手稿の形で遺したが、その内容は以上略述したごときものであった。さらに彼は『輝きの書』（Sefer ha-Bahir）の著者であるともいわれているが、この点についての確証はない。

盲人イサクに纏《まつ》わる神秘的な、半ば伝説的な風評は生前から彼の身辺に漂っていた。イブン・ガオン（Shem Tov b. Abraham ibn Gaon. 1287～1330）によれば、盲人イサクは人間の生死を〝空気の感じ〟によって識別したという。また盲人イサクは神秘的な祈りの力によって預言者エリアの黙示能力（Perush ha-Torah, Ki-Teẓe）を授かったとも伝えている。

盲人イサクは、全生涯を総てカバラ神秘思想の研究に捧げた初めての人物であった。その結果、南フランスのナルボンヌ地方、カタロニア地方、プロバンス地方、さらにスペイン在住のユダヤ人からもカバラ思想の権威として認められた。

スペイン在住の彼の弟子たちは、師・盲人イサクの言動、習慣、少数の書簡内容について記録を遺している。また彼の口述筆記による原稿も存在している。

盲人イサクは自身の思想を選ばれた少数者にだけ伝えようとした。彼はカバラ思想が広く大衆に普及することには強く反対していた。それは、カバラ思想が誤解されることを恐れたからであり、さらにはカバラ思想が歪曲化されることを危惧したからであった。

だが当時スペインのトレド市周辺では、彼の弟子たちが師の意思に反してカバラ思想の普及に努めていた。そこで盲人イサクは彼等に対し批判の手紙を書き送っている。

盲人イサクを中心とするカバラ研究グループのほかにもカバリストのグループは存在していた。カバラ思想の集大成であるゾハル（『光輝の書』）が書かれたのは、十三世紀のスペインにおいてである。ただし、その背後には盲人イサクの強い思想的影響が認められるのである[8]。

*

ここで、中世ヨーロッパで〝天の車《メルカバ》〟の瞑想を行なったもう一人のカバリストを紹介しておこう。アブラハム・ベン・サミュエル・アブラフィア（Abraham ben Samuel Abulafia）は、一二四〇年スペイン北東部の都市サラゴッサ[9]で生まれた。彼は幼少時代をナバレ王国（Navarre. フランス南西部およびスペイン北部にわたる古王国）のテュデラ（Tudela）で過した。十八歳で父が死亡するまで、彼は父から聖書、ヘブライ語文法、タルムードなどについての教育を受けた。その後彼はスペインを離れ中近東へ赴いた。〝失われた十支族〟を探索しようという目的であった。しかし、当時のパレスチナ地方は回教徒とキリスト教十字軍が戦闘状態にあったため、彼はアークル港（Acre）からヨーロッパに引き返し、ギリシャ、イタリアなどで十年間を過した。この期間彼はマイモニデスの著作物などを学び、『迷える者への指針』について神秘主義的立場からの註解書を書いた。さらにアブラフィアは『創造の書』と『迷える者へと指針』の思想を融合させようとした。

一二七〇年頃、彼は故郷スペインに戻り、三〜四年間を過した。この期間、彼はバルセロナにおいて『創造の書』に関する十二の註解を書いたが、それは哲学的かつ神秘主義的傾向を示し、さらにカバラ思想に接近していった。

当時彼がカバラ思想研究の三つの手段として挙げたものは、ゲマトリア（Gematria）、ノタリコン（Notarikon）、テムラ（Temurah. 交換の意味。文章中の意味を交換して別の解釈を求める方法）であった。彼はこの三つの手段を用いて『創造の書』の神秘的な意味を探究した。その結果として、彼は『カバラへの鍵』という著作を完成させている。

三一歳頃、アブラフィアはバルセロナ市において一種の啓示を受け、幻影体験、聖四文字の正確な発音の発見などを行なった。一二七四年、彼は再度スペインを離れ、イタリア、ギリシャなどで十年間に及ぶ放浪生活を送ることになる。スペインに在住した折りの弟子の一人がジョセフ・ギカティラ（Joseph Gikatila）であり、ギカティラは後に有名なカバリストとなった。一二八〇年、アブラフィアは突然ローマ教皇との討論を思い立った。彼は自分の神秘的研究の結果、預言者としての自覚に目ざめ、ついにはローマ教皇を改宗させ、ユダヤ人を解放しようと決意したのである。

ローマ教皇ニコラス三世はこの計画を聞き、次のごとき命令書を交付した。

〝ラジール（アブラフィアの別名）がローマに到着し、ユダヤ人の名において（教皇と）討論しようとするならば、彼を逮捕し、この人物の（ローマ市）滞在を許可してはならない。さらに彼を市内から追放し、そこで焼死刑に処すべし〟

という内容であった。だが教皇の突然の死[10]によってこの刑の執行は中止された。彼は二八日間フランシスコ派修道院の獄につながれた後、自由の身となった。その後アブラフィアはイタリア各地を放浪する生活を送り、シシリア島にも滞在した。彼の著作のほとんどはこの期間、一二七九年から九一年にかけて執筆されている。

一二九一年以降の彼の消息は全く知られていない。生前彼には多くの論敵がいた。貧困、追放、投獄といった悲惨な生活にもかかわらず、アブラフィアの精神は活発に躍動し、高い道徳性によってその生活は貫かれていたという。

アブラフィアが用いた恍惚感にいたる瞑想手段は次のようなものと推定される。彼はカバラ神秘思想に伝承されたあらゆる方法を採用し、それを組み合わせ、さらにそこに彼自身の感情と理性を配合し統合をはかったようである。

彼のカバラ研究の目的は〝霊魂を解放し、それを結びつけた絆から解き放つ〟というところにあった。霊魂に秘められた総ての内部的な力は身体的には識別しがたく分布している。もしこうした力を絆から解放して原始的な状況にもどすことができれば、霊魂と肉体という二元性は消滅する。しかし宇宙的な生命の潮流と人間のなかにある霊魂との間には障壁が存在しており、それらは分離されている。カバラによる知的認識能力によって総ての障壁は理解され、解消される。人間的存在は聖なる生命の潮流の中に漂いかつ取り囲まれているのにもかかわらず、日常生活を営む人間の霊魂は封印され、生命潮流

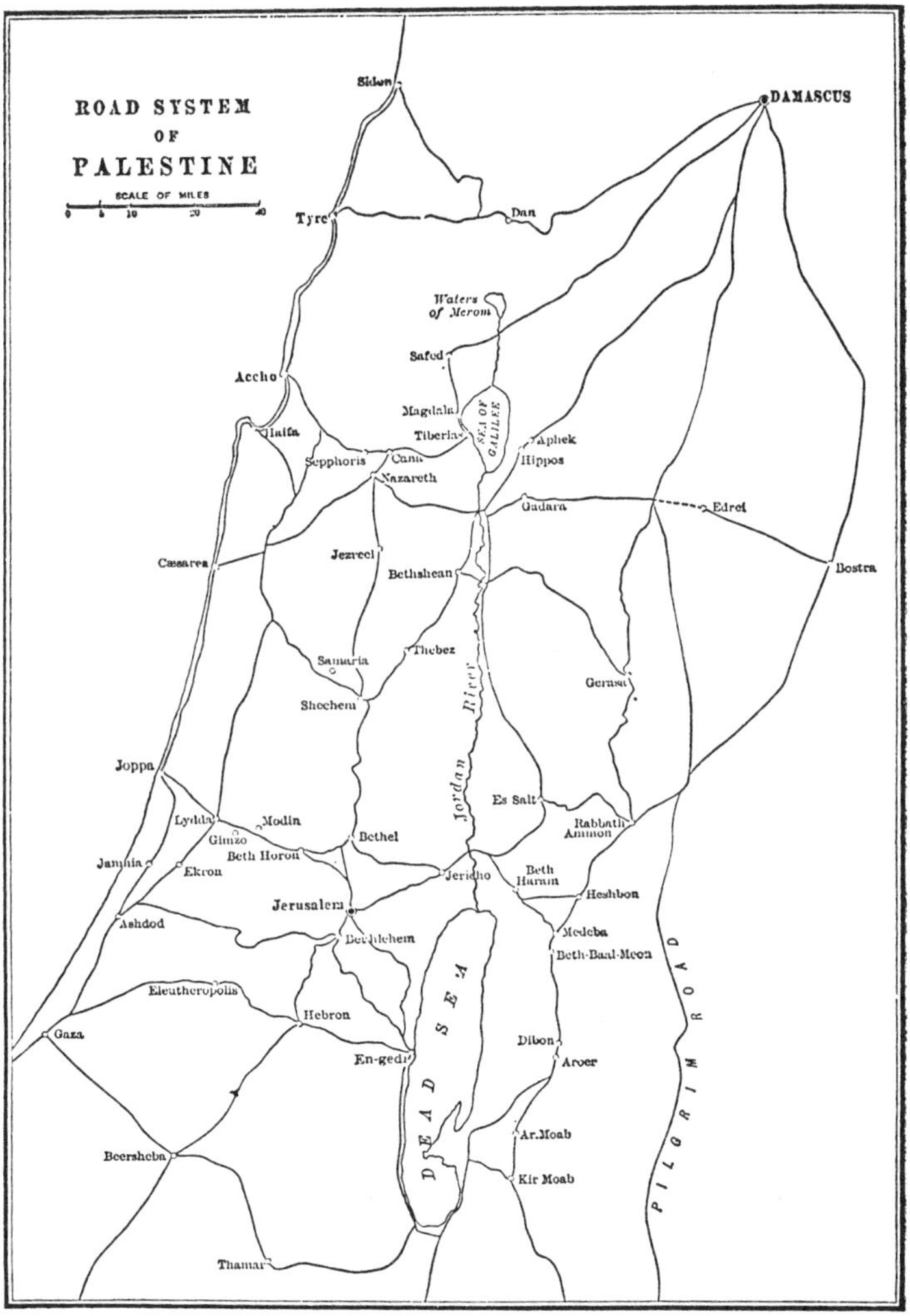

パレスナ（アークル Acre は，古代にはアッコ Accho と呼ばれた）

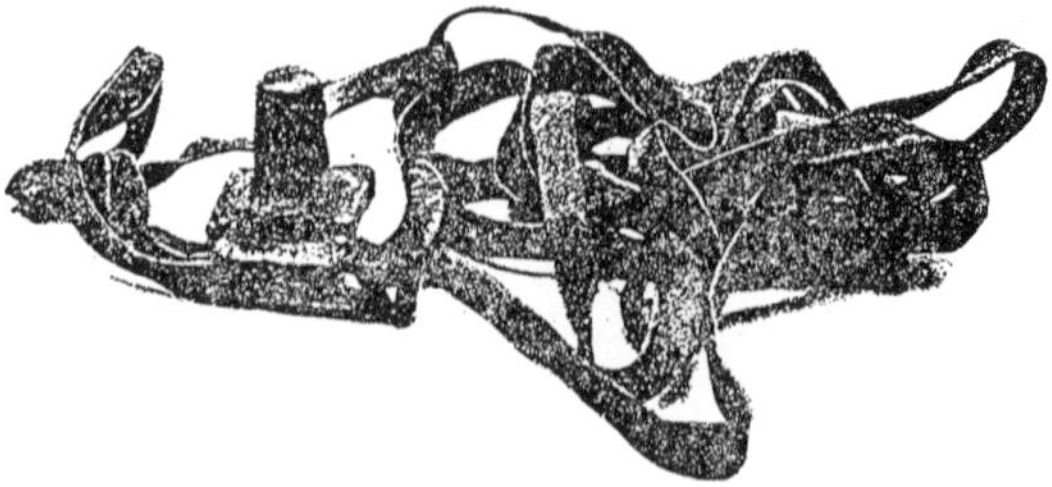

前腕につけるテフィリン(11)

を遮断してしまっている。なぜ霊魂は封印されているのか？——とアブラフィアは考える。

毎日の生活を送る際、人間の心の中には雑多な形のイメージや、雑事が充満し、聖なる存在に関する知覚はほとんど消失している。平均的な人間の霊魂は封印された狭い範囲内での限界にとどまり、そこでは知覚と感情は明らかに制限をうけている。こうした状態においては聖なる存在に関することを知覚し、理解することは非常に困難にならざるをえない。

自然界に存在する形よりさらに次元の高いものを霊魂が知覚するためには、聖なる光が遮断された盲目の状態から解放されなければならない。日常生活を営む人間の霊魂には彼自身の雑事のみが充満しており、そこには聖なるものの存在を許す余地は残されていない。

そこで〝神秘的論理〟が必要とされる。それは内的調和に対応するものであり、その状況に到達するためにはコントロールされた瞑想の手段が要求されるのである。

アブラフィアはこの目的で〝文字の組み合わせの知恵〟(Ḥokhmah ha-Tseruf)という技法を導入する。それは文字の組み合わせという技法を補助手段として瞑想を深化させていくものである。この技法の刺激によって方法論的に構成された瞑想が新しい意識の状態へと導かれてゆく。それは純粋な思惟の調和のとれた運動として形容される。アブラフィアは音楽と比喩的に対応させることで、この意識状態を説明している。純粋思惟の音楽には調和《ハーモニー》が保たれており、そこで文字は音符のような働きをする。瞑想によって得られた思惟は音楽となる。音楽の主題はさまざまに変容され、組み合わされ、全体の調和がはかられる。同じように瞑想においても思惟はさまざまな形に変容し、あらゆる組み合わせが行なわれ、調和のとれた状態をえる。

アブラフィアは瞑想のなかで〝飛躍〟(Dillug)と〝省略〟(Kefitsah)という方法を用いる。たとえば一つの概念から別の概念へと瞑想内容を飛躍させ、あるいはその一部を省略して新たな連想を生み出すという方法である。瞑想上の飛躍によって新しい境地が開け、形式化された思惟から解放される。さらに飛躍によって自由な連想が生まれ、隠れた心のプロセスを照らす光が生ずる。日常生活の絆によって制限された霊魂は、解放されて聖なる領域へと向かうのである。

アブラフィアは瞑想による恍惚感を得るための準備について次のように述べる。

〝神の前に準備せよ。なんじは単独で神の心に立ち向かう。身体を清め、孤独な家を準備し、そこでは誰もなんじの声を聞かない。密室に座り、なんじの秘密は誰にも知られないようにせよ。もしできなければ日中に瞑想をおこなうが、最高のものは夜中におこなう瞑想である。なんじが創造主に語りかける準備をする時間に、注意深くこの世の虚栄から総ての思惟を取り除き、なんじ自身を(神の前に)顕わすことができるようにせよ。なんじは祈りのショールを被り、テフィリン(Tefillin)[11]を頭と手に着けよ。(瞑想中に出現しなんじに近づく)聖霊《シェキナ》への畏怖を表明するためである。衣服を清め、できれば総ての布は白色にすべきである、これらの総てが神への恐怖の心、神への愛の心を導くために有用となる。もし夜であれば多くの蠟燭をともし、総てが明るく見えるようにせよ。机の上にインキとペンを用意し、なんじの心が喜びに満ちて神につかえることができるようにせよ。数個のあるいは多数の文字の組み合わせを始め、なんじの心が温かくなるまで続けよ。ついで、なんじの心に一杯になった運動と、そこからもたらされた動きについて知れ。そのときなんじの心は既に温かくなっている。そして人間の伝統に関する新しい文字の組み合わせを発見するか、あるいは知ることのできなかったことを知るようになるだろう。そのときなんじは聖なる力の影響を受ける準備がととのったのである。ついでなんじは人間のようになんじの傍らに座り、立っているかのように聖なる御名と追放された天使について想像せよ。なんじは王と大臣が任命する特命大使のように感じながら彼等の口から何らかの命令が下るのを待つようにせよ。これらの総てを生き生きと感じとり想像せよ。なんじの心を転回して文字から想像される多くの事柄を理解するようにせよ。それらの総てについて熟考し、その詳細についても考えよ。それはちょうど比喩的にいえば夢と対比されるような状態である。そしてさらに瞑想を深化させせよ[12]〃

このような準備によって最終的な意識の変革がゆっくりと進行してゆく。聖なる光を遮断していた封印は最終的に除去される。心の中に隠されていた聖なる生命潮流は流出し始める。それを受け入れる準備はすでに完成している。もし、十分に準備されていない時は、その圧倒的なまでの生命潮流に押し流されて精神的混乱状況が発生してくる。それとは反対に、よく準備された人は〃神秘的階段〃を登り始め、聖なる光のなかで神秘的意識の頂点に達することができる。そこはまばゆいばかりの光に満ち、預言者的幻影が展開する世界である。

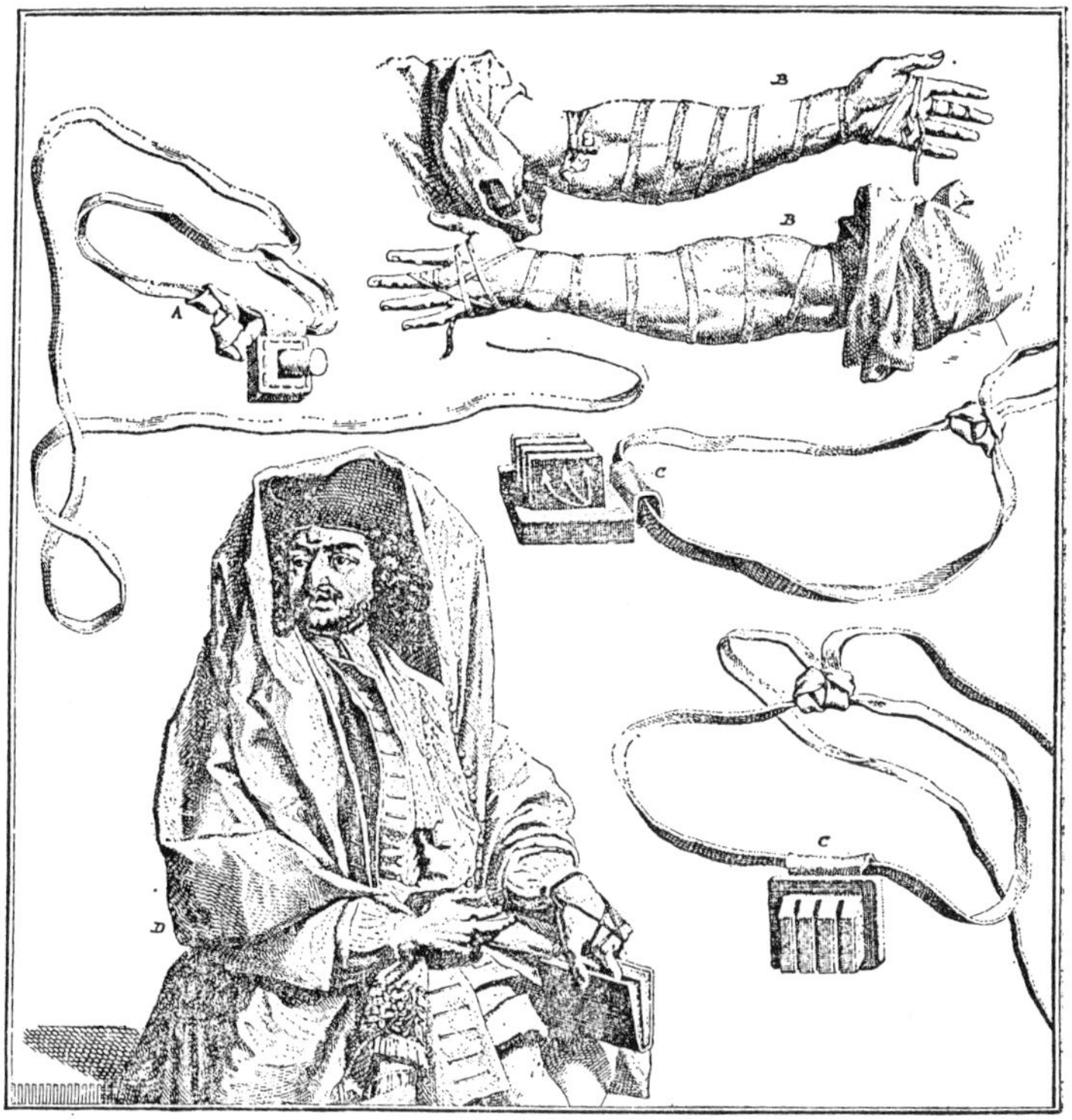

テフィリン Tefillin (11)
A 腕用テフィリン
B 腕につけたところ
C 頭用テフィリン
D テフィリンをつけたユダヤ人

恍惚感とは神秘的瞑想に対する大いなる報酬である——とアブラフィアは述べる。それは昏迷状態でもなく、意識喪失状態でもない。恍惚状態のなかでは完全な自我消滅（Self-annihilation）が起こると言われる。このようによくコントロールされ調和された瞑想手段以外の方法では、身心両面の危険がともなうことをアブラフィアは警告している。

深い瞑想のなかでさらに、彼は神の座のかたわらに立つ神秘的な形メタトロンを見る。その頂点において人間は律法《トーラ》と融合し一体となる。さらにセフィロトの道をたどって、瞑想者は〝天の車《メルカバ》〟へと向かう。

註

（1）Histoire Générale du Languedoc. iii, Adenda, p. 29. 参照。
（2）タルムード Tosef., Sanh. viii; Hor. 106. 参照。
（3）タルムード M.K. 22b. 参照。
（4）タルムード M.K. 26b. 参照。
（5）レッシュ・ガルタについては、第一章四二ページ参照。
（6）Ermegarde, Viscount of Narbonne viz Alphonse Jourdain, Count Toulouse.
（7）Me'irat Einayim, Munich MS. 17, p. 140. 参照。
（8）Encyclopedia Judaica. vol. X. pp. 518〜523. 参照。

（9）サラゴッサ市については、第三章一五六〜一五九ページ参照。
（10）脳出血死、一二八〇年八月二十二日。
（11）祈りの小箱を細紐で前頭部と前腕にとめる。別名フィラクテリー（Phylacteries）。The Jew. Encycl. vol. X. p. 24 の挿絵より。
（12）G.G. Scholem. The Major Trends in Jewish Mysticism. pp. 136〜137. 参照。

第四章　光輝の書

I　光輝の書の誕生

西暦一二八〇年から八六年にかけて、スペイン北東部カタロニア地方の城塞都市ゲロナ（Gerona）のユダヤ人居住区にいたカバラ研究者の間では一種の知的恐慌状態が発生しつつあった。なんの前触れもなく突然、古代アラム語で書かれた『光輝の書《ゾハル》』(Zohar) と呼ばれる浩瀚な手稿がつぎつぎに出現してきたからである。

この手稿本はタンナであるシメオン・ベン・ヨハイ(1) (Simeon ben Yohai) の手になるものという伝承があった。

シメオン・ベン・ヨハイは、ユダヤ史のなかでもとくに強烈な個性を具えたカリスマ的人格像を示している。

この不思議な手稿『光輝の書《ゾハル》』が突然現われた、中世スペインの都市ゲロナにおけるユダヤ人の生活環境と情緒的な雰囲気について、考えてみたい。彼らのもっていた集団的意識状態のなかに、とくにカバラ神秘思想へ彼らを深く傾倒させていくなにかが存在していたのではなかろうか。こうしたことを探るために、まず同市におけるユダヤ人の歴史をふりかえってみることにしよう。

スペイン北東部に位置する城塞都市ゲロナには一〇〇二年頃、教皇シルベスターが同市在住のユダヤ人から税金を徴収した記録が残っている。当時ゲロナのユダヤ人は家屋と土地を所有し、なんらの制約もなく市民生活を送っていた。一〇六八年と一〇七八年にゲロナ市議会が発布した法律によれば、ユダヤ人はキリスト教徒から不動産を取得した場合、その価格の十分の一に相当する金額を税金として同市に支払うことになっていた。

十一世紀当時、ゲロナのユダヤ人居住区は、市の中央を流れるオニール河の右岸で、市の周囲に聳える城壁の近くに位置し、一般キリスト教市民居住区とは区別されていた。ユダヤ人居住区は聖ロレンゾ小路（Calle de S. Lorenzo）およびフォルサ通り（Calle de la Forsa）の北端に位置していた。この通りに面してユダヤ教会堂《シナゴーグ》が建てられ、中心部に市場《マーケット》があった。フォルサ通りの端にユダヤ人集会場などの公共建築が建てられていた。ゲロナ市のユダヤ人墓地はバルセロナ市のユダヤ人と共有で、ゲロナ近郊のモンテ・ユダイコの丘（Monte Judaico）にあった。サラセン帝国（回教徒）治下における同市のユダヤ人の生活は平穏であった。一二二九年、征服王ジェイムはユダヤ人金融業者に対し利子率を二〇%に固定するよう指示している。

ところで、当時〝ゲロナのユダヤ人の師〟と呼ばれたポルタ[2]という人物が、ユダヤ人居住区の中央、市場広場に水車を設置した。一二六三年、この学識あるユダヤ人ポルタは宮廷に召し出され、キリスト教徒と公開討論を行なうよう命令を受けた。討論相手はドミニコ派修道会に属するパブロ・クリスティアニ神父であった。公開討論では圧倒的にユダヤ人ポルタが優勢であったが、この後、同市のユダヤ人社会にとって憂慮すべき事態が発生した。当時ゲロナには狂信的な司教がいた。その僧侶側からユダヤ人迫害が開始されたのである。聖金曜日のミサのあと教会を中心に多数のキリスト教市民が集合し、ユダヤ人居住区を襲撃しようとする動きが生じたが、これは軍隊の出動によって鎮圧された。ところが一二七六年になると、ペドロ三世はユダヤ人社会に重税を課し、カトリック僧侶にひきいられた群衆はユダヤ人居住区を襲撃、ユダヤ人所有の葡萄園およびオリーブ樹を含む果樹園が破壊された。一二八五年、ゲロナ市はフランス軍の侵攻に備えその城壁を改修した。その際、同市のユダヤ人居住区はかなりの部分が破壊された。

古代の手稿と称される『光輝の書《ゾハル》』はこのような不穏な状況のもとでつぎつぎとゲロナのユダヤ人居住区から発見されたのである。客観的にみてもゾハルはそれ以前に存在していた断片的なカバラ資料、とくに『創造の書』[3] (Sefer Yeẓirah) とは比較にならないほど体系的であり、かつ網羅的な内容を具えていた。

一二八一年から八三年にかけて『光輝の書《ゾハル》』の註解書が中部スペイン、マドリッドに近い小都市グアダラハラ[4] (Guadalajara) で発表された。執筆者はイサク・サウラ (Issac ben Solomon Abi Sahula) という人物であった。

当時この街には数名のカバラ研究家がいた。トドロス・アブラフィア (Todros Abulafia) は高名な人物で、彼も『光輝の書《ゾハル》』の一部を所持していたらしく、彼の著書の中には『光輝の書《ゾハル》』に言及し註解をほどこした部分が収録されている。さらにもう一人カバラ研究家がおり、その名をモーゼス・デ・レオン (Moses ben Shemtob de Leon) といった。現代カバラ研究家G・G・ショーレムの研究[5]によれば、この人物こそ大著『光輝の書《ゾハル》』の真の執筆者であると断定されている。

モーゼス・デ・レオンとはどんな人物だったのだろう。彼は一二五〇年頃、スペイン西北部の都市レオンで生まれ、各地を移動したが、一二九〇年までグアダラハラに居住した。死の数年前、彼の家族は小都市アビラ（Avila）に移住した。

一三〇五年、彼はバヤドリド（Valladolid）の地方領主の宮廷からの帰路、アレバロ（Arevalo）という

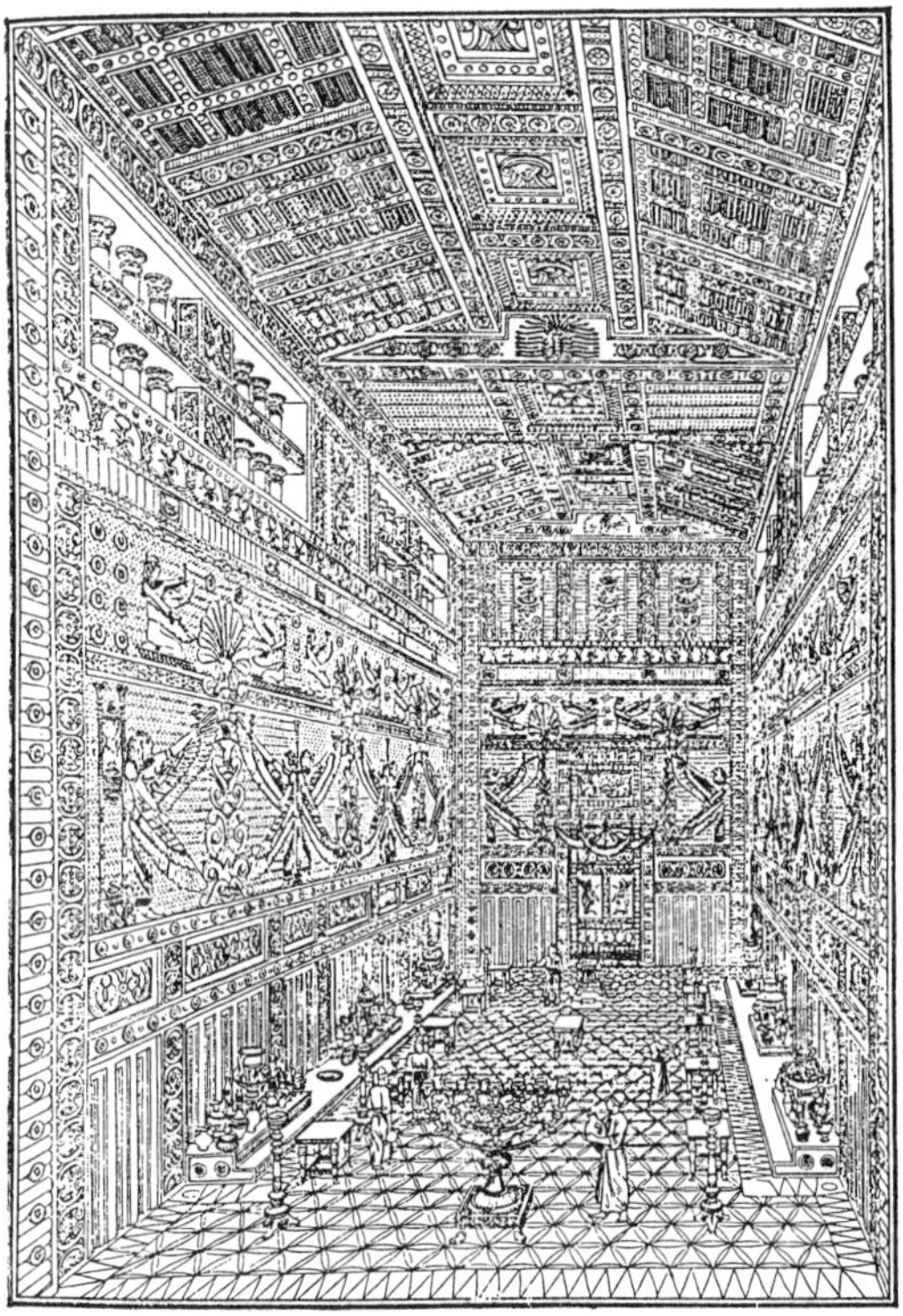

エルサレム神殿の至聖所内部（復元図）（25）

地で客死する。生前レオンは彼自身の名で相当数、ヘブライ語の著作を発表していた。そのうちの二冊が刊行されている。『薔薇の声明』(Shushan Eduth)という本はその半分が現存し、一二八六年の刊行。次の年、彼はさらに浩瀚な『柘榴の書』(Sefer ha-Rimmon)を刊行、ここでは神の十戒の意義に関する考察を展開している。

G・G・ショーレムによれば、一二七〇年から一二八〇年の期間、レオン自身、カスティラ地方在住のユダヤ人社会で高い地位を占めていたサークルの一員であり、トドロス・アブラフィアの家族とも親交があった。(6)

彼の著作にはゾハルについて言及した部分がまったくない。また、ゾハルの執筆者はレオンであると、その手記に書き残した人物がいた。

アークル生まれのイサク・ベン・サミュエル(Issac ben Samuel of Acre)は、一二九一年、アークル港が回教徒軍に征服された時、まだ若い学生だったが、国外に逃れ、おそらくイタリアにおいてゾハルの噂を耳にしたらしい。一三〇五年に彼はスペインに赴き、ゾハルの発見当時の状況に興味を抱いた。彼の日記にはその間の事情が書かれており、その日記は現存する。ベン・サミュエルの手記には、バヤドリドでモーゼス・デ・レオンに逢った人の言葉として、次のようなことがしるされている。

〝アビラにある私の家にはシメオン・ベン・ヨハイによって書かれた古代の書がある〟と、レオンは宣誓して語ったという。

ベン・サミュエルはレオンの死後、アビラを訪れた。そこで彼は次のようなことを耳にした。

アビラの富裕な市民ヨゼフ(Joseph de Avila)という人物がレオンの娘を自分の息子の妻としてむか

サラエボ・ハガダ第１ページ（神の創造に関する部分）(26)

えるから、その代償としてゾハルの原典を引き渡して貰いたいと申し込んだところ、レオン未亡人と娘の二人からそのようなものは家には存在しないと拒絶された。ゾハルは全部自分で書いたものなのに、なぜ自分の著作であることを公表しないのかという妻の質問に、レオンはつねづね次のように答えていたという。

〝もし私が（ゾハルの）著者だと言ったら、誰もこの本について注意を払わないだろう。おそらく彼らは（ゾハルを）私自身の想像の産物にすぎないと言うだろう。だが、もし聖霊の導きでシメオン・ベン・ヨハイ自身が書いた原典から私自身が筆写したものがゾハルであると言っていれば、貴方も知っているように、彼らは（ゾハルに）高い価値を見出すようになる〟

G・G・ショーレムも指摘しているように、(7) このベン・サミュエルの記録は彼自身の得た情報ではなく、総て二次的ないし三次的な情報であること、さらにはベン・サミュエル自身はレオン未亡人に直接接触していないことにも留意すべきである。

また、ゾハルの文体（古代アラム語）には文法的誤りが多数含まれているという指摘が多くの研究者からなされた。こうした疑惑にもかかわらず、ゾハルは数多く版を重ね、広く流布することになった。

ゾハルの中核部分の断章がゲロナで流布しはじめたのは、一二八〇年頃であった。一二九〇年頃、ゾハルの中核部分の数章がバヒヤ・ベン・アシェル（Bahya ben Asher）によってヘブライ語への逐語訳がなされた。その翻訳の表題は『ラビ・シメオン・ベン・ヨハイの律法註解《ミドラッシュ》』（Midrash de R. Simeon b. Yohai）となっている。

一三〇〇年以降、ゾハルの註解書は急速に増加し、その表題として『光輝《ゾハル》の書』または『隠匿された

サラエボ・ハガダの図解部分，右上：地は形なく，むなしく（創世記１・２）左上：光を昼と名づけ，闇を夜と名づけた（第１日目），右下：陸と海の創造（第２日目），左下：地に植物を生やした（第３日目）(26)

律法註解《ミドラッシュ》』が多く使用されるようになった。当時、全章の完備したゾハルはまだ流布しておらず、さらにゾハル各章に関する手稿本には多くの異本が含まれていて、統一的なゾハル註解書は存在しえない状況にあったと推定される。

ケンブリッジ手稿(8)は現存する最も古いゾハル選集《アンソロジー》であるが、前述のごとき当時の状況がよく反映している。バチカン手稿(9)はゾハルの断章を収録する。パリ手稿(10)は十五世紀に作成されたもので、これもゾハルの一章（Sefer Tikkynim）を収録するのみである。

一四〇〇年以降、カバラ神秘思想研究家の間ではゾハルの価値が高く評価され、神聖な資料として取り扱われるようになった。十五世紀当時、ゾハルの流布範囲はスペインおよびイタリアに限局されていた。だが次第にその影響力がアシュケナジム文化圏、東部ヨーロッパへと及んでいった。その影響力が頂点に達するのは、十六世紀から十七世紀にかけてである。

ゾハルが初めて印刷されたのはマントウア(11)（Mantua. 1558～1560）とクレモナ(12)（Cremona. 1559～1560）の両市である。両市の出版事業は競合関係にあり、多数のヘブライ語文献の出版が行なわれていた。マントウア版ゾハルは別名〝章別ゾハル〟（Tikkunei ha-Zohar）と呼ばれた。この章別ゾハルを編纂したベネベントのインマヌエル（Immanuel de Benevento）は十種類の手稿を使用し、そのなかの最良の手稿を各章別に配列した。クレモナ版ゾハルはビットリオ・エリアーノ（Vitorio Eliano）により六種類の手稿を使用して編纂された。

マントウア版ゾハルは三巻本で、ゾハル研究者はこれを〝大ゾハル〟（Zohar Gadol）と呼び、クレモナ版ゾハルは大型一巻本で、〝小ゾハル〟（Zohar Katan）と呼ばれた。大ゾハルはその後二度にわたり印

サラエボ・ハガダの図解部分，右上：昼と夜，六の星を造った（第4日目）左上：生物の創造（第5日目）右下：神は自分の形に人を創った（第6日目）左下：創造の作業を終えた（第7日目）(26)

刷された[13]。ポーランドおよびドイツ在住のカバリストは、一七一五年頃まで主に大ゾハルを使用した。ゾハルの印刷はその他、コンスタンチノープル、サロニカ、スミルナ、レグホルン、エルサレムなどでも行なわれた。各地で印刷されたゾハルには、サフェド手稿（Safed, MS）を含むものもある。

これらの異本を総合したものが一五九七年サロニカにおいて刊行され、通称、〝新ゾハル〟[14]と呼ばれる。さらに詳細に校訂されたゾハルが、一六五八年ベニスにおいて刊行された。

近年にいたり一九一一年ムンカクス（Munkacs）によってゾハルが刊行された。一九四五年から五八年にかけアシュラグによって編纂・校訂された最良のゾハルは、ヘブライ語訳とともに二十二巻本としてエルサレムにおいて刊行された[15]。その他、章別に分類されたゾハルが一九六〇年より刊行されはじめ、八十巻本として完結するはずである。

ゾハルに関する註解書はモーゼス・コルドベロ[16]（Moses ben Jacob Cordovero）によって執筆された膨大な手稿が残されているが、彼の死後約四〇〇年の後、一九六〇年から七二年にかけて五巻本としてエルサレムで刊行された[17]。コルドベロの註解書の原本はモデナ図書館に大型十九巻本として収蔵されている。オックスフォード手稿に含まれたゾハル註解はまだ印刷に付されていない。その他、英訳本としてはハリー・スパーリングおよびモーリス・シモン共訳のものが一九三四年に五巻本として刊行されたが、これはゾハルの全章を含まない抄訳である[18]。

書名である『ゾハル』（Zohar）は、アラム語のジハラから派生した言葉で、輝き、光輝などの意味をもつ。古代ヘブライ語では男性名詞。

こうした考察を経て、本書では翻訳名を『光《ゾ》輝《ハ》の書《ル》』とした。『ゾハル』という書名の典拠は、以下

サラエボ・ハガダの図解部分，上：楽園にいるアダムとエバ，下：楽園からの追放(26)

の旧約の章句にもとづく。

〃神は「光あれ」と言われた。すると光があった〃

（創世記1・2）

〃――腰から上は光る青銅のように輝いて見えた〃

（エゼキエル書8・2、傍点・筆者）

〃賢い者は、大空の輝きのように輝きまた多くの義に導く者は、星のようになって永遠にいたるでしょう〃

（ダニエル書12・3、傍点・筆者）

ゾハルには、短い聖書の章句に関する説教風の註解《ミドラッシュ》（Midrash）、長文の説教、そして大部分はタルムードに登場するタンナであるシメオン・ベン・ヨハイが彼の同伴者と交わした対話という形式が採用されている。この対話の内容は総てカバラ神秘思想にもとづくものであり、〃モーゼの五書《ペンタトイヤ》〃（旧約冒頭の五書である創世記、出エジプト記、レビ記、民数紀、申命記のこと）に関するカバラ的註解書となっている。

内容からみたゾハルの構成は以下の各部より成立している。ゾハルの中核部分は〃モーゼの五書〃を一週間ごとの訓戒部分に分けて記述してある。ピネハス（Pinhas）と呼ばれる章には民数紀二五章から二九章にかけての註解を含む。申命記に関する註釈部分はバ・エサンナン（Va-Ethannan）と名づけられ、申命記三章より七章までを含む。その他、バ・エレカ（Va-Yelekh）の章には申命記一一章に関する註釈が含まれる。さらにハッジイヌ（Ha'azinu）の章には申命記二二章までの註釈が含まれている。

ゾハルの冒頭には導入部《ペティホト》（Petihot）があり、ここではハギオグラファ（Hagiographa）および預言書、とくに『詩篇』からの章句が多く使用されている。この部分はアラム語によって記述されている。『創世記』の註釈部の前に挿入されているのが序文《ハクダマ》（Hakdamah）であり、ゾハル特有の高揚された神秘的雰囲気にまで読者の心理を導く役目をはたしている。

サラエボ・ハダカの図解部分，ノアの箱船(26)

ゾハルの全体像を描写することはその膨大さからして不可能に近いが、序章《ベレシト》の一部をここで紹介してみる。序章ではまず創造のプロセスの源である〝原始点〟について物語られる。その〝原始点〟からアルファベットが流出し、文字が生まれた。つまり、創造のプロセスの背景には言語学的な構造が存在したことになる。神の言葉が現実化したとき、創造の行為はなしとげられるという意味になる。

ゾハルの記述は比喩に満ち、さらには十三世紀的表現によって物語られているので相当に難解だが、文節そのものの流れにそって静かに読みすすんでゆくと現代的な意義さえ発見できそうである。(19) とくに意味論、記号論などを念頭に置きながらゾハルの序章を読んでみられることをおすすめする。

*

『光輝《ゾハル》の書』序章《ベレシト》

はじめに王が閃光のランプのごとき天の燦然たる輝きの軌道を定めた。そこから流出したものは玄妙不可思議な神秘的な限界なきものであり、白でもなく、黒でもなく、赤でもなく、緑でもなく、いかなる色彩でもない形なき核によってとり囲まれていた。

彼は(それら総ての)手段を講じた際、その内部に色彩を適合させた。その内部のランプからある種の光輝が流れ出し、そこから以下のものには色彩がつけられた。

おおい隠された最高の神秘的な力は限界のない裂け目のなかにあった。それはあたかも空虚な裂け目が存在しているようであり、天上の、神秘的な点から前方を輝かしていた雷撃の力によって照らしだされるまで総ては不可知のままに止まっていた。その(天上なる)点を超えればそこはもはや不可知の領

贖罪の日 (From Picart, 1723) (27)

域である。そこでその一点は〝原始点〟(Reshite 始まり)と呼ばれ、この一点より総ては始まり、創造された。それは（つぎのように聖書に）しるされている。

〝賢い者は、大空の輝きのように輝き、また多くの義に導く者は、星のようになって永遠にいたるでしょう〟　　（ダニエル書12・3）

そこに真実の光輝《ゾハル》(Zohar)が存在している。最も神秘的な感覚は空虚であり、その点に光輝が生ずる。この〝始まり〟は延長され、それ自身の名誉と栄光の宮殿を形づくる。そこに聖なる種子が蒔かれ、宇宙の恩恵へと発展していく。それはつぎの聖書の言葉にあてはめられる。

〝聖なる種族はその切り株である〟（イザヤ書6・13）

ふたたびそこには光輝《ゾハル》がある。その内部にはそれ自身の栄光をたたえるための種子が蒔かれた。それはちょうど蚕が自分自身を（繭のなかに）とり囲んでしまうようであり、宮殿の内部で、それ自身が有益で美しきものを生産する。このように〝始まり〟に（含まれた）神秘的で知られざるものが宮殿を形づくる。この宮殿はエロヒム

（＝神、Elohim）と呼ばれる。そして（宮殿における）教義にはつぎの言葉が含まれている。

〝はじめに神《エロヒム》によって（総ては）創造された〟

光輝《ゾハル》こそ、総ての創造物がこの神秘的な輝きの点を通して創造される、その究極的な形である。この関係において〝創造〟という言葉を使用することは別に驚くべきことではない。われわれは（聖書の中で）つぎのような（文章を）見る。

〝神は自分のかたち（イメージ）に人を創造された〟　（創世記1・27、カッコ註・筆者）

〝始め〟（Bereshith）という言葉の神秘的な解釈を述べることにしよう。総ての原始点の名前は〝私はある〟（Ehyeh）である。この点につけられた聖なる呼び名は〝主《エロヒム》〟である。しかし意味を限定して呼ぶときは〝アシェール（Asher 有って有る者。出エジプト記3・14参照）となる。これは隠された、深遠な神殿のことであり、その語源となるものは神秘的な〝始め《レシテ》〟（Reshite）と呼ばれる。

〝アシェール[20]〟はアナグラムによって〝頭《ロシュ》〟（Rosh）の意味になり、ここから〝始め〟（Reshite）が派生してくる。その一点について神殿は確固としたものとして確立される。[21]

ベレシト（Bereshith〝始め〟、〝原始〟）は天上の原始（点）と知恵の結合したものである。その後、神殿（に関する意義）は変化し、それは〝家〟（Bayith）と呼ばれた。この結合に天上の点なるロシュ（Rosh 頭）が結びつき〝始め〟（Bereshith）と呼ばれた。

だがその名で呼ばれる〝家〟に住人はいなかった。しかし、そこに種が蒔かれることで住人が住みつくようになった。

それは主《エロヒム》と呼ばれる（住人である）。隠された秘密の（住人である）。

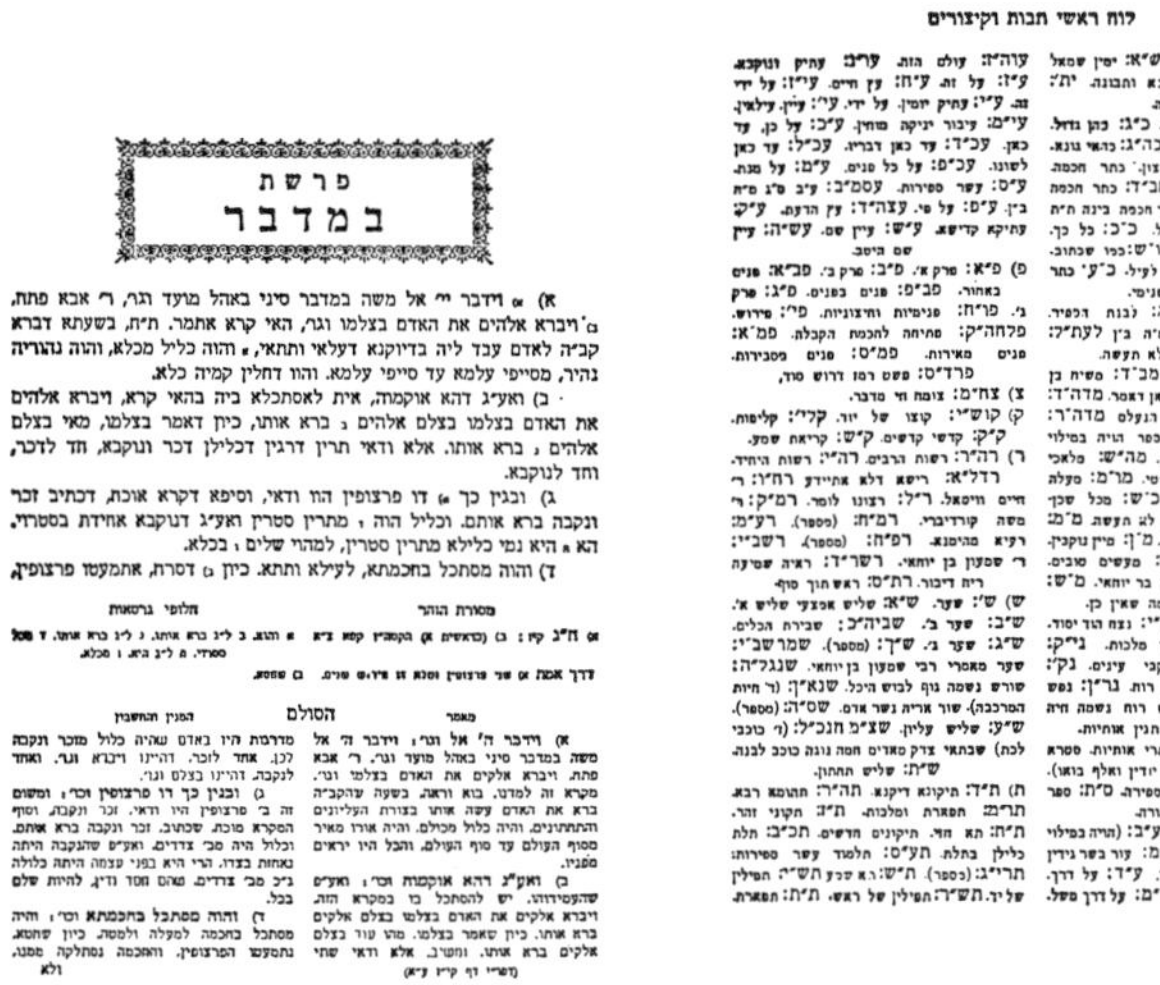
פרשת במדבר

א) וידבר יי׳ אל משה במדבר סיני באהל מועד וגו׳, ר׳ אבא פתח, ויברא אלהים את האדם בצלמו וגו׳, האי קרא אתמר. ת״ח, בשעתא דברא קב״ה לאדם עבד ליה בדיוקנא דעלאי ותתאי, והוה כליל מכלא, והוה נהוריה נהיר, מסייפי עלמא עד סייפי עלמא. והוו דחלין קמיה כלא.

ב) ואע״ג דהא אוקמוה, אית לאסתכלא ביה בהאי קרא, ויברא אלהים את האדם בצלמו בצלם אלהים ברא אותו, כיון דאמר בצלמו, מאי בצלם אלהים ברא אותו. אלא ודאי תרין דרגין דכלילן דכר ונוקבא, חד לדכר, וחד לנוקבא.

ג) ובגין כך דו פרצופין הוו ודאי, וסיפא דקרא אוכח, דכתיב זכר ונקבה ברא אותם. וכליל הוה מתרין סטרין ואע״ג דנוקבא אחידת בסטרוי, הא היא נמי כלילא מתרין סטרין, למהוי שלים בכלא.

ד) והוה מסתכל בחכמתא, לעילא ותתא. כיון דסרח, אתמעטו פרצופין,

ゾハル（筆者蔵）

光輝《ゾハル》は建物の中に隠され、引きこもった（存在で）あるが、生みだすものである。さらに（この）家の部屋には聖なる種が見出される。それ（家）が十分に理解され、（その意義が）敷衍され居住に適するようになるまではエロヒムと呼ばれることはない。これら総てのことがらが〝始め《ベレシト》〟という述語のなかに含まれている。エロヒムの名が得られたのちに（その家のなかに）蒔かれていた種から結果が生みだされる。

この種とはなんであろう？

それ（種）には律法の神秘的起源を示す文字が彫られている。それ（文字）は原始点より流出したものである。

宮殿（家）の中に蒔かれていた（種）には三つの確かな母音記号がつけられていた。ホーレム（holem）、シュレク（shureq）そしてヒレク（hireq）である。それらがお互いに結合し一つの本質を形成する。この結果から声（または音）が生みだされ、それらが交わり合うことで総ての文字（総てのヘブライ文字アルファベット、二二文字）が形づくられる。

　ここには〝天《シャマイム》〟（Eth ha-Shammaim）としるされている。声がそれ（文字）と結び合わされたのである。この声は〝天《シャマイム》〟を指示しており、また（声は）聖なる名前〝私はある《エヤ》〟（Ehyeh 母音記号をつけてヤウェ＝神と読むこともできる。〝聖四文字の秘儀〟参照）であり、このようにして〝光輝《ゾハル》〟には総ての文字と色彩が含まれる。この点に関して〝主、わが神にしてわが主〟（Yhvh Elohenu Yhvh.）という言葉には〝始めに神は創造された〟（bereshith bara Elohim）という深い神秘がそれぞれ三つの段階において対応している。〝始め〟（bereshith）は原始の神秘を象徴している。〝創造した〟（bara）は総てに拡張する神秘的な原因を象徴している。〝主《エロヒム》〟（Elohim）は総ての下なるものを支える力を象徴している。

　〝天〟（Eth ha-Shammaim）は二つの文字が分離不可能であることを示し、そして男性と女性が結びつくことを（象徴している）。〝貴方〟（Eth）という言葉はアレフ（Alef）とタウ（Tau）から成り立っており、この二つの文字の間に総ての（ヘブライ語の）アルファベットが含まれる。アレフとタウは（アルファベットの）初めと終わりの文字である。その後に、ヘェ（he'=H）が加えられ、そこで総ての文字には冠詞（ha-）がつけられることになった。そして〝あなた〟（Attah）という言葉があたえられ、ここでわれわれは（聖書の中で）つぎのように読むことができるようになった。

　〝そしてあなたは（Ve-Attah）、……これをことごとく保たれます〟

（ネヘミヤ記9・6、カッコ内註・筆者）

　エト（Eth）はまた一般に〝主《アドナイ》〟（神）をほのめかす（意味にも）用いられる。〝天〟はヤウェ（Yhvh）のより高次元の意味を示している。つぎの言葉〝そして、あなた（Ve-Eth）の指示する（意味は）男性と女性のしっかりした結合ということである。その（言葉は）また〝主〟(ha-Yhvh) の名前をほのめかしているる。これらは双方とも同じ事を解釈しているにすぎない。
〝大地《アレツ》〟(ha-Aretz) という言葉もまた〝主《エロヒム》〟の高次元の（意味と）一致しており、そこから（総ての）果実と（穀物が）生みだされる。この名称はここでみられるように三つに適用される（意味があり）、それはあたかも樹の枝があらゆる角度につきだしているようである。

　ここまでは、最高の神秘について刻印され、確立され、生気をあたえる神秘的な方法による比喩について言及したが、それはただ一つの章句についての秘儀的解釈にすぎない。ここより後は、〝彼（神）は六つのものを創造した〟(bara shith)、天の端から端まで、六つの角度から天上の神秘の本質が延長し、

バイヨンヌのシナゴーグにある律法の櫃(28)

つまりそれは原始点からの創造する力の拡張に起因するものである（ことについて言及しよう）。ここに四二文字の名前の神秘が刻印されている。

〝賢い者は大空の輝きのように輝き〟　（ダニエル書12・3）

この〝輝き〟（という言葉）は文字とアクセント、記号の動きおよび母音記号に一致し、ちょうど王に従う兵士が臣下の礼をとるのと同じ関係である。文字の本体と母音記号には生命の霊魂が吹きこまれる。それは記号とともに歩み、ともに停止する。合唱の記号とともに人びとは前進し、文字につけられた母音記号によって後退する。それが止まれば人びとの歩みも止まる。そこでこの〝賢い者〟（という言葉）は文字とその母音記号に一致する。〝輝き〟は記号。この記号のつらなりによって合唱は〝天〟にまで流れていく。そして、記号のあいまに〝彼等は義人のもとに帰る〟。言葉の行進が終わったとき、そのことが明らかにわかる。この〝輝きの原因〟は文字と母音記号である。それは、秘密の経路を通って神秘的な方法で流れる。この動きによって総てが拡張していく。

香壇（復元図）(29)

ふたたび（神の）言葉〝賢い者は、大空の輝きのように輝き〟。この言葉が暗示しているものは〝天の柱〟と〝天の乗物〟（Apiryon）の空間である。〝賢くそして知恵あるもの〟は、天の柱と空間である。熟考してみればこれら総ては（天の）宮殿を支えるために必要であることが理解できる。この〝賢い〟（maskilim）という語は、つぎの章句にも平行して用いられる。

〝貧しい者をかえりみる人はさいわいである〟[22]

(詩篇41・1、傍点・筆者)

〝彼らは輝くであろう〟、もし彼らが輝かず光を投げあたえるだけなら、あまり良く思われないだろう。(しかしよく)熟考してみれば(天の)宮殿には必要(な人たち)である。[23]

〝天の輝きのように〟とは文字通り、天はこれら〝賢者〟に依存していることである。そして、この点について次のようにしるされている。

〝生きもの(Ḥayyoth)の頭の上に水晶のように輝く大空の形があって〟

(エゼキエル書1・22、カッコ内註・筆者)

〝輝き〟は律法《トーラ》を照らしている。それとともに生き物(Ḥayyoth)の頭も照らす。これらの頭は〝賢い〟ので、永遠に〝天〟[24]を瞑想するかぎり輝きつづける。その光は律法《トーラ》の光より導かれるもので止まることなく放射しつづける。

註

(1) シメオン・ベン・ヨハイ。西暦二世紀頃のタンナ。タルムードには彼の名前はしばしば登場する。彼は高名なアキバ(Akiva)の弟子である。シメオンは師アキバの許で十三年間にわたる勉学を行なった。アキバが公衆に律法《トーラ》(旧約モーゼの五書)の教えを行なった罪状によりローマ人によって入獄させられた際、シメオンも師に従って牢に入り勉学を続けたと伝えられる(Pes. 112a)。バー・コクバの反乱の際、アキバの弟子五名は生き残った。シメオンはその一人であった(Yeb. 62b)。ローマ皇帝ハドリアヌス(76~138. A.D)

の治世の間、ユダヤ人は苛酷な迫害を受けた。バー・コクバの反乱後もシメオンは敗北を認めず、ローマ軍に対する敵対行為を止めなかった。その結果、シメオンは捕えられ死刑を宣告された（Shab. 33b）。シメオンと息子エレアザールは逃亡し山中の洞窟に隠れ、奇蹟によって十二年間律法の勉学に専念するという孤独な生活を送った（Ber. 35b）。その後、シメオンは各地に居住し、エルサレムの南東部にあるテコアに学院《イェシバ》（Yeshivah）を開設した（Shab. 33b）。以上が、タルムードにおけるシメオンに関する記述である。

（2） Bnastruc de Porta, "Maestro de los Judios de Gerona". 彼はラビ・モーゼス・ベン・ナーマン Rabbi Moses ben Nahman と同一人物と推定される。

（3）『創造の書』については、第二章参照。

（4） グアダラハラにはトレド市同様、七世紀頃からユダヤ人居住区があったと推定される。十三世紀頃、同市におけるユダヤ人の経済状態は良好で、多くの納税者がいた事実が記録に残されている。

（5） G.G. Scholem: Major Trends in Jewish Mysticism. Schocken Books. pp. 156〜204. 参照。

（6） 同前、一八七ページ参照。

（7） 同前、一九〇〜一九一ページ参照。

（8） Cambridge MS. Add. 1023. 参照。

（9） Vatican MS. 202. 参照。

（10） Paris MS. 778. 参照。

（11） 北イタリア、ロンバルディア地方のポー河に臨む古都。十二世紀中頃よりこの都市にポルトガルより追放されたユダヤ人が居住を始めた。クレモナにおける印刷術に関する記録は少ないが、一五五三年法王ジュリウス三世が同市に保存されている総てのタルムード（Talmud）関係の文書に関する焚書令を出している。

一五五九年には、異端審問所よりクレモナ市の総てのタルムードを当局に引渡すようユダヤ人居住区に対して命令が出されている。同年四月あるいは五月に公衆の面前で一万〜一万二千冊のタルムードが焚書にふされた。これらの記録から推定すると、当時クレモナにはかなりの規模のヘブライ語関係の文献が存在していたことが判かる。

クレモナ版ゾハルは同市居住のキリスト教徒ビンセンゾ・コンティ（Vincenzo Conti）の印刷所において一五五九〜六〇年に印刷されたものである。

（12）北イタリア、ロンバルディア地方の城塞都市。十二世紀頃にはこの都市にはユダヤ人居住区が存在していた。ヘブライ語学者アブラハム・イブン・エズラ（Abraham ibn Ezra）は主著（Zahot）を一一四五年頃この都市において完成している。マントウアでは一四七六年に医師アブラハム・コナット（Abraham Conat）によって印刷業が始められ多くのヘブライ語文献がこの地で印刷されることになった。

（13）Lubrin, 1623: Sulzbach, 1684. 参照。

（14）Zohar Hadash. Salonika, 1597. 参照。

（15）Yehuda Ashlag, Jerusalem, 1945〜58, 22 vol. 参照。

（16）コルドベロについては、第五章三二〇ページ参照。

（17）Or ha-Yakar. Jerusalem. 1960〜72. 参照。

（18）The Zohar, Harry Sperling & Maurice Simon. The Soncino Press. 1934, 5 vol. その他、G・G・ショーレムによる抄訳もある。Zohar, Selected and Edited by Gershom Scholem. Schocken Books. 1963.

（19）このゾハルの翻訳は、スパーリング・シモン共訳の英語訳を底本とし、部分的にアシュラグ訳のヘブライ語本を参照とした。

(20) Asher を語順変更《アナグラム》によって語順を変更すると〝ロシュ〟(Rosh)、頭という意味になる。

(21) ゾハル15b参照。

(22) maskil. この言葉は maskilim（賢者）と同じ語源。

(23) ゾハル16a参照。

(24) ゾハル16b参照。

(25) The Jew. Encycl. vol. XII. p. 93. の挿絵より。

(26) The SARAJEVO Haggadah. Published by W.H. Allen & Co., London and Belgrade, Yugoslavia. 1963.（著者蔵）の挿絵より。

(27) The Jew. Encycl. vol. II. p. 285. の挿絵より。

(28) The Jew. Encycl. vol. II. p. 606. の挿絵より。

(29) The Jew. Encycl. vol. I. p. 468. の挿絵より。

Ⅱ　旧約とカバラ

〝地は形なく《トフ》(Tohu 混沌・形なきもの・無形)、むなしく《ボフ》(Bohu むなしきもの・空漠)、やみが淵のおもてにあり、神の霊が水のおもてをおおっていた〟

(創世記1・2、ルビ・註・筆者)

旧約の始まりにある有名な言葉である。

この文章に関するカバラ神秘思想による解釈は次のようなものだ。

ゾハル(『光輝の書』序章《ベレシト》)にはこのように記されている。

〝……であった《ホイタ》〟(hoithah)という言葉は過去形であって、地はすでに以前から存在していたことを意味している。水の中央には雪があり、その作用でどろどろした物がつくりあげられた。

その時、偉大な火がその上を撃ち、澱《おり》がつくりあげられた。そこで、そのものが変化してトフ(Tohu)になった。どろどろした物の滞留と、澱《おり》の集まりである。またボフ(Bohu)がトフから移行したよりよき部分として、トフの上に止まった〟

聖書の章句〝やみ〟という言葉は、この偉大な火について言及したものである。〝やみ〟がトフを覆っていた。すなわち澱《おり》の上に浮いていた。

〝神の霊〞は〝生きている神《エロヒム・ハイム》〞(Elohim Ḥayyim) から発した聖霊であり、このものが〝水のおもてをおおっていた〞。

風が吹き、澱《おり》の上の膜が剝がれ、煮えたぎるスープ状のものの上を覆っていた膜のようなものが、泡だち、二度、三度と上皮が剝がれた。このようにしてトフが移動し、純化されたとき、そこから導かれたものである。

それはあたかもかつてエリヤが見たような、

〝大きな強い風が吹き、山を裂き、岩を砕いた〞　(列王紀上19・11)

というような状況であった。同じようにボフも移動し、純化された。その時、地震が起こった。それもちょうどエリヤの経験したようなものであった[1]。

その後、われわれが〝やみ〞と呼んでいるものが移行してきた。そこに火が内蔵され、それもちょうどエリヤが見たようなものであった[2]。

われわれが〝聖霊〞と呼ぶものが移行してきたとき、そこに、

〝静かな細い声が聞こえた〞　(列王紀上19・12)

トフは色彩なく、形なく、存在する場である。瞬間的に形が生じ、もう一度見直してみるともはやそこに形はない。トフ以外のものは、すべて〝おおうもの〞を持っている。

ボフはこれに反し、形と輪郭を具えている。たとえば、トフの深い割れ目に岩石が沈んでいくようなもので、時として沈んでいく岩石が深い割れ目から現われるようでもある。このようにして溺れていく

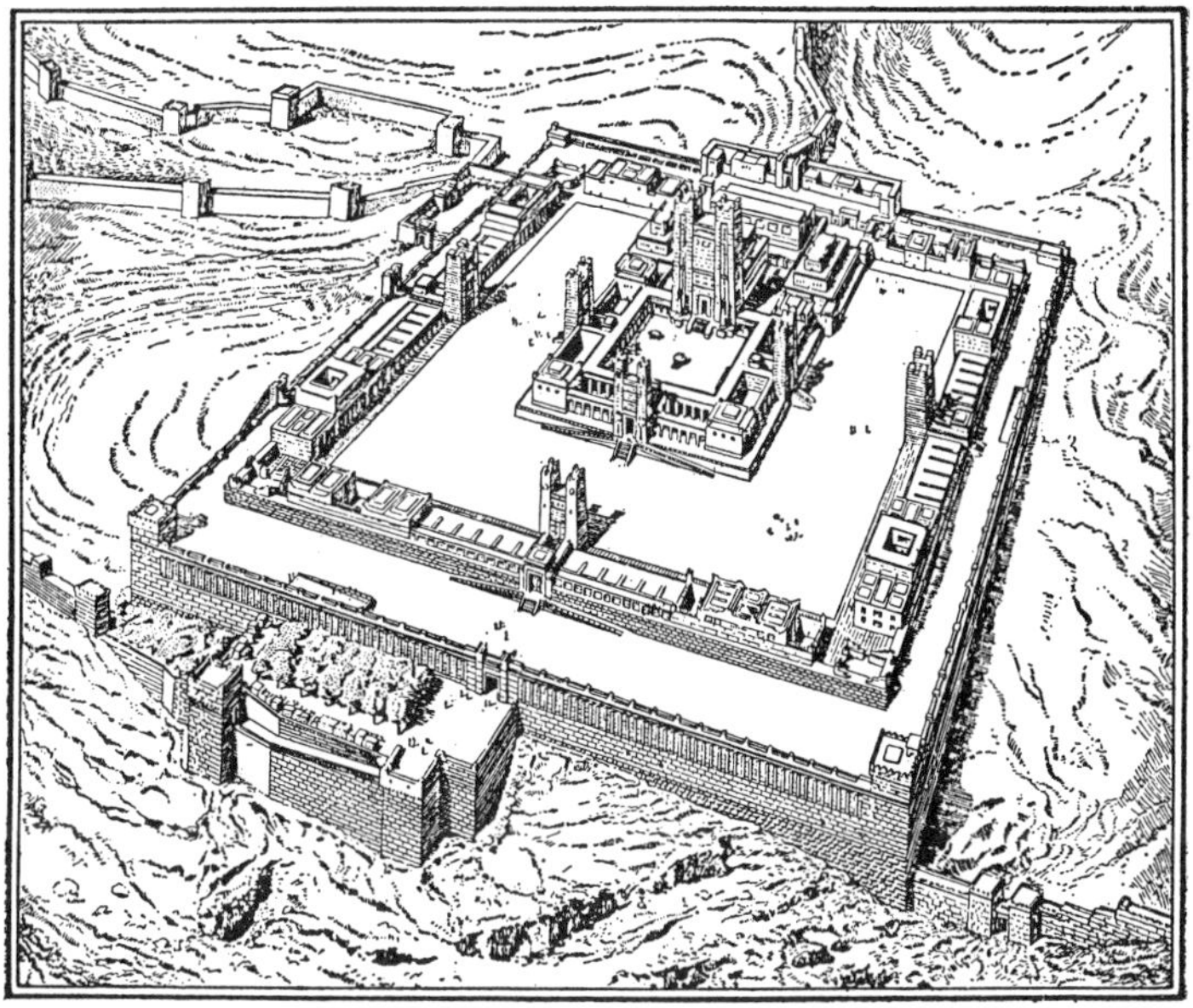

ヘロデ王の神殿（復元図）(12)

世界を支えているのだ。

ボフをおおっている形を通して、溺れるものを支え、上から下へ、下から上へと上昇する。それゆえボフは中空で強靱なのだ。これらは拡張のなかに滞留している。また次のように言うこともできる。時としてボフが深い割れ目のなかから上昇してきたとき、それは拡張し滞留する、と。

ある場合には、ボフは(すなわち)〝昼の雲〟によって隠される。深淵から水が引き出され、トフに供給するとき、トフは喜びをもって宇宙に拡がる。

〝やみ〟とは黒い火であり、色彩のうちで最も強力なものである。赤い火は視力に強く映える。黄色の火があり、形がはっきりする。そして、白い火があり、それはすべての色彩を包みこんでいる。

〝やみ〟はすべての火のうちで最も強いものであるから、トフはそれによって包まれている。〝やみ〟は火である。しかし、それがトフを包むとき、もはやその火は暗黒ではない。

これは次の(聖書の章句にみられるような)象徴である。

〝イサクは年老い、目がかすんで見えなくなった時、長子エサウを呼んで言った〟(創世記27・1)

(それは)また〝悪の容貌によって人は暗闇となる〟。それは悪魔によって是認されている。それゆえこの火は〝やみ〟と呼ばれる。なぜなら、それはトフの上に止まり、包みこんでいるからである。

これが(聖書の)言葉、

〝やみが淵のおもてにあり〟(創世記1・1)

の深奥な意味である。

〝聖霊〟は声であり、ボフの上に止まり、それを把握し、求めるところに導く。このことは(聖書の)言

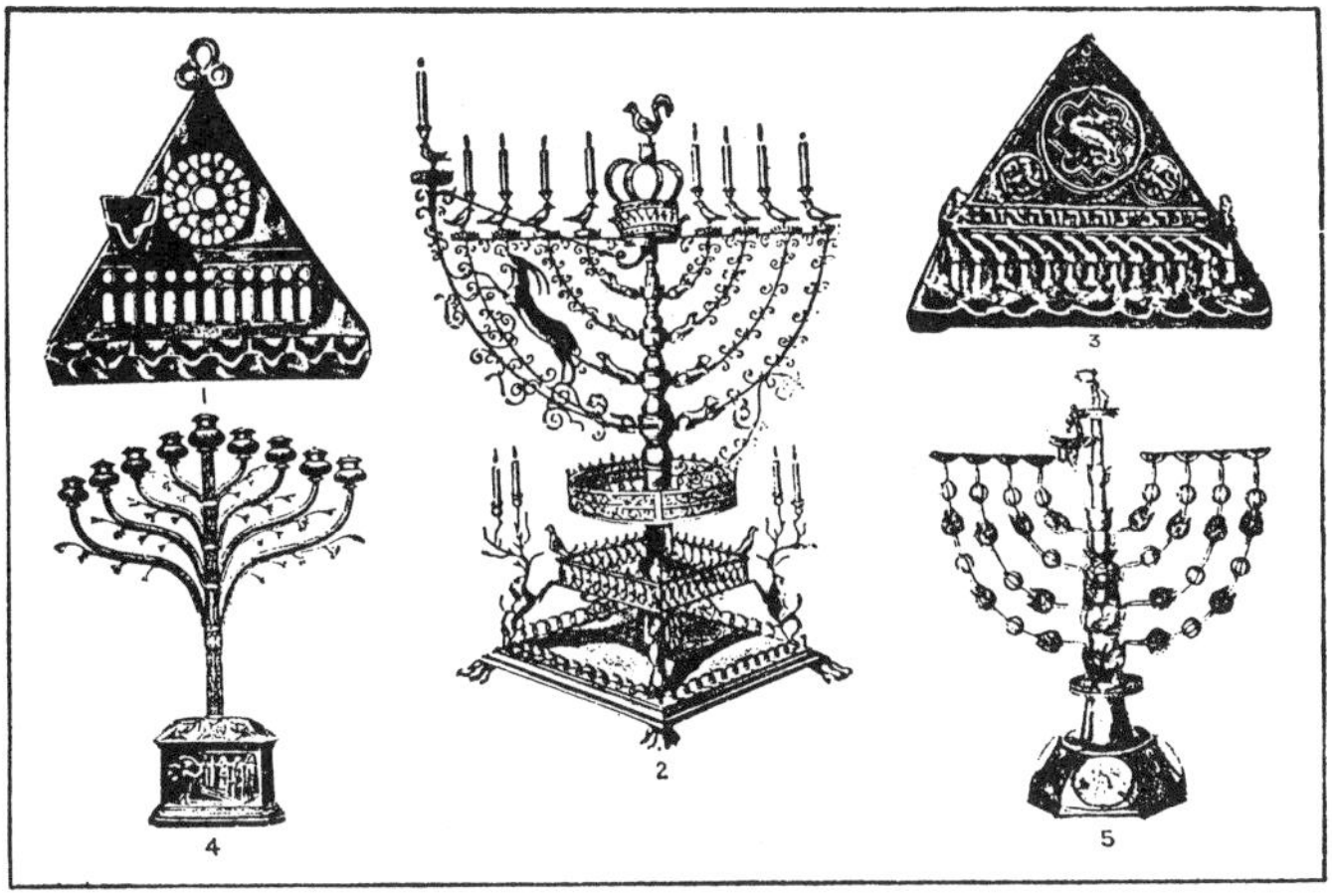

ハヌカ・ランプ(13)

葉に象徴されている。

〝主のみ声は水の上にあり〟　（詩篇29・3）

さらに次の章句と同じ意味でもある。

〝神の霊が水のおもてをおおっていた(3)〟　（創世記1・2）

〝神は「光あれ」と言われた。すると光があった〟　（創世記1・3）

この点からわれわれは宇宙創造の詳細に関する隠れた物事を発見し始める。

この点から上は創造に関する一般論が記述されており、この点から下は全体的に繰り返された事の記述であり、そこで、一般-特殊-一般の組み合わせをみる(4)。

この点から上は全体が空虚さの中に停滞し、それは直接限りなきものとかかわりあう。

エネルギーが天なる宮殿を貫いて伸び、神の御名《エロヒム》に言及されたとき、

〝——言われた〟　（創世記1・3）

の言葉が結び合わされ、

〝神は言われた——〟

となる。

〝――言われた〟

このことに関するそれ以上の詳細はしるされていない。しかし、言葉〝始《ベレシト》めに〟には創造的言語能力(Maamar)が(含まれて)いる。

実際言われた言葉、

〝――言われた〟

については、その言葉の結びつきがわからない。

〝――言われた〟

という表現(vayomer)には探求と理解に関する扉が開かれている。

〝――言われた〟

という言葉の意味を明らかにすれば、そこに精選されたエネルギーがあり、思惟の力の持つ神秘が無限の沈黙のなかに存在している。

〝神は――と言われた〟

という言葉の意味は、以上述べたところから聖なる種子が導かれ、それがいまや懐妊したということである。それは沈黙のうちにもたらされ、聞かれることなく伝えられた。それは音声なく沈黙のうちに伝えられた。

しかし(神の命令は)公布され、それは(実際に)遂行された。それが声になったとき、聞かれることなく、次のような言葉として知られた。

〝「光あれ」と言われた。すると光があった〟 (創世記1・3)

(神の言葉として) 公布されたものは、いずれもこのカテゴリーに含めることができる。

〝――あれ〟

という言葉 (Yehi) が指示することは父と母の結合を象徴する文字 Yod (Y) と Hé (H) の組み合わせで示され、そこから一層はるかに延長されていく。

聖約の櫃 (復原図) (14)

〝「光あれ」と言われた。すると光があった〟 (創世記1・3)

この言葉が包含する意味は、すでに光があったということである。光 (Avr)、それ自身に隠された意義が含まれている。伸張し続ける力が天なる空間の深奥の秘所より貫き出た。エン・ソフ (Ein-Sof) は自身の空間を裂き、それ自身が顕現した。それは (文字) Yod (Y) で示される。さらに伸張し、神秘的な空間 (Avir) から離れたとき、光 (Avr) となった。原始点から発展し、(それは) 身の上に顕現し、触れあった。(しかし) 完全には触れあわなかった。伸張し、それが存在として出現してきたとき、それは空間から離れて光となった。このことが、前述の、

〝光があった〟

と言われた意味である。

そして、そのように滞《とど》まることになった。

それは上にあがり、貯えられ、離れ去ったところに一つの点が残った。それは絶えず見ることのできない他の点へとその経路をめざしている。触れ、完全には触れていない。初めて出現した原始点におけるように、一つと他のものはともに輝きつづけている。それが上昇したとき、総ては上昇し、付着し、エン・ソフ（Ein-Sof）の場へ達した。それが貯えられている場である。そして総ては一つになった。(5)

*

〝形なく《トフ》、むなしきもの《ボフ》〟から〝無窮なるもの《エンソフ》〟へいたるカバラ的解釈は以上のごときものだが、この辺で若干の補足的な説明が必要であろう。まずエン・ソフ（Ein-Sof）の概念について考えてみよう。

エン・ソフはヘブライ語で〝限りのないもの〟〝果てしのない〟〝無限の〟などの意味をもつ。エン・ソフは〝終末なき延長〟（ad le-ein sof）という表現から採用された用語である。この語はカバラ神秘思想においてのみ用いられる。エン・ソフとは神の純粋な本質の超越的性質を意味し、神自身が創造した世界より隔絶した存在であることを示すために、カバリストが特に選定した表現である。(6)

エン・ソフが用語として定着し始めるのは、十三世紀以降のことである。盲人イサクとその弟子たちのグループの間で用語エン・ソフの概念が設定され、使用され始めたと推定される。エン・ソフの概念が明確になるのは、彼の弟子アズリールの業績によるところが大きい。

アズリールは十三世紀頃スペインのゲロナ市(7)に居住していた。彼の本名はアズリール・ベン・メナヘム・ベン・ソロモン（Azriel ben Menahem ben Solomon, 1160〜1238.）といい、通称アズリールとして知られる。この人物は瞑想的カバラ思想の創始者の一人である。彼は生前から〝聖人〟と呼ばれた。

アズリールは若い頃、南フランスに赴き、盲人イサクからカバラ神秘思想の教育を受けた。その後、フランスを離れ、スペイン各地を旅行しカバラ思想の普及に努めた。アズリールの手稿によれば、彼は哲学的討論を好んだ。

〝哲学者は論理的に証明できないものは、なにも信ずることができない〟

とその手稿のなかで述べている。

彼は討論によっては十のセフィロト(8)の実在を確認できない人があまりに多いことに失望し、故郷のゲロナへ戻った。そこで自分の学院を開き、ナマニデスらの弟子にカバラ秘儀についての教育をはじめ、同時に十のセフィロトの哲学的思弁に関する問答形式の手稿を執筆し始めた。著作としては、『六一三のカバラ戒律に関する対話』などがある。

神の証明について、アズリールは次のようにしるしている。

〝神の実在は消極的方法によってのみ証明される。神の実在を証明しようとする積極的方法はそのいずれもすべて感覚論の傾向を帯びている。総ての存在の創造者には何の意図もなかった。つまり、欲望・思惟・言語・行動などのいずれも(存在しない)。彼は無限であり、否定の否定であり、そこに終極はない(9)〟

アズリールは、宇宙とエン・ソフの関係についての思弁を展開する。

〝虚無から宇宙は創造された〟(Creatio ex nihilo.)のであろうか。そうではない。アリストテレスはこの点について正しい。つまり無から導かれるものは無のみである。

さらに、創造とは神の本質が低下したものと言われているが、もしそうであるならば、エン・ソフについて述べることは不可能になる。なぜなら、エン・ソフは無窮なるものであるからだ。また、宇宙が永遠に存在し続けることについても説明不可能となる。アリストテレスが述べているように、無は永遠なる神を支持することはできない。プラトン思想にもとづく〝原始物質〟の考え方もまた同様に受け入れることができない。そこでアズリールは、創造の問題を解決するために〝流出〟(Emanation)の概念を次のように発展させていった。

宇宙は多彩を極めた様相を示し、その隠れた本質はエン・ソフである。エン・ソフは無限な変化として顕われるにもかかわらず、絶対的な単位である。ちょうど一個の石炭の塊が、多くの色彩と火花を含んだ焔を潜在的に含んでいるようなものである。創造の行為は絶対的に新しいものを創り出すことではない。それは単なる潜在的存在を実在するものに移行せしめるだけである。つまり、真の創造はありえず、たんに〝流出《アジルト》〟[10](Azilut)があるのみだ。

第一のセフィラは、[11]聖なる存在の最高のダイナミックな力の発現である〝意思〟に相当する。この考え方はイブン・ガビロールの思想にもとづくもので、ここにもアズリールが受けたイブン・ガビロールからの思想的影響の片鱗がうかがえる。

アズリールの業績は、迷路のように錯綜したカバラ思想を整備・再編成した点にある。

先述した〝流出《アジルト》〟についてさらに考察してみよう。〝流出〟という用語はヘブライ語のアザル(azal)に由来し、次の典拠による。

〝わたしは下って(azal)、その所で、あなたと語り、またわたしはあなたの上にある霊を、彼らにも分け与えるであろう〟

(民数紀11・17、傍点・註・筆者)

各世代におけるユダヤ人の服装と表情

1・2イギリス，13世紀／3－5ドイツ，13世紀／6－8フランス，13世紀／9ライン地方，13世紀／10コンスタンス，15世紀／11オランダ，15世紀／12イタリア，15世紀／13・14ドイツ，15世紀／15―17ライン地方，15世紀／18・19ボルムス，16世紀／20ドイツ，16世紀／21ボルムス，17世紀／22スワビア，17世紀／23フランクフルト，17世紀／24・25ポーランド，18世紀／26・27ワルシャワ，19世紀／28クラコウ，17〜18世紀／29ポドリア，18世紀／30チュニス，18世紀／31モロッコ，18世紀／32モラヴィア，18世紀／33ロシア，近代／34コーカサス，近代／35ロシア（カライト），近代／36・37チュニス，近代／38ロシア，近代／39イギリス，近代(15)

〝流出〟によって無限から有限なるものへ、物質界から精神界へわたるさまざまな段階が形成された。物質世界には限界があり、完全なものは存在しない。すなわちエン・ソフより直接に形成されたものでもなければ、エン・ソフとは独立して形成されたものでもない。でなければ、エン・ソフ自身が不完全であることになる。

それゆえエン・ソフと物質世界との間には中間的存在がなければならず、それが十のセフィロトに相当する。

第一のセフィラはエン・ソフの潜在した形であり、ダイナミックな力である。

第二のセフィラは流出して知的世界の基礎を形成する。

他のセフィロトはそれぞれ流出して、道徳・物質・自然界を形成してゆく。だが、流出は初めとその後の段階を示しているのではない。その関係はちょうど一本の蠟燭《ろうそく》のようなものである。一本の蠟燭の炎は無限の数の火をともす。しかしそれは一本の蠟燭という単位でもある。

十のセフィロトはその性質からみて三つのグループに分類できる。思想界における三つの最高の形成、霊魂における三つの領域、有形なるものの四つの世界である。これらはすべて相互に結ばれ、第一のものと連結している。そのすべてに積極的なものと、消極的な性質が含まれる。つまり、〝流出〟と〝受容〟である。

このようなアズリールの思想は盲人イサクとイブン・ガビロールから大きな思想的影響を受けて形成された。

註

（1）〃台風の後に地震があったが、地震の中にも主はおられなかった〃（列王紀上19・12）という旧約の記述をふまえた表現である。
（2）〃大地震の後に火があったが……〃（列王紀上19・12）参照。
（3）ゾハル Bereshit. I. 16a–16b. 参照。
（4）ゾハル 16c. 参照。
（5）ゾハル 17a. 参照。
（6）盲人イサクについては、第三章一八四ページ参照。
（7）ゲロナ市については、第四章二〇〇ページ参照。
（8）ケンブリッジ手稿については、第四章二〇八ページ参照。
（9）Grätz; Geschicht der Juden. vii, 447〜453. 参照。
（10）セフィラ、セフィロトについては、第三章一八五ページ参照。
（11）イブン・ガビロールについては、第三章第I節参照。
（12）The Jew. Encycl. vol. XII. pp. 90. の挿絵より。
（13）The Jew. Encycl. vol. VI. pp. 227. の挿絵より。
（14）The Jew. Encycl. vol. II. pp. 103. の挿絵より。
（15）The Jew. Encycl. vol. VI. pp. 292. の挿絵より。

Ⅲ　隠れたる神

現実世界を形づくる有限なるもの総てを生み出した至聖の存在、それが〃隠れたる神〃である。カバリストはこの〃隠れたる神〃の別名をエン・ソフ[1](Ein-Sof)と呼んだ。エン・ソフは〃果てしなきもの〃であり〃無窮〃である。

この点に関し、『光輝の書《ソハル》』では次のように記述されている。

〃ラビ・ユダがラビ・アバと一緒に散歩したことがあった。(ラビ・ユダ)が(ラビ・アバ)に問いかけた。

「貴方に一つたずねたい。私の考えでは神は人間が罪におちることを運命づけ、死を定めたことを知っていたのに、どうして(神)は人間を創造したのでしょう?」

「それは神が律法《トーラ》における事実が証明されることを知っていたからです。その事実は宇宙が(創造される)二千年も前からきまっていたのです。次のように記されているのを見つけます。

〃人間が天幕《テント》の中で死ぬ時に〃——と。

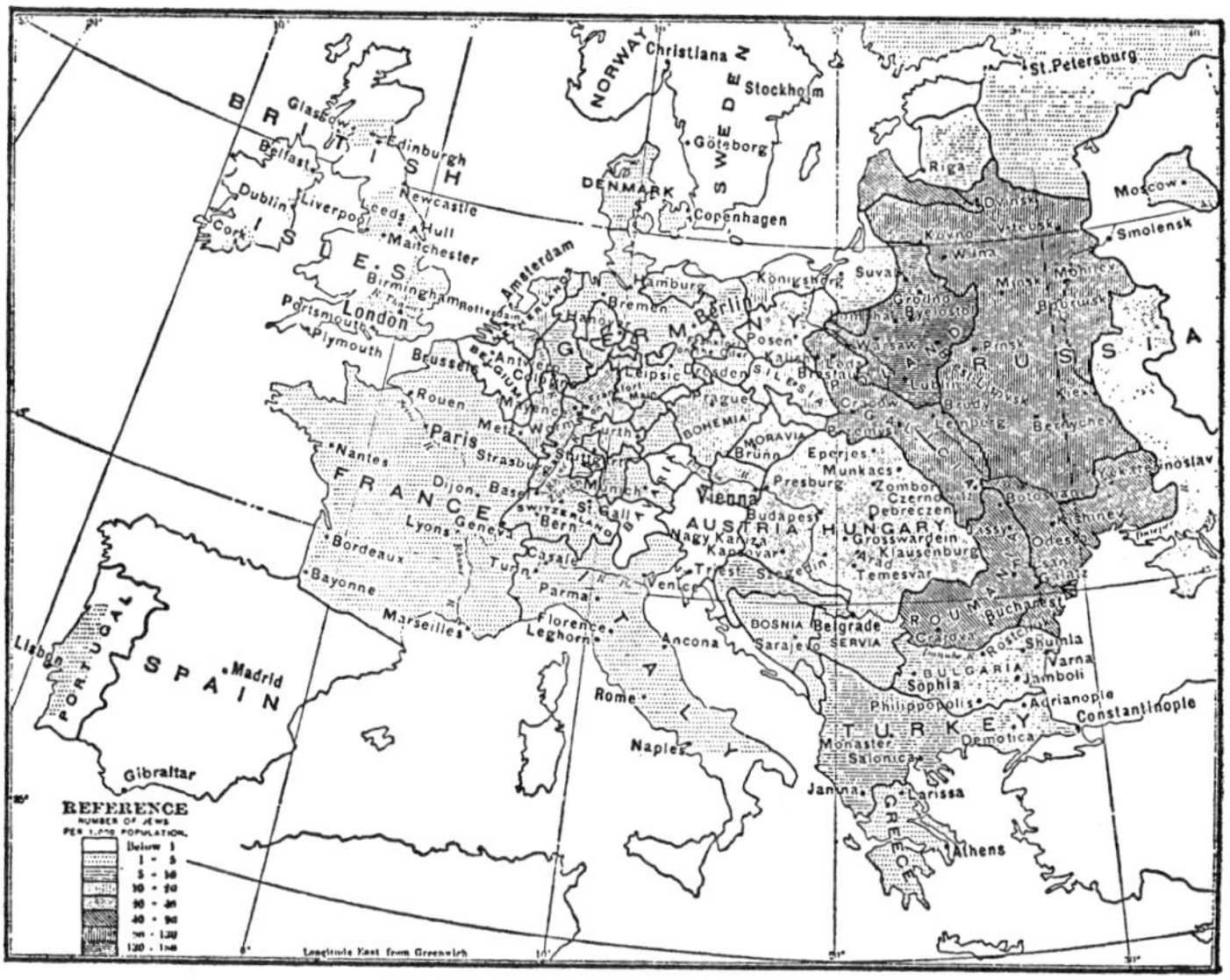

十七世紀ヨーロッパにおける
ユダヤ人居住人口密度(25)

なぜ神は人間をこの世に（生存させようと）欲せられたのでしょう。考えてみると、もし人間が律法を学んでも死に、学ばなくても死ぬのです。総ては一つの途を行くのです」

ラビ・ユダが答えた。

「なんのためにこの途をゆくのでしょう。主は貴方に何を命令なさったのでしょう。貴方には何を知ることが許されているのでしょう。また何を尋ねることができるのでしょう。そしてまた貴方には何が知りえないのでしょう。次のように（聖書に）しるされています。

〃あなたの口が、あなたに罪を犯させないようにせよ〃　（伝道の書5・6）

ラビ・ユダがラビ・アバに言った。

「もしそうなら、律法《トーラ》の総て（の内容）は秘密で難解深玄で、聖なる御名[2]がそうであるように、われわれは尋ねることも探求することも許されないのではありませんか？」

ラビ・アバが答えた。

「律法《トーラ》には隠れた（側面と）、顕示された（側面）があります。聖なる御名も隠されそして顕われています。それは次の律法《トーラ》（聖書）に記されています。

〃隠れた事はわれわれの神、主に属するものである。しかし表わされたことは長くわれわれとわれわれの子孫に属し……〃　（申命記29・29）

――と。

顕われた事柄を探求することができますが、隠された事柄は主御一人に属するのです。そこで人間には至高の秘密の事柄をあばくことが許されません。（われわれは）ただ聖なるランプを守り、ラビ・

預言者エゼキエルの墓があると伝承されているカルデア地方（Cirs Nimrud 南方の地点）(26)

シメオン（ベン・ヨハイ）とともに、聖なる御名を祝福し、ともに働くことにしよう。なぜなら彼の時代では高低をともに区別し、事柄は彼を通じて明らかにされるからです。だが、救世主がこの世を訪れるまでは別の時代は来ないでしょう。聖なる存在を祝福せよ。彼（神）には三つの隠された言葉があります。第一は天なる深遠なる存在（にまつわるもの）であり、彼のみがその隠された秘密を知っています。[3] 第二は初めの（秘密）と結ばれており、祝福されるべき聖なる存在のみが知っている事柄です。第三の（秘密は）下位なる存在（に関するもの）であり、分離によって発見できるのです。それは天なる（存在の）天使とともにあり、聖なる祝福される存在です。それはその中にあり、その中にないものです。そこで次のように総ての人は訊ねます。

〝彼の栄光の場はどこか〟と。

人間にも三つの世界があります。

第一の（世界は）われわれが〝分離の世界〟と名づけるもので、そこで人間は存在し、消滅するのです。われわれが見るように人間は別れ、消え去っていく。

第二の（世界は）高位の世界と結ばれ、〝天なるエデンの園〟に存在します。

第三の（世界は）隠された深遠な、不可知の世界です。第一の世界は他の（世界へ向かう）踏み石です。罪を負う人間は死の味わいなしに別の世界に入ることは許されません。その時霊魂は人間の体から脱ぎ捨てられます。しかし事実は、霊魂はその罪を受け〝火の流れ〟によって浄化されるのです。そのあと〝天なるエデンの園〟へ入る。（その時、霊魂には）この世のものと良く似た外見の〝火の外衣《ローブ》〟が供給されます。このように準備した後（霊魂は）引き続き（天なるエデンの園に）居住することになります。（ただし）安息日の夜の新月に付随してそれは超霊魂とともに軽やかに（天へ）上昇します。これが事柄の本質なのです。そして総ての罪人は許され、もし彼が悔悟しなければ縛りつけられていた総ての世界から離脱することができるのです」

ラビ・ユダは（このように）語った。

「神は祝福されよ。私はこの質問をおこない、この知識をえた」と(4)

このゾハルの記述に見られる〝隠れたる側面〟こそ〝エン・ソフ〟つまり〝無窮なるもの〟である。この隠れたる存在が宇宙のあらゆる活動の底辺にひそみ、影響を及ぼしている。聖なる存在には多くの段階があり、神の聖なる生命の顕示の割合によって決定される。これは隠喩《メタファー》として使用された表現ではない。中世の神秘思想家にとっては非常に力強い現実性を帯びた表現であったと考えた方がよいようである。(5)

〝隠れたる側面〟つまり〝エン・ソフ〟に関するゾハルの別の記述も参考までに読んでみよう。

〝生き物（Hayyoth）が、

救世主の訪れを告げる預言者エリヤ
（フランクフルト市庁舎壁画より）（27）

預言者エリヤ（Passover Haggadah, Prague, 1526. の挿絵より）(28)

〃いなずまのひらめきのように速く行き来していた〃（エゼキエル書1・14）

そしてどの目でもそれを追うことができなかった。生き物は[6]輪の中央にあり、それはメタトロン[7]であり、他の総ての天使を称揚する。生き物は決してその姿を見せないが、（その体の）下に二つの文字、Yod（Y）とHé（H）がしるされており、それはVau（VまたはW）とHé（H）の上に君臨している（YHWH、つまり聖四文字の秘儀を暗示している）。これらは前のものの基礎となっている。最も神秘的でかつ理解しがたい本質がこれら総ての上を被っている。生き物のうちで（その正体が）明らかにされるものは下位のものであり、彼らから光が引き出され、それに従う。天なる生きものは総て〃天国の空〃に含まれており、〃そして彼らは天国の空の光で照らされて〃いる。彼らは総て天空に止まっている。天国の上の空については（聖書に次のように）しるされる。

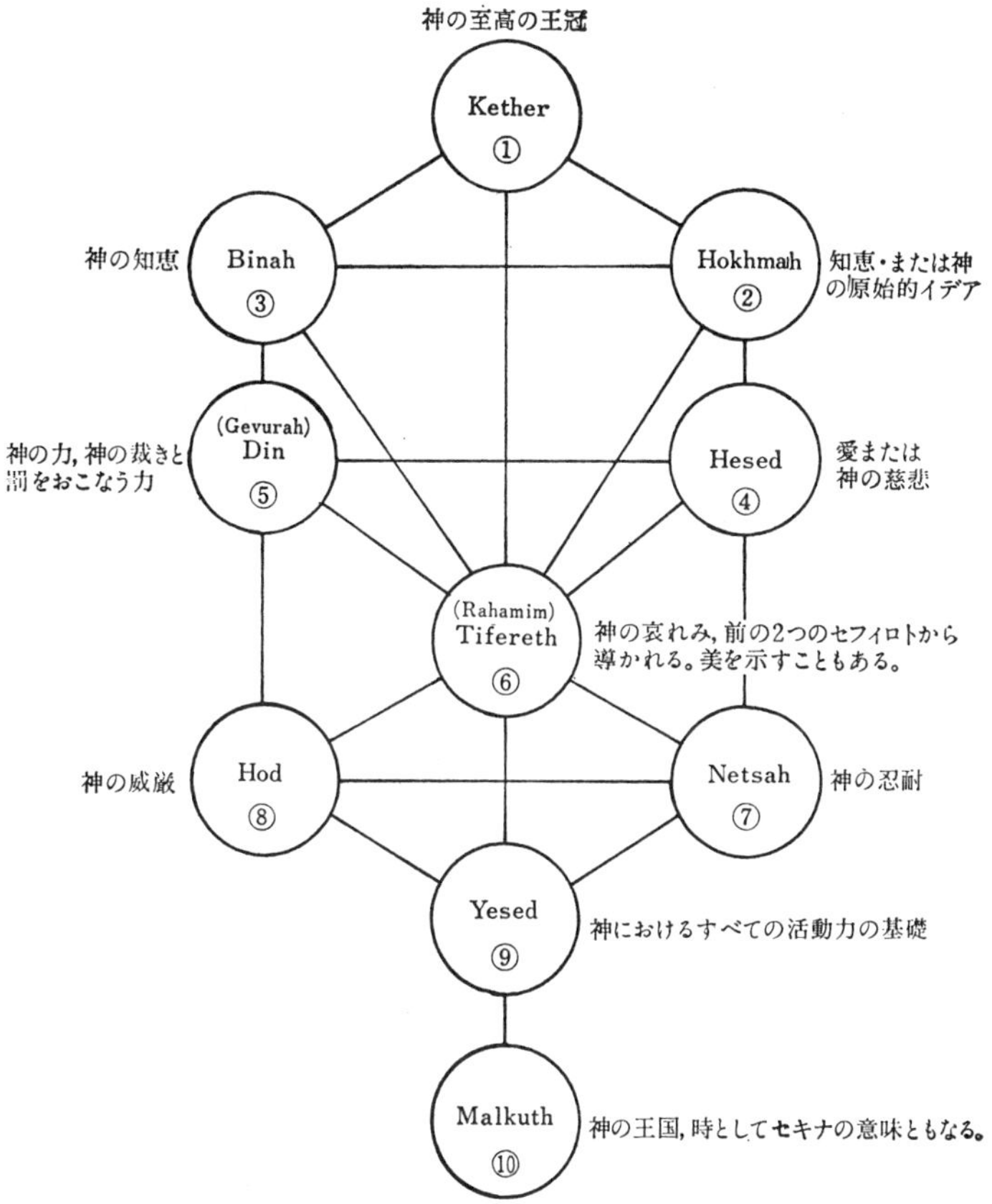

ヨゼフ・ギガティラによる10のセフィロトの象徴的意義

新生児のためのエリヤの椅子
（Leusden, 1657. より）(29)

〃生きものの頭の上に水晶のように輝く大空の形があって、彼らの頭の上に広がっている〃
（エゼキエル書I・22）

これが初めのHeであり、人智をもってはそれ以上に（理解を）貫通させることは不可能である。なぜなら、それ以上は神の知恵の中に包みこまれているからである。それは人間の理解をはるかに高く

新生児のためのエリヤの椅子。ここで割礼を受ける（Modena's Riti, 1725.）(30)

超えている。（神の）思惟は理解しがたいものであるが、思惟それ自体についていくらかでも知りえないものだろうか！　思惟の中には誰もが想像しえないものがあるが、われわれが知りうる限りのものそれがエン・ソフ（Ein-Sof or En-Sof）で、（それに関する）痕跡は発見できない。（われわれ人間の）思考はいかなる意味においてもそこへ及ばないからである。この貫通しえない神秘の中央から初めに下降するエン・ソフの微かに光るぼんやりした感じにくい光はちょうど針穴の光のようであり、隠れた思惟の奥まった所のようでもある――[8]〃

このようなゾハルの記述にもとづいてエン・ソフの概念について考えてみると、神の顕示である最も深い神秘によって被われた感知しえない隠れた領域があり、そこはエン・ソフの世界と呼ばれ、神それ自身の存在の場である。ついで第二の世界があり、それは隠れたエン・ソフの世界と密接な関係を保っており、分離の世界と呼ばれる。これが現実世界と対応していることになる。

この無窮なるエン・ソフの世界から分離の世界が形成されるとき、そこに十の特質が識別可能となった。これがセフィロト[9]（Sefiroth）である。セフィロトは神と宇宙の中間に存在すべきものとされた。この点に関し新《ネオ》プラトニズムからの影響を指摘する研究者もいる[10]。ネオ・プラトニズムでは絶対的存在と感覚の世界を区別し、さらに流出を絶対的存在の外側で発生する現象とみなしているが、カバラ思想では流出は神の本質そのものの移行という意味に変化している[11]。

エン・ソフおよびセフィロトさらには流出に関する象徴的体系は次第に複雑なものとなっていった。そして律法[12]そのものが巨大な象徴体（corpus symbolicum）であると見なされることになる[13]。そこで聖書の記述にも隠された多くの意味が含まれているということになった。イサク・ルーリアが〃律法《トーラ》には六十万の顔がある〃と述べているのは、上述したような意味をふまえての表現である。

ヨゼフ・ギカティラ（Joseph Gikatila）は『光輝《ゾハル》の書』の出現後(14)わずか数年のうちにカバラの象徴体系に関する徹底した研究を行ない、その成果を『光の門』（Sha'arei Orah）という著作にまとめ発表している。

ギカティラの生涯を回顧しながら、彼の思想について述べてみることにしよう。

ヨゼフ・ベン・アブラハム・ギカティラ（Joseph ben Abraham Gikatila＝Chiquatilla）は一二四八年スペイン・旧カスティラ地方の小都市メディナチェリ（Medinaceli）で生まれた。彼はその生涯のうち多くの年月を中部スペインの(15)都市セゴビア（Segovia）で過した。一二七二年から一二七四年の間、彼はアブラハム・アブラフィアのもとで学び、最も優秀な弟子であると賞讃を受けた。彼は初期には師アブラフィアの影響を多く受けたが、次第に哲学的思弁へ傾いていった。彼の最初の著作『くるみの園』（Ginnat Egoz, Hanau. 1615）は一二七四年に執筆された。この著作において彼は聖なる名、母音点、(16)ヘブライ語アルファベットに関する神秘的な象徴体系について、(17)さらにゲマトリア、ノタリコン、テムラについても言及している。またギカティラはマイモニデスの思想からも影響を受けた。

セフィロトの概念はギカティラによって哲学的意味づけがなされ、知恵と同一(18)視されることになった。他方、彼は当時の革命的なカバラ思想家ヤコブ・ベン・ヤコブ・ハ・コーヘンの思想からも影響を受けていた。一二八〇年頃、ギカティラは偶然の機会から(19)『光輝《ゾハル》の書』の著者である（と現在の研究者からはみなされている）モーゼス・ベン・シェムトブ・デ・レオンと知り合いになり、相互に深い影響を受けることになった。ギカティラの主著『光の門』（Sha'arei Orah, Mantua. 1561.）は一二九三年以前に脱稿されたものである。この著作で彼は十のセフィロトの象徴的意義に触れている（二四五ページの図参照)。彼の思想はゲロナ派のカバラ思想とゾハルの思想を折衷した内容となった。彼は他に多くの著作を遺し、後世のカバリスト、とくに十四世紀のヨゼフ・カロに大きな影響を与えた。彼は一三〇五年頃、ポルトガルの小都市ペニャフィール(Peñafiel)で死亡した。[20] [21]

ここでもう一人のカバリストであるヤコブ・ベン・ヤコブ・ハ・コーヘン(Jacob ben Jacob ha-Kohen)についても言及しておく。彼の生年月日は不詳だが、十三世紀中葉に活躍したスペイン系ユダヤ人である。彼はスペインのソリア地方の中心ソリア市(Soria)で生まれ、中部スペインの小都市セゴビア(Segovia)でしばらく生活した。彼はスペイン各地および南フランスのプロバンス地方に散在していたユダヤ人居住区を彷徨し、初期カバラ思想に関する手稿の残存物を探し求める生活を続けていたようである。彼の弟イサクがプロバンス地方で死亡(一二七〇年から八〇年頃)したため、ここにはやや長期間滞在したらしい。

彼はハシデイ・アシュケナズ(Hasidei Ashkenaz)と呼ばれる神秘思想のサークルから多くの影響を受けた。この神秘思想には二つの潮流があった。その一つは十二世紀から十三世紀にかけてドイツ各地のユダヤ人居住区で発生した殉教死を最も崇高なものとする敬虔な道徳主義を核とした運動であった。これは当時キリスト教社会でもみられた敬虔主義と社会的に互いに影響し合って発生したものらしい。

別の潮流はやや歴史が古いもので、八世紀の初頭、イタリヤ各地で口伝の形で伝承されていた神秘主義的内容の濃い敬虔主義であった。この伝承は有名なユダヤ家系カロニムス家(Kalonymus)に伝えられ、九世紀頃にはイタリヤからドイツのカロリンガ王朝にもその影響が認められた。この敬虔主義運動の中心となったのは、カロニムス家の家系に属する人々であった。

ハシディ・アシュケナズ運動に属する人々の間では『創造の書』(22)が読まれ、十のセフィロトに関する思想も知られていた。また〝天の車《メルカバ》〟(23)に関する文献も広範囲に使用されていた。

ヤコブ・ハ・コーヘン自身もこの運動に深く関与していた。彼はまた『思索の書』(Sefer ha-Iyyum)と呼ばれるカバラ書を中核としたカバリストの最後のグループとも接触を保っていた。ヤコブ自身、多くの幻影を体験し、啓示を受けたと述べている。彼によれば天使メタトロンが創造の最初にどのような役割を果たしたのかに関する多くの神秘も知りえた(24)という。彼の著作では幻影による啓示内容は明瞭に区別されていた。彼はまたボルムスのエレアザールのゲマトリア手法の影響も受けた。

ヤコブ自身の業績の一つが『創造の書』に関する註解である。これは当時フィレンツェに残存していた『創造の書』の手稿前半部に関して行なわれたものである。この註解書はアブラハム・アブラフィアによって高く評価された。早世した彼の弟イサクは悪魔学に関する手稿を残しており、その中には兄ヤコブの見た神秘的幻影についての記述も認められる。

『光輝《ゾハル》の書』の著者とされるレオンもこの同時代のカバリスト、ヤコブ・ベン・ヤコブ・ハ・コーヘンに関する知識は持っていたようである。

ユダヤ神秘思想の系譜を探求するためには、カバリストの人脈を知ることが重要であることは言うまでもない。

註

(1) エン・ソフについては、第四章二三二ページ参照。

(2) 聖なる御名（YHWH）については、第二章九八ページ参照。
(3) 流出（Azilut）についての言及である。
(4) ゾハル Shelah Lecha. 159a～159d.
(5) G.G. Scholem. Major trends in Jewish Mysticism. p. 208. 参照。
(6) Ofan. エゼキエル書（1・1～1・28）の記述、さらには第二章一四四ページ参照。
(7) メタトロンについては、第一章八五ページ参照。
(8) ゾハル Beresith. 21a～21b. 参照。
(9) セフィロトについては、第三章一八五ページ参照。
(10) G.G. Sholem. Major Trends in Jewish Mysticism. p. 208. 参照。
(11) 流出については、第四章二三四ページ参照。
(12) 旧約聖書の五書〝モーゼの五書〟を意味している。
(13) ルーリアについては、第五章三二二ページ参照。
(14) 『光輝《ソハル》の書』出現の状況については、第四章第I節参照。
(15) アブラフィアについては、第三章一八八ページ参照。
(16) テムラ（Temurah）とは、レビ記（27・10、33）に典拠し、タルムードにも記述された方法で、単語中のアルファベットを交換して別の意味を求める手法である。
(17) マイモニデスについては、第三章一六四ページ参照。
(18) ハ・コーヘンについては、第四章二五〇ページ参照。
(19) レオンについては、第四章二〇三ページ参照。

(20) ゲロナ市のカバリストについては、第四章二〇二ページ参照。
(21) カロについては、第五章第Ⅰ節参照。
(22) 『創造の書』については、第二章参照。
(23) 天の車については、第一章第Ⅳ節参照。
(24) ボルムスのエレアザールについては、第二章一一五ページ参照。
(25) The Jew. Encycl. vol. V. p. 273. より。
(26) The Jew. Encycl. vol. V. p. 315. の挿絵より。
(27) The Jew. Encycl. vol. V. p. 126. の挿絵より。
(28) The Jew. Encycl. vol. V. p. 125. の挿絵より。
(29) The Jew. Encycl. vol. V. p. 128. の挿絵より。
(30) The Jew. Encycl. vol. V. p. 129. の挿絵より。

Ⅳ　死後の霊

『光輝の書《ゾハル》』のなかで語られる説話には、ある種の形容しがたい妖しい情緒的雰囲気が漂っている。ここで紹介する〝死後の霊魂の運命〟に関する説話[1]には、とくにカバラ的雰囲気が濃厚に立ちこめているように思える。この説話に関するかぎりあまり注釈を加えずにそのままその雰囲気を味わっていただいたほうがよさそうである。

＊

ラビ・ユダの（家の）戸口でラビ・イサクが深い悲しみにくれて座っていた。（ラビ・ユダが）外へ出てそのような（悲しみにくれている）彼を見つけ、話しかけた。

「今日はいったいどうしたのです。」

彼（ラビ・イサク）は答えた。

「私は貴方に三つのお願いがあって参りました。第一に律法《トーラ》に関する私の注釈を繰り返し私の名前で彼

13世紀頃の手写本聖書（動物の形の絵文字）（7）

等に説明してくださいませんか。第二に、私の息子ヨゼフに律法《トーラ》の（教育）訓練をしていただきたい。第三に、七日に一度、私の墓へ行って祈って頂きたいのです」

ラビ・ユダは言った。

「どうして貴方は自分が（間もなく）死んでしまうと考えるのですか」

彼は答えた。

「最近、夜になると私の霊魂が私から離れてしまい、夢はもはや私に啓示をあたえてくれなくなったのです。さらに、私が祈りの最中に腰をかがめたとき、私の影がもはや壁に映らないことに気がついたのです。そこで私はその理由を考えてみました。それはきっと（神の）使者が私に対して宣告を伝えようと行ったり来たりしているからです」

ラビ・ユダは答えた。

「私は貴方のご依頼を実行します。だが私にも貴方にお願いしたいことがあります。(2) あの世へ行ったなら、貴方のそばに私のための場所をとっておいて頂きたい。そうすればわれわれはお互いに現在のようにしていられるでしょう」

ラビ・イサクは涙ぐみ、言った。

「残った私の日々を私と一緒にいてください」

彼等は（その師である）ラビ・シメオン(3)（ベン・ヨハイ）のところへ行った。（師は）律法《トーラ》の研究をしていた。彼は目をあげた。ラビ・シメオンはラビ・イサクと彼の前で走り回り踊り舞っている死の天使を見た。そこで彼は立ちあがって戸のところへ行き、ラビ・イサクを手で摑み、言った。

「私は命令する。（この戸より）入るべきものは入り、そうでないものは入るな」

さっそくラビ・イサクとラビ・ユダは入り、死の天使は外に止まった。

ラビ・シメオンはラビ・イサクを見た。彼の（死の）時がその日の八時までは来ないのを知った。そこで（師は）彼と向かいあって座り、律法《トーラ》の研究を始めた。しばらくしてラビ・シメオンは息子ラビ・エレアザールに言った。

「戸のかたわらに座り、誰とも話してはいけない。もし誰かが入って来ようとしたら、神に誓ってその者を入れてはいけない」

彼（ラビ・シメオン）はラビ・イサクに語り始めた。

「貴方は今日、貴方の父親の幻影を見ましたか。（もしそうなら）次のように教えられている。人はこの

律法の巻物《トーラ・スクロール》（十八世紀、ロンドン）
（羊皮紙に〝モーゼの五書〟を書いたもの）(8)

世から別れる前に彼の父と親戚の人たちを彼のまわりに集め、彼がその人たちを見て、よく認識し、この世において彼が交わった人たちのことについても同じように（見極めて）、彼の霊魂が住むところまでその人たちの（記憶を）もっていかなければならない」

ラビ・イサクは答えた。

「私は（今日、父親の幻影を）見ませんでした」

ラビ・シメオンは立ちあがって言った。

「宇宙の至高者よ！　ラビ・イサクはわれわれ（生ける者）のなかに数えられている。彼はこの世の七つの目のなかの一人。今や私は彼を抱き、彼は私に与えられた」

（そのとき）声が聞こえ、語った。

「ラビ・シメオンの（近くに）彼の主の王座の翼がある。見よ！　彼は輝いている。彼はなんじをともない王座の近くに赴き、そこに住むのだ」

ラビ・エレアザールは死の天使が近づいてくるのを見た。そして言った。

「ラビ・シメオンの住む場所に死の運命が落ちてくることはできない」

ラビ・シメオンは息子に言った。

「此処に来てラビ・イサクを抱きなさい。私が見ているかぎり彼は恐れないから」

ラビ・エレアザールはそのようにした。ラビ・シメオンはうしろを向き、（律法《トーラ》の）研究を始めた。ラビ・イサクは眠ってしまい、夢の中で父（の姿）を見た。

彼（父）は言った。

「わが息子よ、なんじのこの世での割り当てとあの世での割り当ては幸福なものだ。エデンの園の生命の木の葉のなかに、大きな木のための場所がある。それは二つの世界（この世とあの世）にまたがる巨大なものだ。それはラビ・シメオン・ベン・ヨハイの（割り当てられた）場所であり、その大枝がなんじを救ったのだ」

ラビ・イサクは（夢の中の父に）言った。

「父よ、私のための割り当てはどこですか」

彼は答えた。

「三日ほど前、彼ら（天使）はなんじの部屋の屋根をふいていた。なんじの（運命の）準備をしていた。（家の）四つの（壁）側にある窓になんじのための灯がともされた。私はそれを見て喜んだ。そして言っ

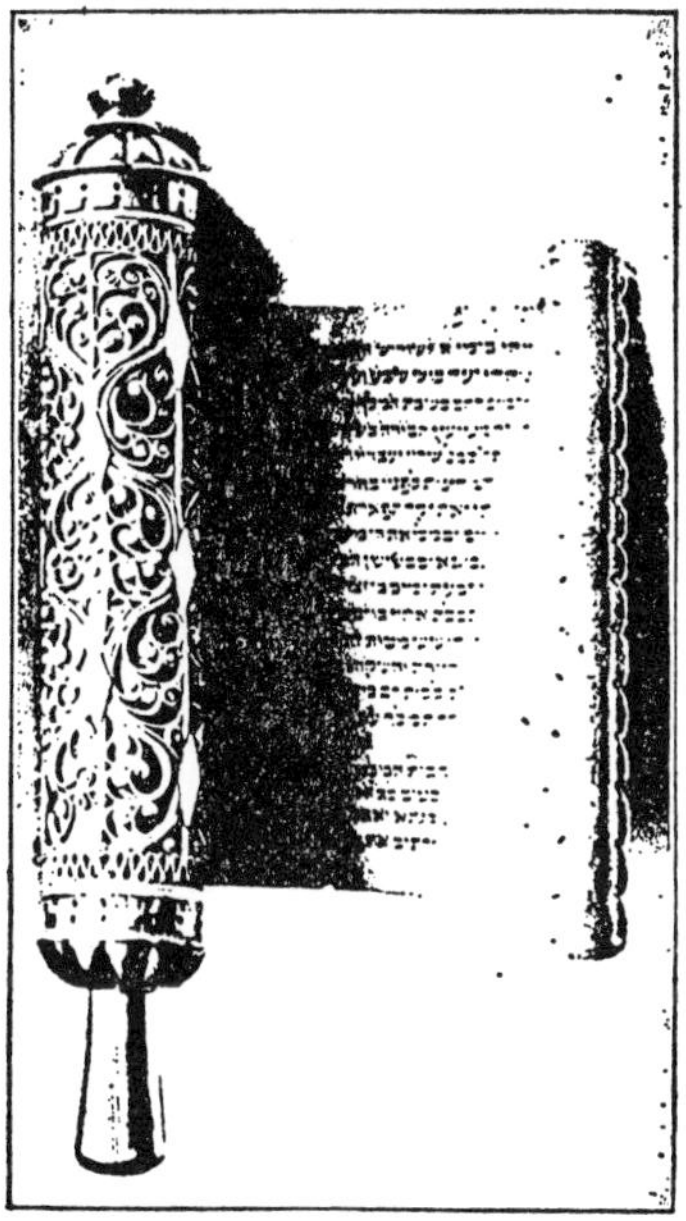

律法の巻物《トーラ・スクロール》・銀製ケース付（ニューヨーク）(9)

た。『幸福はなんじの（運命の）割り当て。それがまだ十分に律法《トーラ》を学んでいない息子を救うだろう。見よ、十二人の正しい仲間がなんじを熱心に訪れようとしている。私がそこから離れようとしたとき、総ての世界に通ずる声が聞こえた。〃仲間たちよ、そこで立ち止まれ。ラビ・シメオンを誇りにせよ。彼が要求し、それは許された〃』、これが総てではない。そこには七十の王冠の置かれた場所が彼（ラビ・シメオン）のためにあり、あらゆる場所から七十の世界へ通ずる戸が開いている。総ての世界には七十の経路があり、総ての経路には七十の天なる王冠が開かれている。そこから道が古代の不可解な存在へ開かれている。このような見解が天なる喜びに照らされ、総てが美化された。そして（夢の中の父が）言った。『主の至福とその神殿を訪れるために』と」

ラビ・イサクは言った。

「父よ、私はどのくらい長くこの世にとどまれるでしょうか？」

彼は答えた。

「私はそれを告げることも人間のことについて語ることも許されていない。だがラビ・シメオンの偉大な祝宴のために、なんじはテーブルを準備しなければならない」

ラビ・イサクはそこで目覚めた。彼の表情は微笑で満ちあふれていた。

ラビ・シメオンは彼を観察して言った。

「あなたは何かを聞いたでしょう。どうですか？」

「勿論です」――と、彼（ラビ・イサク）は答えた。彼はその夢について語り、師の前に平伏した。（それから後）ラビ・イサクは息子に律法《トーラ》を熱心に教えた。そして常に息子とともにいるように努めた。彼がラビ・シメオンのところに行くときは、彼の息子を（師の家の）外に置き、彼は（次の聖書の）章句を彼自身に念ずるのだった。

〝主よ、わたしは、しいたげられています。どうか、わたしの保証人となってください〟

（イザヤ書38・14）

人間がこの世から離脱する時の恐怖すべき日について学んだ、その日、世界の四隅から彼は告発される。そして懲罰が四隅からやってくる。（身体を構成している）四つの要素はお互いに抗争しあう。そしてそれぞれの（要素は）ばらばらになる。（死の）宣告者は進みいで、宣告する。それは二百七十の世界に聞こえる。もし価値ある人間なら、総ての世界は喜んで彼を迎えるが、そうでなければ、ああなんたることか、彼の（運命の）割り当ては存在しない！

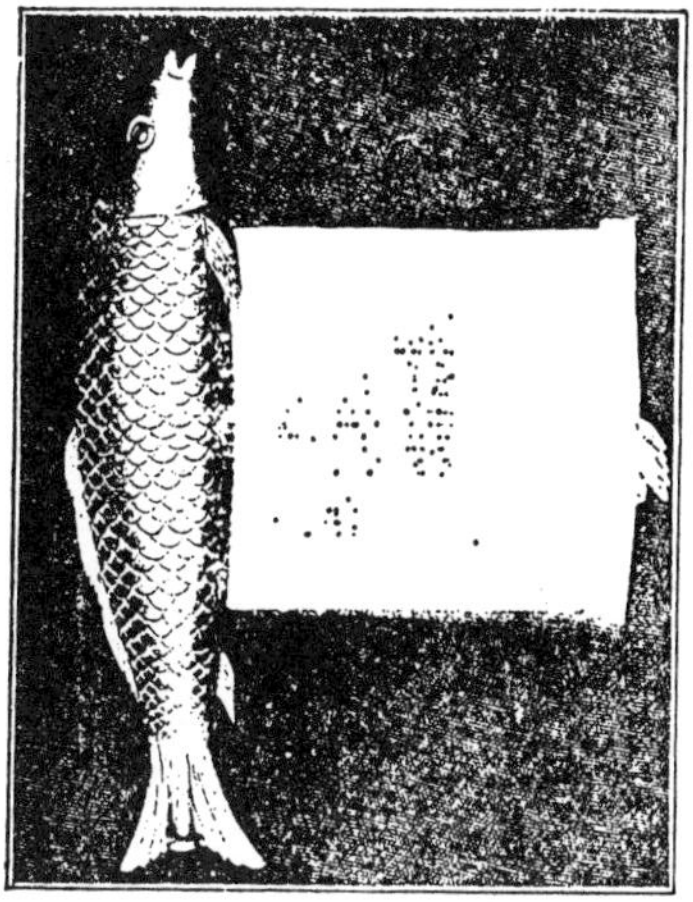

魚形の律法の巻物《トーラ・スクロール》（ロンドン個人蔵）⑽

律法の巻物《トーラ・スクロール》を被う刺繍のカバー(11)

われわれが学んだところでは（死の）宣告者が宣告を下すとき、北の方から焔が吹き、〝焔の流れ〟を貫いてくる。それが世界の四隅に分かれ、世界の罪人たちの霊魂を焼く。その焔は前にいき、飛び、下にさがり、黒い鶏《おんどり》の羽の間で点火するまで動きまわる。鶏《おんどり》は羽をばたつかせ、門のしきいのところで鳴く。初めのとき、（鶏《おんどり》）は（次のように）鳴く。

〝万軍の主は言われる。見よ、炉のように燃える日が来る。その時すべて高ぶる者と、悪を行う者とは、わらのようになる。その来る日は、彼らを焼き尽して、根も枝も残さない〟（マラキ書4・1）

第二番目のとき、鶏《おんどり》は次のように鳴く。

〝見よ、彼は山を造り、風を創造し、

人にその思いのいかなるかを示し、

また、あけぼのを変えて暗やみとなし、
地の高い所を踏まれる者、
その名を万軍の神、主と言う〃
その時、人間の行為は彼にむかって証言され、彼自身が自認することになる。
第三番目のとき、(死の天使が)訪れ霊魂を抜きとる、そして鶏《おんどり》は鳴く。
〃万国の王であるあなたを、
恐れない者がありましょうか。

(アモス書4・13)

家の柱につけるお守り札ケース(=メズザ・木製)(12)

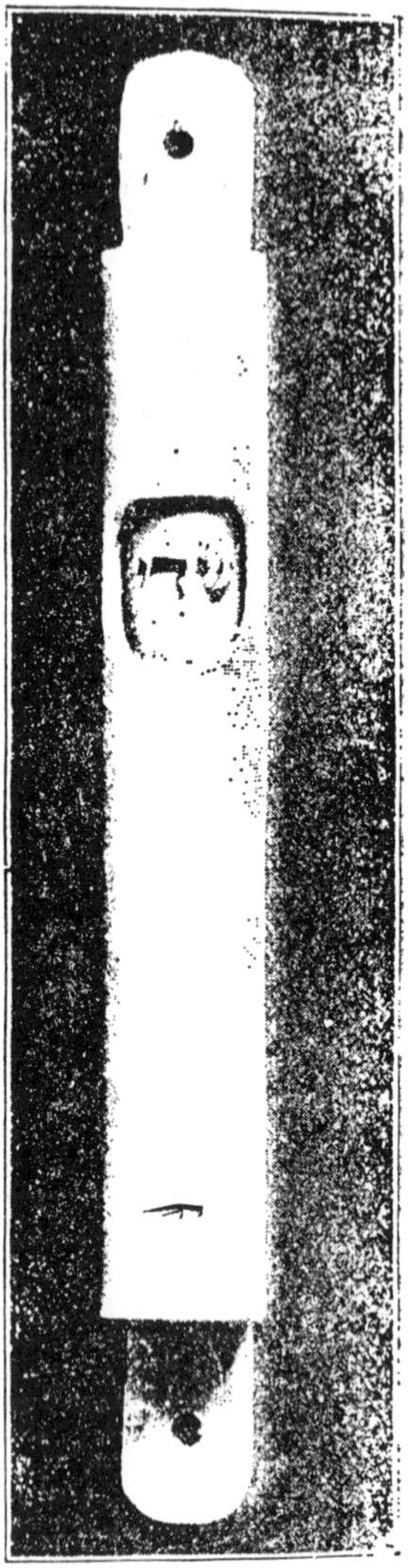

メズザ（ガラス製）(13)

あなたを恐れるのは当然のことであります〃（エレミヤ書10・7）

ラビ・ヨゼが言った。

「どうして黒い鶏《おんどり》でなければならないのか?」

ラビ・ユダが答えた。

「いずれにせよ万能の（主が）することには神秘的意義がひそんでいる。われわれはつぎのように学んだ。懲罰はそれに近いものによっては救われない。黒は裁《さば》きの象徴である。だから焰が前へ進んできたとき黒い鶏《おんどり》の羽につきあたる。それが最も適切な存在であるからだ。人間の審判の時が近いとき、それは（死の天使を）呼ぶことを始めるが誰も受難者を救うてだてを知らない。われわれが学んだように、ある人が病気になり、彼の（死の）時間が近づきこの世から離脱しようとするとき、上方から新しい聖霊がはいり、その善徳によって彼は以前に見ることのできなかったものを見る。そしてこの世から離れる。そこで次のようにしるされる。

〝人間が生きているとき私を見ることはできない〟

彼の生涯で見ることのできなかったもの、しかし、死の時間にはそれが見える。われわれがさらに学んだところでは、人間が死ぬ瞬間には、彼はあの世の仲間や、親戚を見ることが許される。もし彼が有徳であれば、彼らは彼の前で喜び、温かく迎えるが、しかしそうでなかったなら、彼は罪人としてゲヒンノム[4]（Gehinnom 地獄）へ突き落とされる。彼らの総ては偉大な薄暗やみの中にあり、お互いに〝ああ！〟と語り合いはじめる。彼らが目をあげたとき、彼の見るものは射だされた焔で、そこで彼は〝ああ！〟と叫ぶ。われらが学んだところによれば、彼から霊魂が離れたとき、彼の親戚と仲間は総てあの世で一緒になり、喜びの場あるいは拷問の場を見る。もし彼が有徳の人であれば、見よ、彼（の霊魂）は上昇し、あの世で喜びのうちに座すことになる。しかし、もし彼が有徳でなかったなら、彼の霊魂は彼の身体がちりのなかで焼かれるまでこの世にとどまり、罪の執行者が彼をとらえ、ドマ[5]（Dumah 煉獄）へおしこめ、ついでゲヒンノムのなかへとどめられる」

メズザ（木製）(14)

ラビ・ユダが言った。

「(死後)七日間のあいだ霊魂は彼の家と墓地との間を行き来している、そして(失われた)身体についてなげく、それは次のように書かれている。

〃ただおのが身に痛みを覚え、おのれのために嘆くのみである〃
(ヨブ記14・22)

家の中では深い悲しみにとらえられてただそれを見守るだけだ。われらが学んだところによれば、七日をすぎて死体が腐敗し始めると、霊魂は(指定された)場所へ赴くという。それはマクペラ(Machpelah)[6]の洞穴に入る。その当然受けるべき罪にしたがってある点まで上昇が許される。次いでエデンの園に達し、そこできらめく剣をもった天使ケルビムに出会う。そこは下位のエデンの園である。もし、そこへ入るにふさわしければ、(霊魂)はそこへ入る。われらが学んだところによれば、そこには四本の柱(の形をした天使)が存在し、その手には身体の形があり、喜びを(感じさせる)衣服をつけていて、エデンの園の指定された円形(の場所)で時間を割り当てている。三色に彩られた柱の前方で宣告者が、

〃その時、主はシオンの山のすべての場所〃
(イザヤ書4・5)

と宣言する。

この柱によって義人の門はあけられ、シオンとエルサレムにいたる。さらに上昇に価する(霊魂は)その運命の割り当てに幸福を感じながら〃王の身体〃に付着する。もしさらに上昇するにふさわしくなければ、

〃エルサレムにとどまる者、すべてエルサレムにあって、生命の書に記された者は聖なる者と唱えられる〃
(イザヤ書4・5)

となる。しかしさらに上昇を許された（霊魂は）王の栄光を見守りながら、天なる歓喜の場をたのしむ。そこは天国と呼ばれる」

註

（1）ゾハル II. Vayehi. 219 a.

（2）ゾハル 218 a.

（3）ラビ・シメオン・ベン・ヨハイについては、第一章五五ページ参照。

（4）ゲヒンノム（Ge-Hinnom or Ge Ben-Bene-Hinnom）。エルサレムの南西部の谷。ヨシュア記15・8、および18・16、ネヘミヤ記11・30、列王紀下23・10、歴代志下33・6、エレミヤ記7・31、19・2、および32・35を参照のこと。

エルサレム城壁の南西門からこの谷を見下すことができるので、この門は〝谷の門〟と呼ばれた。このゲヒンノムの谷は悪名高き場所であり聖書にもつぎのごとき記述がみられる。

〝どうしてあなたは、「わたしは汚れていない。バアルに従わなかった」と言うことができようか。谷の中でのあなたの行ないを見るがよい。あなたは御しがたい若いらくだであって、その道を行きつもどりつする〟（エレミヤ記2・23）

そのほかエレミヤ記7・31、19・2、32・35などによれば、この地は墳墓の地とされており、後に罪人たちの地、刑罰の地、又は地獄と同義的に使用される地名となった。

それはつぎのような意味に用いられた。

〝「彼らは出て、わたしにそむいた人々のしかばねを見る。そのうじは死なず、その火は消えることがない。彼らはすべての人に忌みきらわれる」〟（イザヤ書66・24）

（5）煉獄（Dumah）〝もしも主がわたしを助けられなかったならば、わが魂はとくに音なき所に住んだであろう〟（詩篇94・17）の記述にみられるように、この場所で霊魂は完全な静寂のうちに食べ、飲むとされる。またこの場所は七つの地獄のうちの一つであり、その刑罰は沈黙であるとされる（Jew. Encycl. vol. V. p. 10 参照）。

（6）マクペラ（Machpelah）〝彼が待っている畑の端のマクペラのほら穴をじゅうぶんな代価でわたしに与え、あなたがたのうちに墓地を持たせてください〟（創世記23・9）。そのほか創世記25・9、49・30〜31、50・13などにもマクペラの墓地の記述がみられる。

（7）大英博物館蔵。The Jew. Encycl. vol. VIII. p. 367. の挿絵より。

（8）The Jew. Encycl. vol. VIII. p. 429. の挿絵より。

（9）The Jew. Encycl. vol. VIII. p. 430. の挿絵より。

（10）The Jew. Encycl. vol. VIII. p. 430. の挿絵より。

（11）The Jew. Encycl. vol. VIII. p. 299. の挿絵より。

（12）The Jew. Encycl. vol. VIII. p. 533. の挿絵より。

（13）The Jew. Encycl. vol. VIII. p. 532. の挿絵より。

（14）The Jew. Encycl. vol. VIII. p. 532. の挿絵より。

V　カバラ伝承

a　ピネハス(1)

〝主はモーセに言われた。

「祭司アロンの子なるエレアザルの子ピネハスは自分のことのように、わたしの憤激をイスラエルの人々のうちに表わし、わたしの怒りをそのうちから取り去ったので、わたしは憤激して、イスラエルの人々を滅ぼすことをしなかった。……」〟

(民数紀25・10〜11)

ラビ・シメオンは言った。

「イスラエルはその時、滅ぼされるところであった、それが救われたのはひとえにピネハスのおかげなのだ」と。

ラビ・シメオンは(続けて)言った。

「もし人間が転生のあいだに霊魂を受けとり、その(霊魂が)彼に適しないものであっても、彼は王に信頼をささげるべきだ。彼につぎの章句を適用する。

〝主はまたモーセに言われた。「もし人が罪を犯し、主に対して不正をなしたとき、すなわち預り物、手にした質草、またはかすめた物について、その隣人を欺き、あるいはその隣人をしいたげ、あるいは落し物を拾い、それについて欺き、偽って誓うなど、すべて人がそれをなして罪となることの一つについて、罪を犯し、とがを得たならば、彼はそのかすめた物、しいたげて取った物、預った物、拾った落し物、または偽り誓ったすべての物を返さなければならない」〟（レビ記6・1〜5）

われわれはつぎのごとき教訓を受けた。完全な義人は信頼すべきでなく、むしろ完全でない義人を信頼すべきである……と。完全な義人は彼の（生存の）過程に転生すべき霊魂を持ち合せていない。彼は彼自身の継承した（素質）のなかで物をつくり、井戸を掘り、彼自身のために植樹する。完全でない義人は他人に継承されたもので（助けを借りて）物をつくる。だから彼は苦労して働くが彼の造りあげたもののうち、どれが彼のもとに止まるかを知ることができない。（だから）彼は彼自身の（行為によって）、善き人であり、義人であると呼ばれるのであって、彼に継承されたもの（霊魂）によってそのように呼ばれるのではない。

彼は良き建物を造る人間に似ている。このような人が（造った建物の）基礎を調べるとそこには傾斜や彎曲（した部分）を発見するだろう。彼の造った建物は立派だが、その基礎の角度からみればそれは悪しき（建物である）。だからそれは完全な建物とは呼ばれない。注意したい点は、聖なる存在、祝福さるべき彼の名に対して熱狂している人がいたとしても、彼は（そのことによって）偉大な人間であると格づけされるわけでない。彼が（偉大さを）獲得しなければならない。

ピネハスは当時、決して偉大な人間だと評価されていなかった。しかし彼（ピネハス）は偉大なる高みに聳え立っている彼の主の名前に熱中し、それがために高い僧侶の位が授けられた。このとき〝息子〟という言葉が彼（ピネハス）に関係して二度言及されている。

ピネハスはこの世と来世においての報償を与えられた。彼はエジプトへ赴いた総ての人びとのいずれよりも長生し、彼と彼の子孫は高位の僧侶の位を得ることができた。

一つの規則がある。それは人を殺した僧侶は僧侶の資格を失うというものである。だから（この規則に従えば）ピネハスは（僧籍の）資格は失わねばならなかった。しかし彼（ピネハス）は聖なる存在、祝福されるべき彼（神）に対する熱心さによって僧侶に選任され、彼の子孫は永遠に（僧籍に止まることに）なった。

*

ラビ・エレアザールとラビ・ジョゼはある時、荒野を歩いていた。ラビ・ジョゼが言った。

「〝わたしは平和の契約を彼に授ける〟（民数紀25・12）

とピネハスにむかって（主が）言われたとき、その平和は死の天使から（解放される）ことを意味していた。だから彼（ピネハス）の上には（死の天使の）力が及ばず、彼（ピネハス）は（死の天使の）せっかんから免れた。伝承によれば、ピネハスは不死であることになっているが、本当は彼（ピネハス）は他の人間のようには死なないのであり、そのために彼（ピネハス）は幾世代も生き伸びた。なぜなら彼（ピネハス）は天との契約を持ち続けていたからである。そして彼は天上への熱望と美麗な愛慕の心とともにこの世から去っていった」
ラビ・エレアザールが（聖書の）章句を引証した。
〝時に主は大祭司ヨシュアが、主の使の前に立ち、サタンがその右に立って、これを訴えているのをわたしに示された〟（ゼガリヤ書3・1）
〝ヨシュアは汚れた衣《ころも》を着て、み使いの前に立っていたが、み使は自分の前に立っている者どもに言った。「彼の汚れた衣を脱がせなさい」〟（ゼガリヤ書3・3〜4）
〝汚い衣〟とは、他にも説明があるように、この世（現世）において汚された精神のことである。（その点に関して）質問がされた。(2)
「もし人間がベンヒンノムへと運命づけられているなら、彼等（死の天使）は彼にどのような衣を着用させるであろうか」
この質問に対する答は（すでに聖書の言葉の中に）与えられている。
〝ヨシュアは汚れた衣を着て、み使いの前に立っていた〟（ゼガリヤ書3・3）
ベンヒンノムへと指定された天使はこのように（振舞う）。このことからわれわれが教訓として学ぶべき点は、悪魔は人間に汚い衣をつけさせようとするということ。だから神はあとで彼（ヨシュア）に（つぎのように）言った。
〝見よ、わたしはあなたの罪を取り除いた。あなたに祭服を着せよう〟（ゼガリヤ書3・4）
彼（ヨシュア）は聖霊《シエキナ》の光栄を示すに適切な衣服を身にまとった。
ピネハスもこの世から去るに当って、次の世の霊魂を喜ばすために準備された衣を（身にまとった）。

*

ある時、ラビ・シメオン（ベン・ヨハイ）が（聖書の）一節を学んでいると、息子のラビ・エレアザールが来て訊ねた。

「ピネハスとナダブ（Nadab）とアビウ（Abibu）[3]はどのような関係にあるのでしょうか。

もしピネハスが生まれなかったら、彼が死んだあとでやってきた世界にその場所を占めたと、私は理解していますが、実際のところ彼（ピネハス）はその時生きていたのに、彼の霊魂がすでに（天国の）場所にいたのはどういうわけでしょうか」

彼（ラビ・シメオン）は答えた。

「ミシュパテイム（Mishpatim おきての意味）」

ラビ・シメオンがこのようなことを語っている時〝古代の存在〟が彼のかたわらに降りてきて、語った。

「もし、その通りであれば、師よ、そこには他の形の流出が霊魂に喜びをつけ加える。それはつぎの（聖書の）の言葉に示されている」

〝七日目はあなたの神、主の安息であるから、なんのわざもしてはならない。あなたもあなたのむすこ、娘、しもべ、はしため、家畜、またあなたの門のうちにいる他国の人もそうである〟

（出エジプト記20・10）

ラビ・シメオンは答えた。

「尊敬すべき友よ！　人はつぎのようなことを訊ねてよいだろうか。この章句は確かに義人の霊魂について語られている。しかし、次のことを私に教えて頂きたい。

この（神の命令によれば）、しもべ、はしためにかぎらず、さらに下に転生した、いかなる家畜にさえも〝なんのわざをなしてはならない〟のであろうか？　あるいは〝奴隷のように彼を使ってはいけない〟というのはどの程度（の仕事）なのだろうか。

（また）老人よ、むずかしいのはこのことである。考えてみると安息日《サバト》は唯一の娘（と喩えることができる）。彼女は義人と結婚している。すると次の言葉はいかなる意味をもつことになるのだろうか。

〝もし、彼が別の妻をめとったならば〟」

彼は答えた。

「これは（安息日以外の）週日を意味する」

「これらはなにを象徴するのでしょう」

と、彼は訊ねた。

「これは女奴隷であり、たんにその体だけが娘なのだ。この点について注意すべきである。そこにある霊魂は一般にいわれているように侍女であり、別の霊魂はいわゆる王の娘と呼ばれている。今や霊魂は転生の（経過へと）出発すべき運命にある。もし、彼女（霊魂）が聖なる存在の娘であるなら、祝福されよ。彼女の異邦人として体を（悪魔）サマエル(4)のかたわらより流出してくる邪魔な精霊によって統治されてしまうとはとても考えられない。（聖書にも）つぎのごとくしるされている。

〝わたしは主である。これがわたしの名である。わたしはわが栄光をほかの者に与えない〟

あるいは、王の娘の体に宿ったものは地上の王冠（権威）によって売り払われてしまうことはない、と。

（イザヤ書42・8）

さらに聖なる文書（聖書）はつぎのごとくのべている。

〃地は永代には売ってはならない〃

（レビ記25・23）

と」

「いったいどちらの体が王の娘なのですか。メタトロン(5)でしょうか。その体がシェキナ(6)の侍女とまったく同一だとしたら」

「いずれにせよ、王の娘は罪人をかかえ、そのために転生（の旅）をへめぐらなくてはならない」別の解釈によれば、〃人間〃とは、聖なる存在を意味し、彼は祝福さるべきものである。〃彼の娘（王の娘）〃はイスラエルを意味している。これらは〃唯一の娘〃より流出してきたものである。

そのような理由であるから神が世界の国ぐにの人びとに与えた章句〃彼女は外へ出てはいけない〃は男の使用人にもあてはまり、同時にイスラエルの子らにもあてはまる。なぜなら彼らは急いでエジプトから離れたからだ。その時彼らは〃召使い〃の身分であった。つまりメタトロンによって象徴されていたのである。彼らはシェキナを運ぶ人たちであった。だが、救世主の（出現する）日には、囚われの立場から、

〃あなたがたは急いで出るに及ばない。また、とんで行くにも及ばない〃

（イザヤ書52・12）

のである。

見よ、今や、人間がこの世に生まれるとき、彼は蒼古的な生物の球圏から霊魂《ネフエシュ》を与えられる。この球圏は清浄であり、球圏じたいが〝聖なる輪〟によってデザインされた。〝聖なる輪〟とは、天使の命令に従うものである。もし、彼がさらに幸運に恵まれていれば、聖ハヨトの球圏からの霊魂《ルア》を与えられるであろう。さらに大いなる能力を具えた人は霊魂《ネシヤマ》(Neshamah)を王の球圏から与えられる。

これら性格上の三つの階級は〝王の娘〟の〝女召使い〟、〝男召使い〟、そして、〝女奴隷〟(に相当する)。もし新しく創られた存在がさらに価値のあるものなら、彼の体の形の中に入る霊魂は〝唯一の娘〟の球圏より流出《アジルト》する経過を経てもたらされる。それは、〝王の娘〟とも呼ばれる。もし彼の価値がさらに大いなるものであれば、〝中央の柱〟の球圏より流出した霊魂《ルア》を与えられる。そして(この霊魂《ルア》の)所有者は〝聖なる存在の息子〟と呼ばれる。それは(聖書にも次のごとく)記されている。

〝主なる神は土のちりで人を造り、命の息《ニシヤマト》(Nishamath)をその鼻に吹きいれられた〟

(創世記2・7、ルビ・註・筆者)

また(つぎのようにも)しるされている。

〝あなたがたはあなたがたの神、主の子供である〟

(申命記14・1)

彼がさらに大いなる価値をもつなら、彼は霊魂《ネシヤマ》を父と母の球圏より与えられるであろう。このことについては(聖書に)つぎのごとくしるされている。

〝(そして)命の息《ニシヤマト》をその鼻に吹きいれられた〟

(創世記2・7、ルビ・註・筆者)

なにが〝生命《いのち》〟の兆《きざ》しとなるのであろうか。

それは聖なる名前、YHによって示される。このような霊魂について(聖書にはつぎのごとく)しるされている。

〃息のあるすべてのもの（総ての霊魂）に主（JAH）をほめたたえさせよ〃

（詩篇150・6、カッコ註・筆者）

しかし、もし彼がさらに偉大なる価値をもつ（存在）であれば、聖なる名前YHWHがその完璧さにおいて彼に付与されるであろう。それはYOD、Hé、WAW、Héの文字で現わされ、至高の流出《アジルト》の球圏における人を象徴しているのである。そして、彼（この人）は「神のごとき（かたち）である」と言わねばならない。そして、彼について（聖書には）次のごとき言葉がある。

〃われわれのかたちに、われわれにかたどって人を造り、これに海の魚と、空の鳥と、家畜と、地のすべての獣と、地のすべての這うものとを治めさせよう〃

（創世記1・27）

つまり彼の治めるものは総ての地の上なるものであり、そして総ての輪とセラフィム（Seraphim）と生きる存在《ハヨット》（Hayyoth）、さらに総ての上なるものと下なるものの主人公の総てなのである。

このような理由によって、〃唯一の娘〃の球圏の（資質を）得たものは、そして彼の霊魂がそこから導かれたものについてつぎのようにのべられているのである。

〃彼女は男の召使いがするように外に出てはいけない〃

註

（1）ゾハル vol. III. 214a～214c. の部分訳である。

（2）ベンヒンノムはゲヒンノムと同意。第四章二六七ページ、註（4）参照。

（3）ナダブとアビウはアロンとエリシャの子供たちである。ナダブとアビウは僧侶の意味に使われる。〃すなわちアロンとアロンの子ナダブ、アビウ、エレアザル、イタマルとをあなたのもとにこさせ、祭司としてわたしに仕えさせ、……〃（出エジプト記28・1）

その他、レビ記10・12、民数紀3・4、26・61、歴代志上24・2などを参照。

（4）サマエル（Samael）。悪魔の皇子。ヘブライ語で〃神の毒〃の意味（Targ. Yer. Gen. iii. 6. 参照）。

（5）メタトロンについては、第一章八五ページ参照。

（6）シェキナについては、第六章四三〇ページ参照。

b　秘密の秘密(1)

〃これは人間の系図の本である(2)〃

この本は人間の容貌の持つ深奥な意味を明らかにする。そのことで人間の性質についての知識をわれわれに教示する。

人間の性質はその髪の毛、前額、眼、唇、容貌、手（掌）の線、そして耳にさえも現われる。この七カ所の特徴によって人間の異なる型を認識することができる。

〃髪の毛〃、荒く、逆立った、波打つ髪の毛を持った人は獰猛（または残忍）な素質をもつ。彼の心（心臓）は骰子のように固い。非常になめらかで、つやのある、重くたれた髪の毛を持つ人は、良い仲間であり、その人と交渉をもつことで利益がえられよう。しかしその人が去ってゆくようであればあまり信頼はおけない。彼は非常に重要なことでないかぎり秘密を守ることができない人物である。彼の行動はしばしば正しいが、時として反対の行動もとる。

〝髪の毛が平べったくねていて、あまりなめらかでない人物〟は、恐怖を知らず、傲慢である。彼は正しくありたいという強い欲望を持っており、善良さの持つ美に対して積極的な感覚をもっている。しかし、残念ながらこうした彼の希望は絶対に実現できない。老人になるとこのような人物は信心深い、神を恐れる人になる。彼に対しては偉大な神秘は決して委託することはできないが、小さな神秘については十分安心してまかせることができる。彼は些細な事柄を遂行することができるし、彼の言葉は尊敬をもって聞き入れられるであろう。彼に対する神秘的なサインはZAIIN(ヘブライ語アルファベット。数値は7。英語のZに相当する)の文字である。これはわれわれの師が教示した事柄である。

〝黒く極端に光沢ある髪の毛を持った人物〟は、彼の行なうすべての事柄において成功を収める。とくに、世俗的な事柄、たとえば商業などにおける成功である。彼は寛大である。しかし、彼の繁栄は個人的なものにのみとどまる。彼と提携するのは良いことである。律法《トーラ》の書の研究においては彼の研究は成功を収める。そして、このことについて彼と関係を持つ者もまた成功を収めるはずである。彼は秘密を守ることのできる人物だが、あまり長い期間ではない。彼の性質は悄然としたものであるが、しかし、敵に対してはこれを克服できる。彼の(神秘的な)サインは、彼がもしZAIIN(Z)に含められない時はYOD(ヘブライ語アルファベット。数値は10。ローマ字のYに相当する)である。しかし、時として独立した(別の)小文字に含めることもできる。

〝禿げた男〟は、ビジネスで成功を収める。しかし、簡単に成功するわけではない。彼がもし若いうちから禿げはじめるようであれば偽善的な人物である。もし、彼が年老いてから禿げるようであれば彼（の性格）は以前と反対なものになる。それがたとえ良くとも悪くともである。このことは彼の禿がフィラクテリー（羊皮紙に聖書の章句を記入したものを納めた革の小箱で、ユダヤ教の祈りの時、一つは左腕に、もう一つは額に結びつける）をのせる額の上に起こった場合だけに適用されることである。もしそれ以外であればそうでない。

註

（1）ゾハル vol. III. 71a. の部分訳である。

（2）この章は、ゾハルの中でもとくに通俗的カバラの傾向が濃厚な部分であり、人相・手相などの記述を含む。

c 老人(1)

ラビ・ヒヤとラビ・ヨゼはある夜、タイラスの塔で逢った。そしてお互いにその出会いをたのしんだ。

ラビ・ヨゼは言った。

「私はシェキナ(2)の外貌を見てとてもうれしい！

私は旅のあいだじゅう年老いた運搬人のおしゃべりを聞いてとても悩まされた。この老人は私にあらゆる馬鹿らしい質問をあびせかけ、うるさくつきまとった。

たとえば、
蟻の歯の間で邪魔されずにどの蛇が自由に飛び回われるか？

なにが分離における結合と終わりの初めなのか？

どの鷲の巣が存在しない木につくられているか？

まだ創造されない若者のいずれが亢奮したか？

まだ創造されていないのはどの場所なのか？

なにが上昇下降する時なのか、いつが下降上昇する時なのか？

なにが三つのうちの一つで二つのうちの一つなのか？

誰の体が隠され、眼のない美しい処女でありながら啓示されるのか？

朝には顕現し、昼には隠され、存在しない装飾品によってどのように飾られるのか？

と、こんなふうに（旅の間じゅう）老人は私を悩ませた。

しかし、今や私には平和と静けさがある。われわれは空虚なおしゃべりで時間をつぶされるかわりに、やっと律法《トーラ》について議論することができる」

ラビ・ヒヤは言った。

「あなたは（その）老人についてなにか知りませんか」

ラビ・ヨゼは答えた。

「私は老人についてなにも知らない。もし（老人）がこの辺にいたら、彼はまた聖書のある章句を解釈をしながら、どうでもよいこと（を言って）道草をくっているにちがいない」

「この家にその老人がいますか」

ラビ・ヒヤは訊ねた。

「ほんの少し前、空になった黄金の粒の容器が見つかりました」

「そうだ」

と、ラビ・ヨゼは言った。

「老人は（きっと）ここにいます。彼は自分のろばの秣《まぐさ》の用意をしています」

そこで彼らはその運搬人を呼んだ。老人は彼らのところにやってきた。老人が言った最初の言葉はこうだった。

「今や二が三になる。そして三が一になる」

ラビ・ヨゼが言った。

「私が言った通りだろう。彼（老人）はこんな無意味なことしかしゃべらない」

老人はそこに（ゆったりと）座り、話した。

「紳士方よ。私はほんのつい最近、運搬人になったばかりです。私には若い息子がいて、学院へやっています。私は彼に律法《トーラ》の勉強をさせたいと願っています。そんなことで、私は仕事の途中で学者を見ると律法《トーラ》に関係したなにか新しい考え方を聞けるのではないかという希望をもって彼（学者）に近づく。しかし、今日は私にとって何も新しいことは聞けませんでした」

ラビ・ヨゼは言った。

「あなたの言った総てのことに耳を傾けた。ひとつだけ私を驚かせたことは、あなたの年齢の人間にはふさわしくない愚劣さを示していた点だ。自分がいったい何を話しているのかわからないのではないか」

老人は言った。

「あなたは何に関してそのようにいうのか」

ラビ・ヨゼは言った。

「たとえば美しい処女の話とか、その他の点に関して」

そこで、老人はつぎのごとく語り始めた。

「〝主がわたしに味方されるので、
恐れることはない。
人はわたしに何をなし得ようか〟 （詩篇118・6）
〝主に寄り頼むはもろもろの君にたよるよりも良い〟 （詩篇118・8）

律法《トーラ》の言葉はいかに良く、愛すべきもので、いかに貴重で、崇高なものか。

啓発にあたいするひとことの言葉も聞けなかった学者たちの前で、私はいったい語るべきなのだろうか。

しかし、私は話すように促されているのを感ずる。精神的なことがらについて話すのに、たとえ学者であろうと誰であろうと恥かしがる必要などないのは当然だ」

老人はそこで外套を身にまとい、（ふたたび）口を開いた。そして（老人は）語った。

「それはつぎのように（聖書に）しるされている。
〃もし祭司の娘が一般の人にとついだならば、彼女は聖なる供え物を食べてはならない〃
（レビ記22・12）

さらに次に続く章句ではつぎのようにのべられている。
〃もし祭司の娘が、寡婦となり、または出されて、子供もなく、その父の家に帰り、娘の時のようであれば、その父の食物を食べることができる。ただし、一般の人は、すべてこれを食べてはならない〃
（レビ記22・13）

これらの章句は文字通りまったく平易だ。しかし、律法《トーラ》の言葉には秘儀的意味がある。その言葉には総て知恵の種が隠されている。それを理解できるのは律法《トーラ》について良く知っている賢者だけである。

真実のところ律法《トーラ》の言葉はたんなる夢（物語）ではない。たとえそれが夢であったとしてもある種の規則に従えば解釈できる。それ以上に、律法《トーラ》の言葉の（理解にはさらに深い知恵が）必要である。（律法《トーラ》）は聖なる王の歓喜、正しき方途にしたがってのみ解釈される。

そして、
〃主の道は直《なお》く〃
（ホセア書14・9）
としるされている。

今（解釈できることは）、〃祭司の娘〃とは超越せる霊魂（のこと）であり、初めの改宗者、彼の霊魂を天なる領域より得た、われらが父祖アブラハムの娘なのである。

さらに〝祭司の娘が一般の人（異邦人）にとついだならば〟の章句が示しているところ（意味）は、天なる領域から聖霊が流出して生命の樹の隠された部分へ注がれることである。

さらに天なる祭司の息で（生命の）木の霊魂が息づく。霊魂は飛び去り、宝の家に入る。悲しむべきはこの世界ではそれ（霊魂）をいかに守るか（そのすべを）知らないことである！

人類の悪への傾きが霊魂を引きよせる。これが〝異邦人〟である。この〝祭司の娘〟がそれ（に相当する）。霊魂は地上へ飛び去り〝異邦人〟の構成（体内）を探す。なぜなら、これがその（霊魂の）主人の意志であり、そこで霊魂はくびきを負い、彼女（霊魂）自身を主張できず、この世界のなかで生き抜くことになる。そこで彼女（霊魂）がこの世界を離れるときは、〝聖なる捧げものを食べる〟ように、この世界で生き抜いた霊魂のように（ふるまう）。

この（聖書の）章句は別の意味もある。聖なる霊魂が〝異邦人〟の中に入ることは大いなる屈辱である。改宗者（の体内）に入ることであり、天国からの霊魂が未割礼で不浄な住居へ舞いおりることでもある。そこにはまた深い神秘も存在している。輪を支えている柱の近くに霊魂がむらがり、天秤の二つの皿のそれぞれの側に、〝善人の（霊魂の）重さ〟と〝欺瞞者の（霊魂の）重さ〟がかけられ、決して動きを止めることがない。霊魂はその（天秤の皿の上に）おり、上昇し、現われたり消えたりする。そこで霊魂はあらあらしく摑まれ、抑圧される（それはあたかも聖書のつぎの章句にしるされている状景のようである）。

〝わたしはこのすべての事を見た。また日の下に行われるもろもろのわざに心を用いた。時としてはこの人が、かの人を治めて、これに害をこうむらせることがある〟

（伝道の書8・9）

この世界は完全に二つの方向にむいている〝善の知恵の木と悪の知恵の木〟（の方向）である。もし人が義人の道を歩めば天秤は善の側にかたむき、人が悪の道へ歩めば（天秤は）悪の側にかたむく。天秤の上の総ての霊魂はまずあらあらしく悪の側に摑まれる。

これは〝これに害をこうむらせることがある〟ためで、これらの霊魂（の中のあるもの）は悪を踏みつぶし、悪を破壊してしまう。ちょうどパリサイ人《びと》が〝彼らに害をこうむらせるために〟聖なる契約の櫃を捕獲したようなものである。その後、これらの霊魂はどうなるのだろう。

蒼古の書によれば、いくつかの霊魂は敬虔な異教徒となり、ユダヤ起源の学者風の偽者《にせもの》となる。彼らはその修めた学問により、上位の祭司よりも高い価値をもちながら、まったく聖にあらざる知識だけを持っている（にすぎない）。しかも彼らはその価値によって至聖所にも入るのである」

ここで老人は話をやめ、しばらくのあいだすすり泣いた。二人の同伴者は驚いたが何も言わなかった。しばらくして老人はつぎの（聖書の）章句を語りだした。

〝彼女（女奴隷）がもし彼女を自分のものと定めた主人の気にいらない時は、その主人は彼女が、あがなわれることを、これに許さなければならない。彼はこれに欺いたのであるから、これを他国の民に売る権利はない〟

（出エジプト記21・8）

「この章句は」

と、彼（老人）は言った。

「ここには引き続き〝自分の娘を女奴隷として売る男〟という内なる意味が隠されている。

（聖書にも）しるされているように、

〝万国の王であるあなたを、
恐れない者がありましょうか。
あなたを恐れるのは当然のことであります。
万国のすべての知恵ある者のうちにも、
その国々のうちにも、
あなたに並びうる者はありません〟
（エレミヤ書10・7）

いかに多くの人びとがこの章句を誤って理解していることだろう。

彼らは言葉をくり返す、しかし真の意味は彼らから逃げ去ってしまう。

聖なるもの〝万国の王〟は祝福されよ。また（聖書にはつぎのように）しるされている。

〝いと高き者は人の子らを分け、
諸国民にその嗣業を与えられたとき、
イスラエルの子らの数に照らして、
もろもろの民の境を定められた〟
（申命記32・8）

そこで彼は〝イスラエルの王〟と呼ばれるのか。

預言者が神を〝万国の王〟と呼ぶとき、彼らは彼自身について讃美するのではなく、それ以上のことを讃美している。なぜならそれは彼ら聖職者と従者の責任に帰せられるからである。（前述の聖書の）章句の後半の部分にも意味のくいちがいがある。つまり、

〝万国のすべての知恵ある者のうちにも、その国々のうちにも、あなたに並びうる者はありません〟

見るところ、他の国々はそれぞれに誇りをもち、驚くことにこの章句が天から下されたものとは思わない。

（エレミヤ書10・7）

祝福される聖なる存在は真実のうちにある。彼らの目は盲《めし》いている。

〃主のみ前には、もろもろの国民《くにたみ》は無きにひとしい。彼らは主によって、無きもののように、むなしいもののように思われる〃

（イザヤ書40・17）

この事に関する真実がこれである」

ラビ・ヒヤは言った。

「さらにつぎのようにもしるされています。

〃万国をしろしめす王〃と」

老人は答えた。

「私は壁のうしろにあなたがいるのを見た。この章句を支持するためにあなたは前にこなければならない。私は初め私自身の困難に立ち向わなければならなかった。道であなたを見かけたとき、まずあなたを立ち去らせ、他の総ての障害物をとりのぞく（必要があった）。

見よ、今や、総ての聖なる存在の名前、彼は祝福されよ。総ての補助的な名前も。それぞれの方向は分岐しお互いに結びつき、おのおの経路に分岐している（聖なる名前は祝福されよ）。

唯一つの側面はそれほど分散していない。それが一つの確実で特別な名前である。それこそ唯一人びとの財産である。それはヤウェ（YHWH）という（名前である）。

それはつぎのようにしるされている。

〃主《ヤウエ》の分はその民であって〃　（申命記32・9）

〃主につき従ったあなたがた〃　（申命記4・4）

これらはこの（聖なる）名前に従う意味である。名前ヤウェはイスラエルびとのみに属している。

他の多くの（神の）名前のうちとりわけ広く知られ、異なった経路や道に方向づけられているのが神《エロヒム》（Elohim）（の名前である）。この神の名は下位の世界に伝わり、族長や他の国々の守護の天使に分配されている。

ここでわれわれは（聖書を）読む。

〃夜になり、神《エロヒム》はバラムに臨んで〃　（民数紀22・20）

〃ところが神《エロヒム》は夜の夢にアビメレクに臨んで〃　（創世記20・3）

国々の力ある者、総ての指導者たちは総てこの名前（エロヒム）を彼らの礼拝の対象としている。このことによって聖性は総ての国々を支配している。

……………

この微妙な言葉の本当の意味を知ってから、あなたのよりかかっている壁はゆらぎ始めているのだ。

これは、

〃あなたを恐れない国々の王がいようか〃という（意味である）。

順序を倒置した、同様の意味は（聖書のなかに）見出すことができる。

〃主をほめたたえよ。
主のしもべたちよ、ほめたたえよ〃　（詩篇113・1）
これは主のしもべがほめたたえるのではなく、〃主のしもべたちよ、主をほめたたえよ〃と読むべきなのである」

註

（1）ゾハル vol. III. 94b〜114a. の部分訳である。
（2）シェキナについては、第六章四三〇ページ参照。

d　子　供(1)

ある時、ラビ・イサクとラビ・ユダが旅行していた時のこと。彼らがコファール・ザクニンと呼ばれる場所、老人ラブ・ハヌナがかつて住んでいたところにやってきた。

彼らは（老人の）妻の家に泊まった。彼女にはまだ学院に通っている若い息子がいた。この息子が学院から帰って、見知らぬ人を見たとき母は息子に言った。

「こちらへきて高名な紳士たちから祝福を授けてもらいなさい」と。

彼（子供）がラビたちに近づいたとき、突然うしろを向いて母に言った。

「私は近づきたくない。なぜならこの人たちは今日のシエマ(2)を行なっていないから。その日の適当な時間にシエマを行なわない人には、その日一日（近づくことが）禁止されていると私は教えられた」

人びとはこの子供の言うことを聞いておどろき、手を挙げて子供を祝福した。

彼ら（ラビたち）は言った。

「たしかにその通り。今日われわれは婚約した二人を結婚させるためいそがしく世話をやいていた。若者たちの世話をする人がいなかったので、われわれがその世話をした。そこで、適当な時間にシエマをとなえられなかった。ある人間がミツバ(3)と婚約しているならば、（それをさまたげる）他の事をしているときはシエマを省略することが許される」

彼ら（ラビたち）は、なぜ少年が（シェマをとなえていないことが）わかったのかと訊ねると、少年は、

「私があなたに近づいたとき、衣服のにおいでわかったのです」と、答えた。

あまりのおどろきに、ラビたちは（そこに）座ってしまった。彼らは手を洗い、パンを割った。ラビ・ユダの手はよごれていた。彼の手に水をそそぐ前に祝福しようとした。

そのとき、少年はラビに言った。

「もしあなたが聖人ラビ・シェマヤの弟子であっても、汚れた手で祝福してはいけない。それは、死を招くことになる」と。こう言ってから少年は（聖書の）章句をとなえた。

〝彼らは会見の幕屋にはいる時、水で洗って、死なないようにしなければならない〟

（出エジプト記30・20）

「われわれはこの（聖書の）章句から学ぶ」

と、少年は言った。

「この点で注意深くない人間がもし汚れた手のままで王の前に現われるなら、彼は死罪に相当する。この理由で人間の手はつねに高みに位置しておかなければならない。（聖書にも）つぎのように書かれている。

〝またアカシヤ材で横木を造らなければならない。すなわち幕屋のこの側の枠のために五つ、また幕屋のかの側の枠のために横木五つ、幕屋のうしろの西側の枠のために横木五つを造り……〟

（出エジプト記26・26〜27）

さらに続いて、つぎのようにも書かれている。

〝枠のまん中にある中央の横木は端から端まで通るようにしなければならない〟（出エジプト記26・28）

ここで考えなければならないことは、中央の横木は前に述べた五つの横木に含めてはいけないことである。五つのうちの一つであり、中央のものは二つの両端にかかる。これはモーセの象徴である。総てのうちで最も重要なことは、他のものがその上に依存していることとである。このことが手の五本の指に相当する。そのために、僧侶が祝福するときはすべての指は離しておかなければならない。もし、このように深い意義が含まれているのを知るならば、聖なる神の御名を祝福する時、（手を）清潔にしなければならないことがわかるはずではないか。

見るところ、あなたがたは賢明でありながら、なぜ聖人ラビ・シェマヤの教えを聞いて、それを守らないのですか。彼（聖人）はすべての汚れ、しみはよく落とし、食事のあとに手を洗うことは宗教的な務めでもあると言っていた」

ラビたちは少年の言葉を聞いて、唖然としたまま、何ごとも答えなかった。
ラビ・ユダは少年に父親の名前を訊ねた。少年はしばらく沈黙していたが、母親に向かい、接吻して言った。
「母よ、賢人は私に父の名前を言えといっていますが、答えるべきでしょうか」

註

（1）ゾハル vol. III. 186a〜187a の部分訳である。

（2）シェマ（Shema）とはヘブライ語の祈りの際の冒頭にくる言葉で「聞け」という意味である。

〝イスラエルよ聞け。われわれの神、主は唯一の主である〟（申命記6・4、傍点・筆者）

ゾハルにおいては、シエマは次の章句の意味に変化して用いられている。

〝このようにあなたがたは七日のあいだ毎日、火祭の食物をささげて、主に香ばしいかおりとしなければならない〟（民数紀28・24）

この場合のシエマは毎日の神への祈りと祭礼という意味に用いられる。

（3）ミツバ（Mitzvah）とは、ヘブライ語で教訓、戒律の意味で、宗教的義務の意味にも用いられる（Ḥul. 106a, Git. 15a などを参照）。

e　学院の長老(1)

……（欠損箇所）……もう一つの事柄について彼らは討論できなかった。

彼らは戸を通り抜けて（エデンの）園に出た。ある木の下に座った。彼らは言った。

「今やわれわれはここにいる。この通りすべてを見ている。もしここで死ぬなら、きっと未来の世界に入ることができるだろう」と。

彼らはそこに座って、（エデンの園の）番人がやってくるまで眠りこんだ。番人は彼らを起こした。

「立ちあがって前に行け、外側の園にはいれ」

彼らは（エデンの園を）出て、聖なる書の章句、

〝しかしあなたがたは死体となってこの荒野に倒れるであろう〟（民数紀14・32）

について解説している師を見つけた。

彼らは言った。「他のどの場所でもない」

〝彼らはそこで死ぬだろう〟〝他のどの場所においてでもない〟このことは肉体（の死）に言及しているので（エデンの）園に住む住民と同じように、霊魂（の死）について述べたものではない。

（エデンの園の外側の園で）番人が彼らに園を去るように告げた。そこで彼らは彼（ラビ・シメオン・ベン・ヨハイ）とともに外へ出た。番人は言った。

「あなたがたはどこかから何か（の声）を聞かなかったか」

彼らは答えた。
「われわれは声が語るのを聞いた。
（その声はこういった）
〃解説する人間は解説すべきであり、
短くする人間は短くすべきであり、
短くする人間は伸ばすべきである〃と」
（番人は）たずねた。
「あなたがたには、それが何を意味するか理解できたか」
彼らは答えた。
「いいえ」と。
彼（番人）は言った。
「あなたがたは強大な鷲を見たか。
また少年が牧草を集めるのを見たか」

*

ニシビスのラビ・イライとその息子は、かつて一度ここにやってきた。そしてこの洞窟を見つけると、なかに入ったが(2)その暗黒に耐え切れず死んだ。

少年は毎日ベザレルの前に立っていた。彼は天の学院から降りてきて、つぎの三つのことを（少年に）

言った。

「〃解説する人間は解説すべきである〃

これはつまりつぎのような意味である。もし律法《トーラ》の書を学んで解説する人が、つまらない物事を口にするようであれば、この世界における彼の生命を解説しなければならないし、別の世界において（最後の）審判が彼を待っている。

〃短くする人間は短くすべきである〃

これは、もし〃アーメン〃を短くし、そこから（何ものも）引き出せないような人の生命は、（これを）短くしなければならない（という意味である）。

〃短くする人間は伸ばすべきである〃

この（ことの意味は）エハッド[3]の初めのシラブルは非常に早く発音しなければならない。もしそのように発音する人であれば、彼の生命は長く伸ばさなければならないという意味である」

彼（番人）はまたつぎのように言った。

「彼らは二つであり、一つが結びついて三になる。彼らが三になったとき、彼らは一である」

（つづいて）番人は言った。

〃シェマ[4]の祈りには神の御名は二通りある。〃われらの神〃は、その文字のように、（神とわれわれ）が結びついて一つの形になったものである」

彼らは番人に言った。

「彼はまたこのようにも言われています。

〃彼らは二つであり、一つになる。彼らが風の翼にのって二十万ものものを横ぎり、彼自身が隠れた時に起こる〃と」

番人は彼ら（ラビ・ヨハイとその同行者）に語った。

「二人のケルビム[5]の上に聖なる存在がましまして彼を祝福した。ヨゼフが彼の兄弟から隠された時以来、（聖なる）存在は二十万もの（異なった）世界の向こうに隠されてしまった。彼（神）はその（ケルビムの）上にまたがって彼自身を隠してしまった」

ここから少し前へ進んでみよう。

彼らが前に進むと、（エデンの）園の番人が彼らにばらの花をあたえた。そのとき、洞窟の入口が閉じ、そのあとには見えるものが残っていなかった。

鷲が木から降りて、別の洞窟に入ったのを見た。

彼らはばらの香りをかぎ、（洞窟へ）入った。すると鷲が言った。

「入れ、なんじら有徳のものたち。

ここに来て以来、なんじらこそ初めて喜んで交際[6]するものたちである」

（洞窟に）入り、鷲とともに別の園に出た。ミシュナの師の前にやってきたとき鷲は姿を変え人間となった。彼らの着ているようなまばゆく輝く衣服《ローブ》を身につけ、彼らとともに（師の前に）座った。

彼（鷲）は言った。

「ここにきたものたちは、ミシュナの学者を尊敬せよ。

彼らの師はここで多くの素晴らしいものを見せてくれた」

彼ら（学者）の一人が言った。

「（保証の）品を持っているか」

彼ら（ラビ・ヨハイとその同行者）は答えた。

「はい」

そして、二つのばらを持ち出した。

彼らはその香りをかぎ、（ラビ・ヨハイ）に向かって言った。

「座れ。学院の者たち。座れ。なんじら真に有徳の者たち」

それから彼らは抱擁しあい、そこに座を占め、律法《トーラ》の神秘と三十の宗規についてかつて聞いたことのなかったことを学んだ。

彼らが聖書の師のところにもどってきたとき、（聖書の）章句が解説された。

〝わたしは言う。「あなたがたは神だ、
あなたがたは皆いと高き者の子だ」〟　（詩篇82・6）

彼らは言った。

「このことはシナイ山において神がイスラエル人《びと》に言ったことである。

〝わたしたちは主が仰せられたことを皆、従順に行います〟　（出エジプト記24・7）

彼らが悪しき想像に従うなら、アダムのように死によってちりに帰すべきものとなろう。こうして彼らのなかの悪しき想像は死に、彼らの内で消えさるであろう」

彼らの長《おさ》である老人が言った。

「ここにまた、それは（聖書に）しるされている。

〃しかしあなたがたは死体となってこの荒野に倒れるであろう〃　（民数記14・32）

〃死体〃になにが意味されているのか。それは悪しき想像である。

〃死体が荒野に朽ち果てるまで〃　（民数記14・33）

これは、死体がそこで死にこの世界から死体が滅ぼされるという、祝福さるべき聖なる存在の意志である」

ラビ・イライは言った。

「あなたがた真に有徳の人よ。（ここに）入り、そして見よ。カーテンのさげられた場所にはいってもよい許可があたえられた。[7]（そのことは）とても幸福なあなたの運命である」

彼らは立ちあがり、アガダの師のおられる場所へおもむいた。彼らの顔は太陽のように輝いていた。

「ここにおられるのは誰か」

と、彼らはたずねた。

彼は答えた。

「ここにおられるのはアガダの師、毎日法律《トーラ》の真の光輝を見守る人」

彼らはそこに立ち、律法《トーラ》に関する多くの新しい解説を聞いた。だが彼らは（アガダの師たち）と交わることは許されてなかった。

ラビ・イライは彼ら（ラビ・ヨハイと同行者）に言った。

「他の場所に来たれ。なんじらは見るであろう」

彼ら（ラビ・ヨハイと同行者）が別の園にやってくると、墓を掘っている人たちを見た。この人たちは直ちに死に、聖なる光輝く肉体としてふたたび生きかえってくるのであった。

「これにはなんの意味があるのか」

と、彼ら（ラビ・ヨハイと同行者）はたずねた。

彼（ラビ・イライ）が答えた。

「この人たちは毎日このことをしている。この人たちは嘘をつくとただちに悪しき汚れによってちりとなり、この人たちの受けとっていた（肉体）は滅ぼされてしまう」

註

（1）ゾハル vol. III. 162 a～163 a の部分訳である。

（2）ベザレル（Bezalel）。四世紀、パレスチナ在住のアモラ（Amora）でタルムードに登場する（Pesik. xxi. 145 b. 参照）。ここでは聖人の意味に用いられている。

（3）エハッド（Eḥad mi Yodea）の略で Ḥad Gaya（唯一の）子というアラム語の聖歌の第一番目の言葉。唯一の主を指す意味。

（4）シェマについては、第四章二九三ページ、註（1）参照。

（5）ケルビム（Cherubim 複数形、Cherub は単数形）。有翼天使の意味（エゼキエル書1・5～28、9・3、11・22などを参照。

（6）ミシュナ（Mishnah 又は Mishnat）。ヘブライ語・動詞シャナ（Shanah）から派生した言葉で教育、知識、教訓の意味。一般には口伝の律法を意味していたが、タルムードでは律法註釈の意味に用いられる。(B.M. 33 a, Ber. 5 a, Ḥag. 14 a, Ḳid. 30 a, Yer., Hor. iii. 48 c, Pes. iv. 130 d, Num. R. xiii. などを参照)。

(7) アガダ(Aggadah)あるいはハガダ(Haggadah)。ヘブライ語で物語、説話の意味。一般に過越祭の夕に読まれる聖書の物語に関する文章集。その多くは挿絵入り(出エジプト記13・9参照)。

f 信心深い牧者(1)

ラビ・イサクが言った。

「私が考えるのに〝柱の鉤〟とは天上の一体化された柱にまつわるすべての象徴であり、これらの総てが依存するものである。

ヴァヴ(2)という文字の持つ意義はなにか。

六のなかの六(V・V)、すべては結合して脊柱を育てその上にかかる。そこで〝隠された知恵の書〟の定言より学ぶものは、

〝上なる鉤と下なる鉤(上の六と下の六)〟

これらすべては一つの意味、一つの名前として理解される。

その持つ意義は一つである」

今や、次のごとく訊ねる。

「〝隠された知恵の書〟とはなにか」

ラビ・シメオンが言った。

「その書は五部より成り、偉大なる広間の中央で発見できる。そこに盛り込まれた知恵は総ての地上を充たすことができる」

ラビ・ユダは言った。

「〝隠された知恵の書〟が広間の中に収められているとしたら、その価値はどんな大冊の本よりも優れているというのか」

「その通り」

と、ラビ・シメオンは答えた。

その通りだが、知恵の法廷に出入りする人たちでも広間にはほとんど、または絶対に入らない。

昔、一人の男が山中に住んでいた。

彼の暮しは街の人の生活とはまったく異なっていた。彼は小麦を蒔いたが、自然のままで(小麦を)用いる以外に方法を知らなかった。

ある日、彼は山を降りて街へ出た。

彼の前にさし出されたのはよく焼けた一個のパンであった。それはなにかと訊ねると、パンと呼ばれ、食べるものだと説明された。

彼はそれを食べ、好んだ。

「これは何でつくられていますか」

と、彼は言った。

彼らが答えるには、

「小麦」

という答であった。

油であげた美しいケーキがあたえられた。彼は味わい、再び訊ねた。

「これは何からつくられたものですか?」

「小麦から」

という前と同じ答であった。

最後に、この男は王室の菓子製造所でもてなされた。蜜で味つけられ、油で香りをつけた菓子を食べた。もう一度彼は訊ねたが、同じ答が得られただけだった。

そこで彼は言った。

「実際には私はこのすべての食物を自由に手にいれることができる。なぜなら、すべての成分のうちの最も大切な小麦を私は食べているからだ」と。

このように彼の準備されない味覚は、これらすべての優雅な風味を単に変な味としか感じとれない。こうした美味に対する楽しみはこの男にとってはまったく失われている。知識の全般的な原則についてわずかの関心しか払わない人たちも、まったくこの男と同じようなものだ。

彼らはこの(知識の)原則の適用についてさらに深い研究を積むことで導かれる喜びについては、まったく無知なのである。

註

（1）ゾハル vol. II. 176a. の部分訳である。

（2）ヴァヴ（Vav）ヘブライ語アルファベットローマ字のVに相当する。数値は6である。バーヴィヴは、ヘブライ語で鉤の意味がある。

g　小集会（1）

（聖書に）つぎのごとく書かれている以上、あなたは訊ねるだろう。

〃あなたがみ顔を隠されると、
彼らはあわてふためく、
あなたが彼らの息を取り去られると、
彼らは死んでちりに帰る〃　（詩篇104・29）

だが、どうして天使を見ることができるのか。

これに対する説明はつぎのごとくなされている。

天使が地上に降下するとき天使は人間に変装している（と推定される）。この変装の姿で天使は人に見られるようになる。さもなければ彼（天使）のいかなる姿もかいま見ることはできない。このことだけではなく総てはこれと同様で、彼（天使）とともにすべての世界は訪れる。彼（天使）は彼の剣に三滴のしずくをしみこませる。（この点については）いずこかで説明されよう。彼（天使）を見たとき人間の体はふるえおののき、心臓は動悸を打つ、全身の王であった彼の精神が今や彼の体のそれぞれの部分から脱け出ようとしている。ちょうど（寄り合った）近所の人たちがお互いの場所へそれぞれ別れ去ってゆくようなものだ。

哀しいことよ、人間の行為は！

時間について後悔しないかぎり、人間には救済の手段がない。最後の瞬間まで人間は恐怖のうちにあり、彼自身を隠そうとする。しかし、それは決してできることではない。彼は目を見開いて自分の無力さを見る。開かれた目で死の天使を凝視する。そこで彼自身の体と霊魂をあけ渡してしまう。この世界に属していた人間に対する、偉大な審判の瞬間である。霊魂が身体をへめぐり、各々の部分と領域を通りすぎてゆく、そしてそれらの部分は直ちに死に絶えてしまう。霊魂が今や全身を離れて離脱しようとするとき、シェキナ[2]（死の天使）が全身をおおって立ちあがる。霊魂はすぐ飛翔し去る。いずこかへ飛翔し去る霊魂は幸福である。罪人の霊魂は悲惨である。それは聖なるものよりあまりに離れてしまっているからだ。

実際のところ、（彼らの霊魂が）この世界から離脱するためには多くの試練を経なければならない。最初に訪れるのは、いと高きところよりの試練である。それはいま述べたように、身体から彼の霊魂が離脱しようとする瞬間に訪れる。次なる試練は彼が墓の中へ入るときである。さらに重い試練は墓そのものである。彼は虫けらどもの手にかかる試練に遭わねばならぬ。次はゲヒノム[3]（Gehinnom）の試練である。そして、最後には、霊魂がこの世を彷徨し、彼の使命が達成されるまで、いずこにも安住の地を求めることができないという苛酷な試練が待ちかまえている。人間には、このようにへめぐらなければならぬ七つの試練がある。人間はこの世にある間、主を恐れなければならない義務がある。創造主の前で悪事をなしたかどうか日中の仕事の間でも反省し、悔い改めなければならない。

ダビデ王は（つぎのように）言った。

「人間の苦しい試練とはこの世を離れるときである。（そのとき人間は）あわただしく絶叫する。

〝わがたましいよ、主をほめよ〟（ダビデの歌・詩篇103・1）

そしてすすり泣く。

なんじがこの世から去る前にすべきこと、（なんじが）また身体の（なかに）とどまっている間になすべきこと（はつぎのようなことだ）。

〝わがうちなるすべてのものよ、

その聖なるみ名をほめよ〟（詩篇103・1）」

註

（1）ゾハル vol. V. 127 a～127 b. の部分訳である。

（2）シェキナについては、第六章四三〇ページ参照。

（3）ゲヒノム（地獄）については、第四章二六七ページ、註（4）参照。

第五章　カバリストの系譜

I カロの生涯

一四九二年二月、スペイン在住のユダヤ人はキリスト教改宗者《マラノ》(Marano)にならないかぎり全員が国外追放されることになった。この追放劇が行なわれる数年前のこと、トレドに在住しユダヤ学院《イェシバ》の長であったあるラビの家族がひっそりと隣国のポルトガルに移住していった。ラビ・エフライム・カロ(Ephraim Karo)の一家である。しかしポルトガルもまたユダヤ人家族にとっての安住の地ではなく、一四九八年にはオスマン帝国領トルコに移住することになる。当時スペインから追放されたユダヤ人が集結していたのはコンスタンチノープル市であった。一五一八年この家族はさらに聖地エルサレムへ移住した。この一家にヨゼフ・カロ(Joseph Karo)と名づけられた少年がいた。ヨゼフの正確な生年月日は不詳であるが一四八八年頃、イベリヤ半島で生まれたことはほぼ確実である。ヨゼフは一五七五年三月二十四日、ニサンの月の十三日(13 Nissan, 5335)にサフェドにおいて八七歳の高齢で死亡したと伝えられている。彼はカバリストとしてもユダヤ教ラビとしても生前から聖人視されていた人物である。本節では、このカロを中心にサフェド地方のカバリストについて書いてみようと思う(1)。

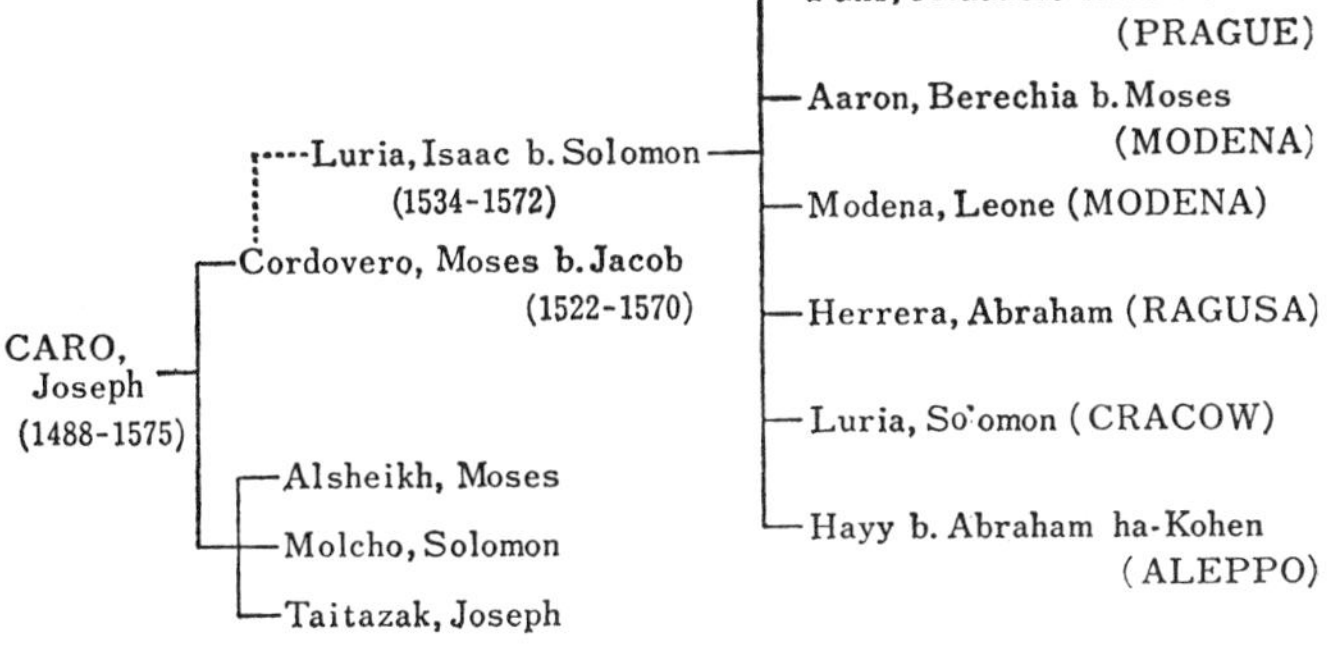

16世紀カバリストの系譜

ヨゼフ・カロが著作活動を開始したのは一五二二年頃で、当時彼はトルコのアドリアノープル（Adrianople）に居住していた。アドリアノープル市におけるユダヤ人の歴史は古く、三八九年、テオドシウス一世（Theodosius I）の頃すでにユダヤ人の記録が残っている。一五三七年頃、カロはサフェド（Safed. ヘブライ語では Ẓefat）に移住し活動を開始した。サフェドはパレスチナ北部の古代ローマ帝国領に属していた小都市である。カロは当時すでに学者としても名声が高く〝私の師（Mori）〟または〝偉大な師（Rabbenu Hagadol）〟の称号を受けていた。その頃、カロは相当期間ヨーロッパ側トルコのサロニカ（Salonica）にも在住している。この地は古代名テッサロニカまたはテルマ（Thessalonica; Therma）と呼ばれていた。当時のサロニカはユダヤ学者にとっての天国であった。豊富なユダヤ教文献が良好な状態で保管されていたからである。さらにサロニカには十六世紀のトルコ最大のユダヤ人居住区が存在していた。一五三一年シバンの月の二九日に開催されたユダヤ教ラビ法廷にはカロの名前も見受けられる。

『マジッド・メシャリム』（Maggid Mesharim; M. M.）と呼ばれるカロの著作は神秘主義的な内容をもつ日記であり、この本の記述のなかで彼は妻と二人の息子と娘との死について書いている。死因は伝染病(2)によるものであった。カロの著作にはその他『ベト・ヨセフ』(Beth Yosef)と題された註解書、『シュルハン・アルク』(Shulhan 'Arukh)と題されたユダヤ教法規集などがある。

一五二二年から一五三七年にかけてのカロの主たる居住地は、アドリアノプルとニコポリスの両都市であった。一五三八年に有名な教義に関する紙上討論が行なわれ、カロは討論者の一人に選ばれた。その頃彼はサフェドに居住していたらしい。

カロは少なくとも三回は結婚している。この時代、スペイン各地からトルコへ移住したユダヤ人はそれぞれの出身地方別に分かれて居住し、リスボン、カタロニア、アラゴン、カスティラ地方に分離して生活していた。彷徨するユダヤ人の間では混乱と無秩序の雰囲気がみなぎり、心理的に耐えがたい疼痛が絶えず彼らを襲っていた。宗教的典礼にも不統一さが目立ち、整理統合が望まれていた。

ヨゼフ・カロがまず実行にうつしたのは、ユダヤ教典礼儀式の統合であった。さらに野心的計画としては、タルムードに記述されたラビ法規の整理という課題もあった。その頃、彼は高名なカバリスト、ソロモン・アルカベズ(Solomon Alkabez. 1505~1576)およびソロモン・モルコー(Solomon Molkho. 1500~1532)などと個人的接触をもち、両者から多くの影響を受けた。

悲劇的カバリストであるモルコーの短い生涯を振りかえってみよう。

モルコーはキリスト教改宗者《マラノ》(Marano)の子としてリスボンに生まれた。彼はその頃、ディオゴ・ピレス(Diogo Pires)と呼ばれていた。当時スペインにはユダヤ教徒は存住しなかったが、彼はひそかにユダヤ教教育を受け、二一歳に達したとき王宮の秘書および法廷の記録係という名誉ある職についた。

その頃、モルコーはすでにカバラ思想の独習を始めていたらしい。一五二五年、ポルトガル在住のダビデ・ロイベニ（David Reuveni）から手紙を受けとり、彼に割礼を受ける意思があるかどうか訊ねた。(3)その時、彼は自分で割礼の儀式を行ない、ユダヤ名に改姓した。ロイベニのすすめに従い彼はスペインから逃走し、ポルトガルへ向かった。そこでも彼の改宗の意思が疑われたので聖地《パレスチナ》へ向けて移住を決意する。その時モルコーは自分の旅行に神秘的意義を感じとっていたようである。彼はイタリヤ、エルサレム、サフェド、ダマスカス、コンスタンチノープルを遍歴した。その途中、サロニカのカバリスト、タイタザック(4)のもとにしばらく滞在し、彼に大きな影響を与えた。そのとき彼はカロの父エフライム・カロ(5)とも面識をもった。

一五二九年、サロニカにおいてモルコーは弟子を集め神秘思想を広めた。彼の思想は救世主の到来によりユダヤ人は究極的に救済されるというものであった。一五二七年、彼はローマにおいて救世主到来の前兆を見たと信じた。モルコーの説教は非常に好評で多数の聴衆を集めることに成功し、キリスト教徒の間でも高い評価を受けた。その頃からモルコーは彼自身が救世主であるとの確信を深めつつあった。彼はローマを訪れた。モルコーはタルムードに記述された伝承(6)に従って乞食の服を身にまとい、ローマ教皇庁の近くテベレ河岸で三十日間にわたる断食を行なった。モルコーは教皇クレメント七世の信用を得ることに成功し、彼の保護を受けることになった。一五三〇年のことである。彼が預言した洪水と地震は同年ローマのテベレ河の洪水と一五三一年一月のリスボン大地震によって立証され、彼の評価はさらに高まった。彼は広範囲の地域で説教を行ないポルトガルでの宗教裁判の広まりを阻止することに成功した。一五三〇年の末、彼はローマからベニスに向かいそこでロイベニと再会したが会談は不成功に終わった。その後、教皇の主治医と討論を行なって成功を収めたが、討論相手からの恨みを買ったためより友好的な環境を求めてローマを離れた。彼の反対者はモルコーを宗教裁判所へ告訴したが教皇の個人的保護もあって、彼の代わりに別人が焼死刑に処せられた。一五三二年モルコーは北部イタリヤを離れた。その後、彼は皇帝シャルル五世と面接し、ユダヤ教徒とトルコ軍を争わせるように進言したが不成功に終わり、彼の身柄はマントウアに移され宗教裁判（アウト・ダ・フェ auto-da-fé）にかけられ同市において焼死刑が施行された。

彼の偽救世主《スド・メシア》としての短い生涯は各地に離散したユダヤ人に多大の影響を与え、遠くポーランド地方にまでモルコーの影響が及んだほどである。(7)

モルコーの悲劇的な死を知ったカロは、さらに深くカバラ神秘思想にふけることになった。カロの日記にはモルコーの悲劇的運命について、次のごとき感想が述べられている。

〝見よ、汝がいかなる段階に達していたかを。汝が私に話したように、その口を通じていかに話したかを。汝がパレスチナにおいて公衆の前で火刑に処せられたと同じ価値を、私は（汝に）与えるだろう。私の名において（汝を）公衆の前で聖別するだろう。……汝の（身体の）灰を私の祭壇に積み重ねることで私は喜びを見いだす。私は汝の著作を完成させイスラエル（の人々）の目に（つくように）照明を与えよう。賢者も、学者も、聖人たちも汝の著作を目にし、それを「ヨゼフの家」と呼ぶようになるだろう。汝はそこで満たされ汝の家で（その霊魂は）肥満し、汝の（思想の）泉はあらゆる方向へ流れ出すことだろう。……汝の名はシナゴーグにおいても学問の実においても語られるだろう。……見よ！ 私は汝の口を通じて律法《ミシユナ》を語り、愛をこめて汝に接吻し抱擁する。汝の頭は私の翼の影のなかで安息することだろう(9)〟

恐らくこの日記の記述は、モルコーの処刑の次の年にしるされたと推定される。

当時カロが親交を結んだソロモン・アルカベズ(10)もまた〝霊感を与える〟人物であった。彼はサロニカのヨゼフ・タイタザック（Joseph Taytazak）の弟子で、アルカベズもまたモルコーの知人であったことはほぼ確実である。彼の神秘思想は義理の弟にあたるモーゼス・コルドベロ(11)によって詳述されている。

カロとアルカベズの交友については、カロの日記に〝私の愛する（友）ソロモン〟または〝私の選ばれた（友）アルカベズの言及によれば……〟などと記述されている。アルカベズ自身の意思（Kawwanoth）が記載された手稿は散逸してしまったが、その内容は終末論的かつ黙示論的内容の思弁体系でありゲマ

エルサレム市内のユダヤ各居住区ごとのシール(8)

トリア手法[12]が使用されたと推定される。

ここでカロの日記の表題ともなっている、マジッド（Maggid）について考察してみよう。ヘブライ語でマジッド（複数形 maggidim）は巡回説教師の意味である。より学問的な説教者にはダルシャン（Darshan）の称号があり、通常ラビの資格を有していた。カロの日記『マジッド・メシャリム』は〝（道徳的に）正しい巡回説教者〟という意味である。古来イスラエルの指導者は明瞭な二階級に区分されていた。学者とラビ、説教者と巡回説教者である。『ゼガリヤ書』（9・12）の〝わたしはきょうもなお告げて言う（傍点・筆者）〟は、マジッド・ミシュネー（maggid mishneh）と記述されている。

カバラ思想においてマジッドとは天使または天なる力であり、人間が覚醒していても睡眠時であっても彼の口を借り、あるいは彼が書いている筆先を通じてカバラの神秘を伝えるものとされた。この概念は、十六世紀から十八世紀にかけてのカバラ思想家に見られる特徴である。この思想はアルカベズの師、ヨゼフ・タイタザックによって完成された。

ヨゼフ・タイタザック（Joseph Taytazak）の生没年は不詳だが、彼は十六世紀に活動したカバリスト、タルムード学者でサロニカに住んだ。恐らく、一四八七年（あるいは八八年）から一五四五年までが彼の生涯であると推定される。タイタザックの父ソロモンもタルムード学者であり、彼はスペインからの追放者であった。タイタザックについての幼少年時の記録はないが、一五二〇年頃すでに高名な学者として知られていた。カロはタイタザックに思想上の指導を受けたことがあった。当時タイタザックはサロニカ市内に彼の学院《イェシバ》（yeshiva）をもち、優れた弟子に囲まれていた。イサク・アダルビ（Issac Adarbi. 1510～1584？）、イサク・アロリア（Issac Arollia. 16th Century）、サミュエル・ド・メディナ（Samuel de Medina, Maharasholam. 1506~1589) 医師エリエゼール・アシュケナジ (Eliezer Ashkenazi. 1513~1586) およびソロモン・アルカベズなどである。

タイタザックと彼の弟子たちはサフェドにおいてカバラ神秘思想家の集団を形成することになった。一五三一年、彼はコンスタンチノープルに居住し、そこで激しい論争を行なった。多分この地でカロはタイタザックと直接逢ったと思われる。その後、タイタザックはサロニカへ帰りそこで後半生をともにする女性と再婚した。

伝承によれば、タイタザックは四十年の間、安息日以外はベッドで眠った[13]ことがなかった。当時、彼の周辺には多くのカバラ学者が集結していたが、そのなかの一人にモルコーがいた。その頃タイタザックはマジッドの概念を形成しつつあった。聖なる声が彼に話しかけ、あるいは筆記させる。この不思議な力の影響でカロはその日記(M. M.)を記述することが可能となった。だが、タイタザックとカロの両者間には〝マジッドの概念〟について考え方の違いが認められる。タイタザックは聖なる声の導きがマジッドであるとし、カロは律法《ミシュナ》が人格化され天使となったものがマジッドであると考えた。カロは、タイタザックのマジッドをより低級で世俗的なものとみなした。

カロは一五三〇年頃から、『光輝の書《ゾハル》』[14]に興味を抱き始めた。

一五三〇年代の初めカロはニコポリスに居住し、アルカベズは当時サロニカを離れてアドリアノプルへ、更にパレスチナへ向かっていた。この両者は恐らくニコポリスにおいて親交を結んだのであろう。

ニコポリスにおけるユダヤ人の歴史について考察してみよう。ニコポリス(Nicopolis, Nikopol)はドナウ河の右岸に位置した小都市でブルガリヤ領内にある。西暦九八年ローマ皇帝トラヤヌスの頃、すでにこの地にはユダヤ人の居住者がいた。九六七年、多数のユダヤ人がビザンチン帝国領から移住した。そのほとんどが商人であった。一一八九年アッセンとピーターの二兄弟がブルガリヤ帝国を再建したとき、ベニスおよびゲロナからユダヤ商人がこの地に来訪し交易関係を結んでいる。伝承によれば、ブルガリヤ皇帝イワン・シスマンの母テオドラ王妃がユダヤ女性でキリスト教への改宗者であったため、一三六七年ハンガリー王ルドビック一世の迫害で同国からユダヤ人が追放されたとき、ニコポリス市にユダヤ人収容所が設立されたのだという。回教徒軍が同市を占領したとき非常に繁栄したユダヤ人地区があり、そこにはビザンチン系、イタリヤ系、東欧系ユダヤ人が居住していた。さらには、一四九二年スペインからユダヤ人が大追放を受けたとき、ニコポリス市では多数のユダヤ人追放者を迎えた。当時の首席ラビはハイム・ベン・アルバルグリ（Hayyim ben Albalgri）であったが、彼の死後、その後継者になった人物がヨゼフ・カロの父エフライム・カロであった。後にヨゼフ・カロ自身、父の後継者として首席ラビの職に就いたらしい。ニコポリスにおいてカロは学院《イエシバ》を開設した。そこには約二百名ほどの学生がいたと伝えられている。当時、追放を受け各地に離散《ディアスポラ》していたユダヤ人からも宗教的質問にあふれた多くの手紙がカロのもとにとどけられた。彼はそれに対して何百通もの返答を書いている。カロはまたユダヤ人居住区に発生する多くの問題にも調停者となって尽力したと言われている。

伝承によれば、カロの息子はイサク・ルーリア[15]の娘と婚約したという。

ヨゼフ・カロは八七歳の高齢でサフェドにおいて死亡したといわれる。彼の墓は現在でもサフェドのユダヤ人墓地に存在している。

註

（1）本章の記述にさいしては、Joseph Karo, Lawyer and Mystic. by R.J. Zwi Werblowsky. Publishect. The Jewish Publication Society of America. Philadelphia. 1980. を参照した。

（2）この伝染病は、コレラ、チフス、黒死病《ペスト》のいずれかであろうと推定される。

（3）割礼（Berit Milah）は、古代からユダヤ民族が行なってきた宗教儀式である。創世記（17・10〜14、12・4）、レビ記（12・3）などを参照のこと。

（4）タイタザックについては、第五章三一四ページ参照。

（5）エラフイム・カロについては、第五章三〇八ページ参照。

（6）救世主に関するタルムードの記述については、Sanh. 98a 参照。

（7）モルコーの影響力に関しては、Encycl. Judaica. vol. XII. p. 226. の記述を参照。

（8）The Jew. Encycl. vol. XI. p. 139. の挿絵より。

（9）カロの日記 Maggid Mesharim（M.M.），pp. 65. 参照。

（10）アルカベズについては、第五章三二〇ページ参照。

（11）コルドベロについては、第五章三一九ページ参照。

（12）ゲマトリアについては、第二章一一五ページ参照。

（13）モルコーについては、第五章三一〇ページ参照。

（14）『光輝《ゾハル》の書』については、第四章参照。

（15）ルーリアについては、第五章三二〇ページ参照。

II　コルドベロとルーリア

一四九二年スペインでユダヤ人大追放が行なわれてからは、カバラ思想研究はガリラヤ地方北部の小都市サフェド（Safed）が中心地となった。

サフェドはイスラエル、ガリラヤ地方の主要都市であり、海抜八五〇メートルの丘陵上に構築された古代都市である。サフェドという地名は旧約聖書には登場しない。

タルムードには、サフェドの山頂は新月出現の知らせをあげる狼煙台としてすでに第二神殿期から使用されていたという記述がみられる(1)。

六〜八世紀頃のヘブライ語の詩文には、しばしばサフェドという地名が登場する。この都市が正式に歴史の舞台に現われるのは、一一一四年にサフェット（Saphet）として記述された時からである。

アンジュのフルク王（King Fulk of Anjou）はガリラヤ海とアークル港とを結ぶ重要拠点としてこの地に要塞を構築した。一一六八年、テンプル騎士団によって占領されたが、一一八八年、アラブ王サラディン（Saladin）が同市を奪還、その後継者アユバード（Ayyubird）は同市の要塞を解体した。それは一二二〇年のことである。一二六六年、同市は再度テンプル騎士団によって占領され、要塞は再構築された。

中世以降の文献でサフェドのユダヤ人居住区の存在が確認されるのはゲニザ古文書(2)によってであり、十一世紀前半のことである。一四八一年には三百家族のユダヤ人が同市に居住していた。一四九五年の記録によれば、サフェドにおいてユダヤ人は香辛料、チーズ、油、野菜などの交易に従事していた。

一五七三年、ユダヤ文化圏において高名であったヘブライ語関係の印刷業者イサク・アシュケナジEliezer ben Issac Ashkenazi) がポーランド東部のルブリン市 (Lublin) より移住しヘブライ語書籍の印刷を開始したのも、このサフェドであった。

コルドベロは一五二二年にサフェドで生まれ、一五七〇年六月二十五日に死亡した。彼はセファルジム系ユダヤ人家系に属し、おそらく彼の家系はその名前からみてコルドバ出身であろうと推定される。コルドベロは初めヨゼフ・カロ(3) (Joseph Karo) についてユダヤ神学者《ラビ》としての学問を修め、二十歳のとき義兄弟にあたるカバリスト、ソロモン・アルカビッツ (Solomon Alkabiz) に師事しカバラ思想の勉学を始めた。深遠な思索家であった彼は、カバラ思想の権威として知られるようになった。

コルドベロの思索活動は、形而上学的なカバラ思想研究に集中した。彼は孤独な生活を送り、通俗的カバリストとはまったく隔絶した環境で研究を進めた。彼は名声の高まりとともに、サフェドに在住していたイサク・ルーリア(4)を中心とする思想家集団《サークル》と接触を持つようになる。

彼の数多い著作のうちで最も重要なものは『ざくろの楽園』(5)であり、この著作において彼はカバラ思想の教説総てについての解釈を行なった。セフィロト(6)、流出、聖なる御名(7)、ヘブライ語アルファベットの持つ神秘的な力などについてきわめて独創的な概念を提示した。

とくに、神性に関するコルドベロの概念には、コルドベロの死から一〇〇年後にオランダの哲学者スピノザ（1632〜1677）が発表した哲学思想の内容と驚くほど多くの類似点が認められる。スピノザの友人オルデンバーグがこの点について問いただしたところ、〝古いユダヤの哲学者の思想から引用したものである〟とスピノザは答えている。それがコルドベロの思想であった。

神と創造について、コルドベロはつぎのように述べる。

〝聖なる存在に栄光あれ！　輝ける十のセフィロトは流出された世界にあり、十のセフィロトは創造された世界にある。また十の天なる球体にも存在する。この主題について探求するとき、つぎのことを発見するにいたる。総ての存在は彼から導かれ、彼のうちに含まれる。われわれの生命もまた彼により織りなされ、彼こそが総ての存在するもの（の源）である。植物・動物のごとき下位の存在は栄養をあたえるが、彼の外側に存在するものではない。短くいえば、総ては一つの回転する車輪のなかに含まれ、ときに上位に向かい、下位の存在にも向かう。総ては一つであり、彼（の存在）から離れたものは何物もない〟

（『ざくろの楽園』第十二章）

コルドベロによれば、なぜ無限の神性が有限な形而下的存在である肉体として流出したのか――という問題に対して、神聖な光の凝縮という思想を述べている。神聖な光の凝縮によって継続的に流出する十のセフィロトという神の力動的な道具によって、総ての創造物における変化は形づくられた――と述べる。

ユングの幻視《ヴィジョン》(10)に現われた『ざくろの楽園』（Pardes Rimmonim）はコルドベロの主著であり全十三章か

ら構成されている。一五九一年、クラコウにおいて出版された。ヘブライ語による原書のラテン語抄訳は、ヨゼフ・シアンテスにより一六六四年、ローマで出版された（Joseph Ciantes; De Sanctissima Trinitate Contra Judaeos, Rome, 1664.）。その他のラテン語訳も散見される。

これらの翻訳を通じてコルドベロのカバラ思想は広くキリスト教文化圏にも滲透していった。

コルドベロと親交があったもう一人のカバリスト、ルーリアについて述べよう。

イサク・ルーリアは東欧系ユダヤ人《アシュケナジム》として一五三四年エルサレムで生まれ、一五七二年八月五日サフェドで死亡した。ルーリアがサフェドに在住したのは晩年の三年間だけだが、その間ルーリアがあたえた思想的影響は大きく、その弟子のなかには多くの碩学が含まれていた。

スピノザ

伝承によれば、ルーリアが幼少のころ父は死亡し、彼はカイロに住んでいた富裕な農家の叔父モルデカイ・フランセスによって養育された。叔父モルデカイはルーリアを当時最も優秀であったカイロのタルムード学院に入学させた。十五歳のときルーリアは従姉妹と結婚した。しかし勉学はそのまま続け、二二歳のとき初めて『光輝の書《ゾハル》』[11]を読んだ。ゾハルは当時はじめて印刷に付されていた。ゾハルとのめぐり逢いによって彼は衝撃的な影響を受け、生涯にわたるカバラ思想研究の隠遁者となり、後にはカバリストの師として暮すことになった。

ルーリアはナイル河の岸辺に孤独な隠遁地を求め、七年間にわたる瞑想と思索の生活を送った。彼が家族を訪れるのは安息日《サバト》[12]の祭礼の時だけだったと伝えられている。ルーリアはまれにしか話さず、その言葉は総て古代ヘブライ語であった。

このようなルーリアの生活形態は必然的に瞑想的な傾向を強め、ついにカバラ思想にもとづく神秘的な心的世界に生きる人間像を形成することになった。

眠りに入ると、ルーリアの魂は肉体を離脱して高く飛翔し、偉大な古代の賢人タンナイムやアモライム[13]と話し合ったと伝えられている。

一五六九年、ルーリアはパレスチナ地方に移住することになり、途中聖地エルサレムに短期間滞在したのちサフェドに定住した。彼の死に先立つこと三年前のことであった。

ルーリア個人に関する半ば伝説的な記録は以上のようなものである。十九世紀末から二十世紀初頭にかけてカイロ・ゲニザ[14]において大量の古文書が発見され、ケンブリッジ大学における研究の結果、ルーリア自身の手稿[15]なども発見され詳細な伝記が明瞭になった。以下は、その研究成果である。

ルーリアは別名"（聖なる）獅子《ハ・アリ》"（Ha-Ari）と呼ばれたが、これは"聖なるラビ"（Ha-Elohi Rabbi Yiẓhak）の単語の頭部を綴り直したものである。この呼称は十六世紀末頃、イタリヤのカバリストのあいだで用いられ始めた。

ルーリアは生存時、サフェドにおいてラビ・イサク・アシュケナジ・ルーリア（R. Issac Ashkenazi Luria）として知られていた。彼の父はポーランドまたはドイツ系ユダヤ人でエルサレムに移住し、そこ

世紀		
1	フィロン	
2		
3	タンナイム期	
4	（バビロニア パレスチナ）	タルムード形成期
5	アモライム期	（異端の発生→カバラ思想
6	（バビロニア パレスチナ）	唯神論 → 汎神論）
7	サボライム期	
8	（バビロニア パレスチナ）	
9		
10		
11	輝きの書（ナルボンヌ，フランス）	
12	創造の書（南フランス）	
13	ゾハル（スペイン）	
14		
15		
16	コルドベロ（サフェド），ピコ・デラ・ミランドーラ（イタリア） ルーリア（サフェド）	
17	サベタイ・ゼビ運動（トルコ），スピノザ（オランダ）	
18		
19	フロイト（ウィーン），ユング（スイス）	
20	ショーレム（イスラエル）	

カバラ思想発展略図

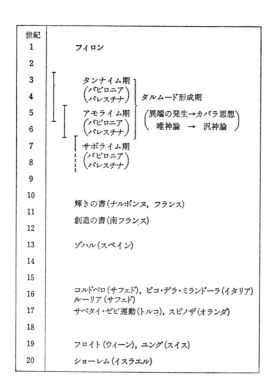

でセファルジム[16]であるセファルディ・フランセス（Sephardi Frances）と結婚した。
ルーリアの幼少時に父は死亡、母の兄弟でエジプトに住むモルデカイ・フランセス（Mordecai Frances）という富裕な農家で養育された。ルーリア幼少時の記録、カバラ思想への接近に関しては伝説の靄《もや》のなかに包まれて詳細は不明。恐らく七歳のときエジプトに移住したが、それ以前エルサレムにおいてポーランド系ユダヤ人《アシュケナジム》カロニムス（Kalonymus）についてカバラ伝承を学んだと伝えられる。

エジプトで彼はアビ・ジムラ（Davide b. Solomon ibn Abi Zimra）とその後継者ベザレル・アシュケナジ（Bezalel Ashkenazi）について勉学した。その内容はタルムードに記述されたハラカ（Halakah）と呼ばれるユダヤの慣例法規集の学習であった。

タルムード研究と同時にルーリアは商業《ビジネス》にも従事していた。カイロ・ゲニザ古文書のなかに含まれた資料には、一五五九年、彼が香辛料《ペッパー》のビジネスを行なった記録が含まれる。サフェドにおいても彼は商業に従事しており、死に先立つ三日間の日付がはいった自筆の計算書が残されている。
ルーリアを中心として結成されたカバラ思想家集団《サークル》のメンバーは、いずれも商業《ビジネス》に従事しながら研究を続けていた。

彼はエジプトに滞在していた頃、叔父が所有していたカイロ市に近いナイル河のジャジラト・アル・ラウダ島（Jazirat al-Rawda）で隠遁生活に入り、神秘思想の研究を開始した。当時、ルーリアは叔父の娘と結婚していたわけだから、その島の所有者は義理の父ということになろう。この隠遁生活は七年間にわたり、それは一五五〇年代のことといわれる。

一五五八年、ルーリアはベザレル・アシュケナジ（Bezalel Ashkenazi）およびシメオン・カステラゾ

古代フェニキアの港町アークルの遺跡(36)

(Simeon Castellazzo) とともにタルムード法にもとづく誓約を交わし、カバラ思想とくに『光輝《ゾハル》の書』の研究と同年代の思想家《カバリスト》コルドベロに関する研究を並行して行なうことになった。十六世紀末頃の日付のある資料によれば、彼らはゾハルの一章〝隠された知恵の書〟(Sifra di-Ẓeni'uta) に関するカバラ神秘思想の註解を書いていたらしい。この章はゾハルのとくに重要な部分である。ルーリアは初めコルドベロの思想を学習する立場であったが、後にこの関係は逆転する。

一五六九年か七〇年の初め頃、ルーリアはサフェドに家族と移住した。当時、コルドベロはサフェドにいた。彼の死後ルーリアはつぎのように記している。

〝われらの師(コルドベロ)、彼の光は永く(輝く)であろう……〟

コルドベロの死後、ルーリアの周辺には約三十人ほどの優秀な弟子がいたことが知られており、なかでもハイム・ビタル (Ḥayyim Vital) がとくに傑出した人材であった。サフェドのアシュケナジ系教会堂《シナゴーグ》において時には説話を行なうこともあったが、ルーリアは普段一般人との接触は避けた。彼は弟子と一緒に長い散歩をするのが常だった。サフェドの住民は彼らの姿を見て〝聖人たち〟と呼んだ。

ルーリアは自らの思想を系統的に記述することはしていない。湧き出る発想に筆が追いつかなかったのであろう。論理的に構成するより自由で散発的な発想が主体となっていた。ルーリアとその弟子は毎週金曜日に集いをもった。ルーリアのサフェド在住は三年という短い期間であり、一五七二年七月十五日、彼は伝染病に罹患し急死した。

ルーリアはゾハルの思想をさらに発展させた。〝流出〟の概念[17]についての研究ではグノーシス思想からの影響も受けた。ルーリアは瞑想的直観による註釈作業によって極めて高度な神秘主義的理解をゾハルから導き出すことに成功した。

現代カバラ研究の碩学ゲルショム・ショーレムはつぎのように述べる。

〝カバラにおける神秘主義はルーリア[18]においてその頂点を極めた[19]〟

ルーリア派カバラ思想ではジム・ズム(Zim-Ẓum)およびエン・ソフ(Ein-Sof)の概念が詳細に検討された。

〝神を包みこむ外套〟の概念[20]はルーリアによりはじめて形成された。〝外套〟は〝エン・ソフ〟がもつ神秘的な言語的活動にもとづいて形づくられるものとされ、〝ジム・ズム〟に先行する働きであると指摘された。

ルーリアによるカバラ思想研究の結果、カバラ体系は従来の混沌とした曖昧な形から、完全に統合された思想体系へと変貌したのである。新しい術語がつくられ、象徴の体系はより複雑なものとなった。

ルーリアによれば、原始にはジム・ズムと関連したイデアがあり、それが流出のプロセスの総てを支配する。宇宙の進化は二重に進行するもので、一方のプロセスは神性の〝産出〟(Hitpashetut)であり、他のプロセスは神性の〝頽廃〟(Histallekut)である。この二つのプロセスこそ流出の基本に含まれた要素である。内的世界には五つの単位となる配置(Parzufim)があり、それがセフィロトの配置と対応する。そこで従来の独立した十のセフィロト概念は廃棄された。

ルーリアによれば、世界の産出(生長または創造)には必然的に頽廃(破滅または虚無化)が内在する。神意に基づく宇宙創造の壮大なドラマには、必然的に神の内部における心理的ドラマが並行して進行すると想定された。この関係が縮小し、逆転したものが人間の行なう祈りであり、祈りにともなう神秘的効果であるとルーリアは思惟した。

ルーリアのカバラ体系には全体を貫いて美しい均衡が認められる。これは瞑想と実際的活動《ビジネス》の両面にわたる平衡感覚からもたらされたものであろう。

ルーリアを取り囲んでいた弟子のサークルは閉鎖的で、彼らは堅く団結していた。その閉じられた集団内部では、師ルーリアは救世主《メシア》として尊敬された。ルーリアの死後もこのサークルは堅い結束を保ち、外部からルーリア派のカバラ思想をうかがうことは不可能であった。しかし、ときどき発見されるルーリア思想に関する手稿の断片と、ルーリアの死後ただちにつくりだされた夥《おびただ》しい伝承や寓話とが結びつき、異常な関心がルーリア学派のサークルに集中することになった。

サークルの最長老ハイム・ビタル（Hayyim ben Joseph Vital. 1542～1620）は十二名の弟子の署名を求め、ルーリア思想の漏出を禁止した。一六二〇年にビタルが死亡するまで、ルーリア思想は同学派内のみの秘密の知識として保存された。ビタルの死後、突然このルーリア思想がイスラエル《エレズ・イスラエル》の地で印刷・刊行された。ルーリアの死後約半世紀のことであった。この著作集に収録された論文のほとんどはルーリアの弟子の執筆によるものであったが、部分的にはルーリア自身の記述も含まれていた。この著作集がヨーロッパ各地に急激に広まるのは十六世紀末頃である。

ルーリア思想を集約した書籍は、一六二九年から三一年にかけてヨゼフ・デルメディゴによってヘブライ語二巻本が刊行され、ルーリアの弟子ビタルの手稿を含めたより浩瀚なものが、一六四八年、アムステルダムで刊行された（Emek ha-Meleka: Naphtali Becharach, Amsterdam. 1648）。

イスラエル・サルグという人物がイタリヤからポーランドにかけて旅行して、ルーリア思想を各地で宣伝し、熱狂的な反響を呼んだ。イスラエル・サルグは学者であり、ルーリア学派《サークル》には所属していなかったが彼の思想を詳しく学びとっていた人物である。ルーリアのカバラ思想はたちまちのうちに大いなる興奮とともにトルコ、イタリヤ、ポーランド各地に散在していたユダヤ人集団にむかえられた。それは、ルーリア思想の体系には救世主《メシア》待望の要素が強く認められるからであろう。ルーリア思想によりサバタイ運動[21]の基礎が準備された――とG・G・ショーレムは指摘している。

その後、イタリヤにおいてモーゼス・モデナを中心としてルーリア思想の研究が活発に行なわれ、十七世紀にはイタリヤがカバラ研究の中心となる。

このようにサフェドにおけるカバラ研究は、二人の優れた人物によって行なわれた。コルドベロ(Moses ben Jacob Cordovero. 1522～1570)とルーリア(Isaac ben Solomon Luria. 1534～1572)である。

カバラ神秘思想研究で偉大な業績を遺したのはコルドベロである。彼はセフィロト(Sefiroth)概念を体系的に記述した初めての人物であった。その他、流出、エン・ソフの概念も彼によって明瞭な形で示された。

G・G・ショーレム[22]によれば、コルドベロは聖トマス・アクィナスにも匹敵すべき偉大な著述家であり、指導者であった。コルドベロは膨大な量のゾハル註解の手稿を遺した。ルーリアはコルドベロから大きな影響を受けている。

ルーリアには三八歳の生涯を通じてコルドベロのような著述はない。だが彼の弟子たちがその師に関する言行録を残した。これは後世『聖なる獅子の著作』(Kithve Ha-Ari)として流布した。その他、『光輝《ゾハル》の書』のなかで最も難解な〝秘匿の書〟(Sifra di-Tseniuta)の註解書も残されている。ルーリアの

アムステルダムのユダヤ人の婚礼（十七世紀）(37)

著作はいずれも師ルーリアと弟子との対話という形式を採用している。

ルーリアのカバラ思想は高弟ビタルによって五冊の二つ折り本《フォリオ》にまとめられ『八つの門』(Shemonah Shearim）と呼ばれた。より簡潔にルーリア思想を記述したものが彼の第二番目の弟子ラビ・タブール(Joseph ibn Rabbi Tabul) によってまとめられたが、一九二一年偶然の機会をえて出版されるまでそれは手稿のまま各地の図書館に保存されていた[23]。

ルーリアの人間的特徴はビタルによって記述され、生前から聖人視された。ルーリアは幻視体験をもつ人物であった。彼は有機的生命を遊離し、霊魂はこのいずれの生命の中に宿るものとした。ルーリアの薄気味悪い数多くの幻影は常に弟子たちに示された。ゾハルに描写された世界は総てルーリアには現実のものと考えられていた。

ルーリアのカバラ思想は初めスペイン系《セファルディム》ユダヤ人に信奉されていたが、次第に広く流布し、ポーランド系《アシュケナジム》ユダヤ人の間にも伝えられた。前述したように、ルーリアのカバラ思想を広くヨーロッパ各地に伝えた人物はイスラエル・サルグである。

サルグ（Israel Sarug. 1590～1610）はエジプト生まれだが、恐らくラビ神学の学者の家系であろうと推定される。一五六五年カイロで書かれた手稿[24]はサルグ自身が筆写したものである。サルグはルーリアの直接の弟子ではなかったが、後年彼は自分をルーリアの高弟であると宣言するようになった。

一五七〇年から一五九三年にかけてサルグの消息は不明だが、恐らくこの期間一五八〇年頃、彼はサフェドにいたと推定される。一五九四年から一六〇〇年にかけてサルグはルーリアの思想を広く伝播するようになった。彼は初めイタリヤ各地を訪れ、次にプラーグでアブラハム・ヘェレラ（Abraham Kohen de Herrera. 1570～1635 or 1639）にルーリア思想を教えた。その後サルグはサロニカ（Salonika）、ポーランドでもカバラ思想の伝播に努めた。

アブラハム・ヘェレラはキリスト教社会にカバラ神秘思想を伝えた人物である。彼はリスボン生まれと推定される。一五九〇年頃、ヘェレラはサルグからルーリア思想を学び、ユダヤ教に改宗、アムステルダムのユダヤ人社会でカバラ思想を教えた。彼のカバラ思想は汎神論的傾向を帯び、哲学者スピノザはヘェレラの思想から多くの影響を受けた[25]。

サルグによって伝えられたカバラ思想（ルーリアの思想）はイタリヤ、オランダ、ドイツ、およびポーランドにおよび、一六六五年に発生するサバタイ運動の序曲となる。

一六四八年、フランクフルト・アム・マイン在住のバカラック（Naphtali ben Jacob Bacharach）によって、ルーリア思想の大冊版の書『王の神秘的深さ』（Emek Ha-Melekh）が出版された。[26] この本は十八世紀までエルサレム、イタリヤ、ドイツ南部で広く読まれた。

ルーリアの死後、サフェドにおいて彼の神秘的霊感が真実であったことが承認されると、一六〇〇年以前にすでにルーリアの思想は急速に各地に伝播していった。

ルーリアとコルドベロの思想を比較すると、ルーリアはコルドベロの思想を基礎としていることがわかる。コルドベロの思想が完全に哲学的・思弁的体系であるのに反し、ルーリアの思想は彼自身が体験した霊感・幻視などによる神秘的色彩が濃い。さらにはルーリアのカバラ思想には、例えば禁欲生活を推奨するなど多くの実践的要素が含まれている。

一五七二年七月十五日のルーリアの死後、彼にまつわる伝説が数多く生みだされた。『聖なる獅子への賞讃』（Shivhei ha-Ari）および『奇蹟』（Ma'asei Nissim）の二冊が代表的なルーリア伝説集である。

ルーリアの思想を流布したもう一人の人物はヨゼフ・イブン・タブール（Joseph ibn Tabul. 1545～17th century）である。彼は北アフリカ（Maghreb, Ma'arav）からサフェドを訪れ、ルーリアの弟子になった。師ルーリアの死後もサフェドに止まり、ルーリアの思想を教授した。その結果、ルーリアの思想を完全な秘密のもとに置くべしとするビタルとの間が険悪になった。タブールは晩年にいたりエジプトへ赴き、数年間滞在した。十七世紀初頭、彼はエレズ・イスラエル（Erez Israel. イスラエル本土）へもどり、ヘブロン（Hebron）で死亡した。

後年タブールの多数の手稿はルーリア思想を知るための資料として、カバリストのあいだで高い評価をえた。

ところで、ルーリアのカバラ思想は預言者エリヤの啓示にもとづいて『光輝《ゾハール》の書』の記述に新しい解

ドイツ系ユダヤ人の婚礼（十八世紀）

釈を行なったもの——と彼の弟子たちのあいだでは信じられていた。

若干の紙面をさいて預言者エリヤの伝承について述べてみよう。

預言者エリヤ（Eliyahu ha-Nasi）は旧約では次のように述べられている。

〝見よ、主の大いなる恐るべき日が来る前に、わたしは預言者エリヤをあなたがたにつかわす。彼は父の心をその子供たちに向けさせ、子供たちの心をその父に向けさせる〟（マラキ書4・5）

エリヤは救世主の先駆者として出現する人物で、苦悩からの救済者でもある。エリヤの生活は神秘的である。

〝主の言葉がエリヤに臨んだ。「ここを去って東におもむき、ヨルダンの東にあるケリテ川のほとりに身を隠しなさい。そしてその川の水を飲みなさい。わたしはからすに命じて、そこであなたを養わせよう」〟（列王紀上17・2〜4）

預言者エリヤはこのようにして神の使者、烏《からす》によって生命を保つのである（列王紀上17・5〜6）。彼の出自についてはいくつかの説がある。

〝ヤレシャ、エリヤおよびジクリはエロハムの子らであった〟（歴代志上8・27、傍点・筆者）

またエリヤは人間の形をした天使であるとも信じられた。またエリヤは〝義人の王〟（Melchizedek）とも混同される。

エリヤはまた数々の奇蹟も行なった。

瓶《かめ》に一握りの粉と、罎《びん》に少しの油しかない家庭でエリヤは言った。

〝主が雨を地のおもてに降らす日まで、かめの粉は尽きず、びんの油は絶えない〟（列王紀上17・14）

そして、エリヤの言う通りになった。

男の子が病気になり息が絶えた。その母はエリヤを訪れて言った。

〝神の人よ、あなたはわたしに、何の恨みがあるのですか。あなたはわたしの罪を思い出させるため、またわたしの子を死なせるためにおいでになったのですか〟（列王紀上17・18）

そこでエリヤは主に呼ばわった。その子供の魂はもとに帰って、子供は生きかえった。

エリヤはまた邪神バアルの預言者をこらしめた。

エリヤはまた神の声を直接耳にする人物でもあった。

〝主は言われた。「出て、山の上で主の前に、立ちなさい」その時主は通り過ぎられ、主の前に大きな強い風が吹き、山を裂き、岩を砕いた。しかし主は風の中におられなかった。風の後に地震があったが、地震の中にも主はおられなかった。地震の後に火があったが、火の中にも主はおられなかった。火の後に静かな細い声が聞えた。エリヤはそれを聞いて顔を外套に包み、出てほら穴の口に立つと、彼に語る声が聞えた。「エリヤよ、あなたはここで何をしているのか」彼は言った。「わたしは万軍の神、主のために非常に熱心でありました。……」〟（列王紀上19・11〜14）

エリヤはまた幻視を見る人であった。彼の幻視に〝四つの世界〟が出現した。それは風の形をしていた。そして世界最後の日の静寂があたりにみなぎっていた。(27)

エリヤの住居は天国に定められていた。(28)

預言者エリヤは天国の十字路の中央に立ち、聖人の霊魂を正しい方向に導びき、邪悪な魂は地獄へおとす役目をもっていた。このエリヤの仕事は安息日《サバト》の日から始まり次の安息日《サバト》に終わる。そしてエリヤ

クラコウ（ポーランド）におけるユダヤ人の婚礼（十九世紀）(39)

は邪悪な魂が十分な罪の贖いをした後に天国へ導く役目ももっていた(29)。

　カバラ思想では預言者エリヤは死の天使と常に対抗している存在で、サンダルフォン(30)（Sandalfon）と同一視されることが多い。エリヤはしばしば普通の人間の姿で出現することもあり、犬がそれに気付いて吠えることがある(31)。エリヤは夢の中にも出現するし、昼間現われることもあり、聖人はそれを敏感に感じとると信じられた。

　タルムードには次のようなエリヤ伝承が物語られている。

　〟ある時一人の男が異邦の土地にやってきた。それは安息日《サバト》の始まる数時間前であった。そこで彼は所持金の保管を誰に依頼しようかと迷っていた(32)。彼は近くのユダヤ教会堂《シナゴーグ》にはいった。額にフィラクテリー(33)（Phylacteries）をつけた男が祈っていた。彼はこの男に所持金を安息日の終わる時間まで保管してくれるよう依頼した。安息日が終わってから教会堂《シナゴーグ》を訪れたところ、そこには誰もいなかった。祈っていた人物は偽善者で詐欺師であった。そ

ドイツ系ユダヤ人の婚礼の列（十八世紀）(40)

の夜、眠りにつくと夢の中に預言者エリヤが現われ、詐欺師を見つけて金をとりもどす方法を教えてくれた。彼は目を覚ますと自分の金をとりもどしただけでなく、偽善者づらをした詐欺師の正体を暴露した。(34)

預言者エリヤにまつわる伝説は数多いが、東欧系ユダヤ人《アシュケナジム》の間では次の物語が良く知られていた。

〝ある日、ヨシュア(Joshua)が一緒に世界を旅行をしたいと預言者エリヤをさそった。その時、エリヤはヨシュアに言った。

「もし私が何か変なことをしても決して質問しないでください。この条件が守れなければ即座に私は姿を消してしまうでしょう」

そこでヨシュアは預言者に約束を守ると誓った。初めの休息地で彼らは貧しい男の家に泊まった。この男はたった一頭の牡牛しか持っていなかった。男と妻はこの見知らぬ二人の旅人を心をこめて接待してくれた。次の日の朝、出発に先立って預言者エリヤがこの男の牡牛を殺すように神に祈っているのをヨシュアは耳にした。出発の前に牡牛は死んだ。

ヨシュアはこらえきれなくなり預言者に言った。

「これがこの貧しい人たちの親切心にむくいるやりかたですか」

預言者エリヤがさきに交わした約束を思い出させたため、二人は沈黙のまま旅を急いだ。

夕ぐれが近づいた頃、彼らは金持の男の家にやってきたが、その男は見て見ぬふりだった。そこで、食べものも飲みものもなしに一夜をすごさなければならなかった。朝方、この不親切な男の家を出発しようとしたときヨシュアは預言者が神に祈るのを聞いた。預言者は金持の家のかたむきかけた壁が倒れないように神に祈っていた。次の瞬間、壁はちゃんと立っていた。

これはさらにラビ・ヨシュアの心に不快な気持をつのらせた。だが約束を思い出して彼は沈黙を守り通した。次の日の夕刻、金と銀で飾られた教会堂《シナゴーグ》にやってきた。そこにいた富裕な信者はこの貧しい旅人になんの関心も示さなかった。しかし、水とベッドだけは提供してくれた。次の日、教会堂《シナゴーグ》を出発するときまたヨシュアは預言者の祈りを耳にした。富裕な信者を教会堂《シナゴーグ》の指導者にしてくれるようにエリヤは祈っていた。ヨシュアはもう少しで約束を破るところだったが必死にこらえ、沈黙を守った。

次に訪れた都市で彼らは非常に親切な人びとに出合った。この見知らぬ異邦人たちを誰もが親切にもてなしてくれた。それは素晴らしい日であった。次の日ここを離れるときまたヨシュアは驚いた。預言者がこの都市に〝たった一つの頭脳を〟と神に祈っていたからである。

ヨシュアはもはや我慢しきれなくなり、ついに預言者エリヤに質問してしまった。彼はエリヤとの同行をやめる決心だった。

エリヤは答えた。

「親切で貧しい男のたった一頭の牡牛を殺すように神に祈ったのは、彼の妻が死ぬことを私は知っていたからです。そこで私は牡牛の生命とひきかえに彼の妻が生きるように神に祈ったのです。

非人情な金持の男のくずれかけた壁がもと通りになるように神に祈ったのは、その壁に沢山の宝物が埋められていたからです。その宝はこの男にはふさわしくない。

不親切な教会堂《シナゴーグ》のために祈ったのは、指導者の多い所は長く繁栄することがないからです」

「では、親切な都市の人たちのために祈ったことはどういう意味ですか」

とヨシュアが訊ねた。

「それはこの都市が長く栄えるようにという意味です。一つの頭脳のもとにこの都市の人たちが結束すればそれがなしとげられるからです」

と預言者エリヤは答えた〃[35]

註

（1）Rosh ha-Shamah. 2: 1, 58 a. 参照。

（2）ゲニザ古文書については、第三章一六二ページ参照。

（3）ヨゼフ・カロについては、第五章三〇八ページ参照。

（4）ルーリアについては、第五章三二二ページ参照。

（5）セフィロトについては、第三章一八五ページ参照。

（6）流出については、第四章二三四ページ参照。

（7）聖なる御名、聖四字の秘義については、第二章九七ページ参照。

（8）ヘブライ語アルファベットのもつ神秘的な力については、第二章一一三ページ参照。

（9）Epistola. pp. 21, 22. 参照。

（10）ユングの幻視については、第六章三八九ページ参照。

（11）『光輝の書《ソハル》』については、第四章参照。

（12）安息日《サバト》については、第一章四四ページ参照。

(13) タンナイムとアモライム、タンナとアモラについては、第一章五二ページ参照。
(14) カイロ・ゲニザについては、第三章一六二ページ参照。
(15) ルーリアの手稿については、Encycl. Judaica. vol. XI. pp. 572〜597. 参照。
(16) セファルジムについては、二一ページ参照。
(17) 流出の概念については、第五章三二一ページ参照。
(18) ジム・ズムについては、第五章三二八ページ参照。
(19) エン・ソフについては、第五章三二八ページ参照。
(20) 外套の概念については、Encycl. Judaica. vol. 10. pp. 588〜600. Lunianic Kabbalah. 参照。
(21) サバタイ運動については、第五章第IV節を参照。
(22) G.G. Scholem: Major trends in Jewish Mysticism. Schocken Books. New York. pp. 252〜286. 参照。
(23) タブールの手稿については、Mas'ud Hakahen Al-Haddad. Jerusalem. 1921. 参照。
(24) サルグの手稿については、British Museum. M.S. 759. 参照。
(25) スピノザとカバラ思想に関しては、Johann Georg Wachter: Der Spinozismus in Judentum. 1699. および The Jew. Encycl. vol. XI. pp. 511〜520. など参照。
(26) バカラックの著作については、Encycl. Judaica. vol. 4. p. 50. 参照。
(27) Tan., Pirḳude, p. 128, Vinna ed.
(28) The Jewish Encyclopedia. vol. V. p. 123. 参照。
(29) Pirḳe R. EL. 1. C. 参照。

(30) サンダルフォンについては、第一章八四参照。

(31) タルムード B.K. 60 b. 参照。

(32) 安息日《サバト》に現金を身につけることは禁止されている。

(33) フィラクテリーについては、第三章一九七ページ、註（11）参照。

(34) Yer. Ber. ii. 参照。

(35) Nissim ben Jacob's. "Hibbur Yafeh", 1886. pp. 9～12. The Jewish Encyclopedia. vol. V. p. 125. 参照。

(36) The Jew. Encycl. vol. I. p. 170. の写真より。

(37) The Jew. Encycl. vol. VIII. p. 340. の挿絵より。

(38) The Jew. Encycl. vol. VIII. p. 343. の挿絵より。

(39) The Jew. Encycl. vol. VIII. p. 346. の挿絵より。

(40) The Jew. Encycl. vol. VIII. p. 345. の挿絵より。

Ⅲ　キリスト教カバリスト

ヨゼフ・カロ(1)の生きた十六世紀のサフェド(2)はカバラ神秘思想の研究が盛んで、一種独特な神秘的雰囲気が漂っていた。彼らはカバラの伝統に従いしばしば宗教的恍惚感にとらわれた。メルカバ(3)の秘儀は当時すでに廃絶され、それに代わって特殊な瞑想手段によって恍惚感に到達するのであった。アブラハム・アブラフィア(4)によって導入された技法は〝光輝に包まれた〟状態で聖なる御名を表わす四文字(5)の配列を変えることで恍惚感にひたるものであったが、大多数のカバリストは別な技法に従っていた。

それは〝預言者的恍惚感〟と呼びうるもので、モーゼス・コルドベロ(6)およびハイム・ビタル(7)によって導入された。この技法は聖なるものへの瞑想によって精神状態が高揚し、その頂点において神秘的かつ幻視による恍惚体験にいたるものであった。そのためには高度な神秘的知識が要求され、霊的知識《グノーシス》(Gnosis)は不可欠なものとされた。この恍惚感導入の技術においては、神秘的体験と呼ばれる霊的交流が必要となる。カバリストはその目的にそった純正な神秘的生活を深い秘密として守っていた。神秘的生活に関するカバラ文献の多くは〝体験による認識〟(cognito experimentalis) というスタイルで記述さ

サフェドのユダヤ人街（十九世紀）(9)

れている。その記述方法はユダヤ的伝統に従った形式を採用しているタルムードとは極めて異なっている。

カバラ文献及びカバラ伝承にしばしば登場する人物は預言者エリヤであり、(8)極めて波乱に豊んだ生涯が記述されている。不死の預言者エリヤは救世主の降臨前に必ず出現する人であり、契約の天使で、割礼の儀式を常に見守っている人物であった。

預言者エリヤは天なる学院の教師であり、神の指令を伝える役目をになう人物であった。神秘的儀礼に関するインストラクターも兼ね、ラビ神学の伝統においては神学的問題の究極的な解答を与える人物とされた。

天なるものとの交流の最高の形は〝啓示〟と〝幻影の出現〟(gilluy) によって行なわれると信じられていた。一般にカバリストは彼自身が天なるものの幻影を体験するよりはむしろ、(10)預言者エリヤとの霊的交流を渇望していた。ルーリア、コルドベロ、ダビド・イブン・ジムラ (David ibn Zimra) などの高名なカバリストはいずれも預言者エリヤとの霊的対話の記録を残している。

サマルカンドのユダヤ人街、向かって左側（十九世紀）(12)

神秘的体験の一種として、夢も重要視された。中世期を通じて一般に〝夢〟は微かに預言者的特徴を帯びるものとみなされていた。〝眠りのなかの幻影〟あるいは〝幻聴〟は、預言者エリヤあるいは天使の訪れを告げる前兆と考えられていた。

当時のカバラ神秘思想における〝転生〟の概念について述べてみよう。これは霊魂が人間の体から体へ移動したり、人間から動物の体へ転ずるという考え方で、西暦八世紀頃からユダヤ教に取り入れられたものである。回教徒からユダヤ教カライト派（Karaites）が受け入れ[11]たと推定される。転生の概念が初めて登場するのはサアディア（Saadia）の著作である。サアディアは、転生の概念は半ば知的に半ば聖書註解によって導かれるものとする。知的理解とは次のごときものである。人間をよく観察すると動物的性質が発見できる。例えば、羊のごとき温和さ、野獣のごとき怒り、犬のごとき暴食、鳥のごとき軽率さなどである。これらの特色は、人間の霊魂が部分的に動物的特徴を帯びていることの証拠である。

転生は前生において人間の霊魂がおかした罪に対する罰として神が与えた試練であり、聖書註解によってその関係は理解しうるとする。その典拠は次の章句である。

〃わたしはただあなたがたとだけ、この契約と誓いとを結ぶのではない。きょう、ここで、われわれの神、主の前にわれわれと共に立っている者ならびに、きょう、ここにわれわれと共にいない者とも結ぶのである〃（申命記29・14〜15）

〃悪しき者のはかりごとに歩まず、
罪びとの道に立たず、
あざける者の座にすわらぬ人はさいわいである〃（詩篇1・1）

サアディアのあげる典拠は以上のごときものであるが、転生の概念はカバラ神秘思想へ急速に吸収されていった。

霊魂の条件は、絶対的源泉から流出した永遠なる種子を発展させることにある。別の表現で言えば、霊魂は原初的原因と再結合し、純化される運命をもっているが、純化されないとき劣位のものに変化してゆく。『光輝の書《ゾハル》』(13)によれば、転生とは次のごときものである。

〃総ての霊魂は転生する。人間は祝福さるべき神の手段を理解できない。人間は（霊魂が）この世にくる前のことも、この世から離れてしまった後のことも理解できない。人間は多くの転生の事実について無知であり、またそれは秘密とされている。多くの霊魂はこの世の中にはいるが、そのなかの多くは天なる王のもとには帰ってこない。人間は、霊魂が投石器から放り投げられるような状態を知ることはできない。しかし、これらの秘密が明らかになる時がある(14)〃

十四、五世紀には、転生説に対するユダヤ教内部での反対意見も数多く発表されている。ハスダイ・

クレスカス（Ḥasdai Crescas）および彼の弟子ヨゼフ・アルボ（Joseph Albo）はユダヤ教の精神にとって転生説は極めて異端であるとの哲学的立場にたつ反対意見を述べたが、その影響力は次第に失われた。そして転生説を受けいれるべきであるとする説が優勢となった。

転生説が受けいれられた理由はつぎのごときものである。

① 神の慈悲は霊魂に何回もこの世の試練を受けるようはかられている。人間の持つ血なまぐさい性質、大罪を犯す傾向、たとえば殺人や姦通など、これらは次の世において直す機会が与えられる。

② 若くして死んだ人間の霊魂は別の肉体にはいり、以前の肉体でできなかったことを実行することができる。

③ 〝兄弟が一緒に住んでいて、そのうちのひとりが死んで子のない時は、その死んだ者の妻は出て、他人にとついではならない〟（申命記25・5）

サマルカンドのユダヤ女性（十九世紀）（15）

の註解として、霊魂はしばしば別の肉体へ移りうること、そして前世における罪のつぐないを行ないうる。

以上のような転生説の擁護論が次第に有力となっていった。

ルーリアのカバラ思想によれば、人間の霊魂は総てアダムの肉体の各臓器から造られたという。上位の（優れた）肉体と下位の（劣った）肉体があり、上位の（優れた）霊魂と下位の（劣った）霊魂がある。人間それぞれがもつ霊魂はアダムからの閃光（Niẓaẓ）である。人間の原罪の結果、各階級の霊魂には混乱が生じ、その結果、最も純粋な霊魂にも悪の混入が認められることになった。悪の混入の結果として霊魂には常に悪へ向かう連続的な衝動が生まれたが、それは救世主の到来によって停止される。救世主が到来したとき、新しい基準に従った道徳の体系が形づくられるはずであった。その日が到来するまで

安息日（サバト）用のランプ台（十八世紀）(16)

人間の霊魂は、それが内蔵する欠陥のために、(聖なる)原点にもどれず、人間の肉体を経過して彷徨するのみならず、生命のない物体の間をもさ迷い歩く。もし人間の良き行為が悪より優勢を占めたならば、その霊魂は人間の肉体にはいる。もしそうでなければ動物の肉体にはいる。姦通の罪を犯した霊魂は驢馬《ろば》の体内に、誇り高き集団の指導者の霊魂は蜜蜂の体内にはいる。護符の偽造者の霊魂は猫の体内に、貧者に対する残酷な行為をした霊魂は鴉《からす》の体内に、(他人を)非難・弾劾した霊魂は噛みつく犬に、不浄な肉を食べたユダヤの霊魂は木の葉となり絶えず非情の風によってゆさぶられる。そして食事の前に手を洗わなかった人の霊魂は河のなかにはいる。

人間の肉体を通りすぎてゆく霊魂と、動物あるいは生命なき物体のなかに止まる霊魂との根本的な差は、前者は霊魂の転生の事実に気づいておらず、後者は転生の事実と劣った位置に止まっていることに気づき、その残酷さを耐え忍んでいる点である。

転生に関して、次のような挿話がある。

サフェドのラビ・モーゼス・ガランテ(Moses Galante)は、ある日、ルーリアとともにユダ・ベン・イライ(Judah ben Ilai)の墓にもうでた。墓に近づくと墓のそばのオリーブの木に鴉がいて絶えずガアガア鳴いていた。

「〝あなたのお知り合いですか?〟

とルーリアは訊ねた。

〝税金を納めていたサフェドの農夫サベタイではありませんか?〟

〝私は彼を知っています〟

と、ガランテは答えた。
〝彼は悪い男で税金が払えない貧しい人達に対して残酷なしうちをした人でした〟
〝この鳥は〟
と、ルーリアは言った。
〝彼の霊魂をもっています〟と[17]」

カバラ思想における霊魂の転生説は、ルーリア学派によって提案された。ルーリア説によれば純化された霊魂がもし地上の宗教的義務をはたさなければ、その霊魂はまた地上にもどり、人間の肉体にはいり宗教的義務をはたす。罪から解放された人間の霊魂はもう一度地上に現われ弱い霊魂を助ける仕事をする。たとえば、旧約のサムエルの霊魂はモーゼとアーロンを助け、ピネハスの霊魂はナダブとアビブを助けた。

十六世紀当時のサフェドにおける通俗的カバラ思想によれば、人間は前頭部にどのような種類の霊魂をもっているかを示す印がついていると考えられた。[18]その人の霊魂が四つの世界のいずれに属しているのか確認したいなら、まず目を閉じて言語を絶する[19]四文字に心を集中する。その時に見える光が非常に輝いて閃光をはなつ白色であれば彼の霊魂は流出の世界から導かれたものである。普通の白色であれば、その霊魂は創造する理念からのものである。赤色であればその霊魂は創造的形成からのものである。緑色であれば、その霊魂は創造的物質からのものである。

このような通俗的カバラ思想から〝ディブク〟(Dibbuk)および〝ギルグル〟(Gilgul)という考え方が生みだされた。

安息日の夕食（十八世紀）(20)

安息日の食事用保温器(21)

ディブク（又はディブキム Dibbukim とは転生する霊魂のことで、語義的には〝何かより別の何かに分かれる〟という意味をもつ）は後世にいたり（十八世紀以降）東部ヨーロッパ地方のユダヤ俗語として使用されるようになり〝漂浪の魂〟の意味となった。ディブクは邪悪な霊魂で人間の体に憑いて離れない。その際には〝悪魔払い師〟が必要になる。有徳な旅するラビ (ba'al shem) のみがディブクを体内から追い払うことができる。邪悪な霊魂がとり憑いた肉体から出ていく場所は足の小指であり、その跡には血のにじんだ小さな孔が残ると信じられていた。

ギルグルまたはギルグリム（Gilgulim）は転生する霊魂（Gilgul-Nesh-Amoth）の意味である。

旧約には次の記述がある。

ピューリム祭の踊り（一六五二年）(22)

〝さて主の霊はサウルを離れ、主から来る悪霊が彼を悩ました。サウルの家来たちは彼に言った。「ごらんなさい。神から来る悪霊があなたを悩ましているのです。どうぞ、われわれの主君が、あなたの前に仕えている家来たちに命じて、じょうずに琴をひく者ひとりを捜させてください。神から来る悪霊があなたに臨む時、彼が手で琴をひくならば、あなたは良くなられるでしょう」〟

（サムエル記上16・14〜16）

外典には次の記述がある。

〝その時子供は天使に尋ねて言った。「兄弟アザリアよ、魚の心臓と肝臓と胆汁にはどんな薬があるのですか」アザリアは彼に言った。「魚の心臓と肝臓は、悪魔あるいは悪霊につかれている男や女の前でいぶしなさい。そうすればいかなるつきものもその人から逃げ去り、もう決して彼のもとにはと

ピューリム祭（ドイツ、一七四八年）(25)

（トビト書6・7〜8、土岐健治訳）

どまりません」[23]〃

その他、新約にもつぎのごとき記述がある。

〃夕暮になると、人々は悪霊につかれた者を大ぜい、みもとに連れてきたので、イエスはみ言葉をもって霊どもを追い出し、病人をことごとくおいやしになった〃

（マタイによる福音書8・16）

〃悪霊どもはイエスに願って言った。「もしわたしどもを追い出されるのなら、あの豚の群れの中につかわして下さい」〃

（マタイによる福音書8・31）

悪魔払いの儀式には十三歳以上の男子、最低十名の参列が必要である（Minyan）。マイモニデスによれば[24]、十名の男子が集うとき彼らの頭上には聖霊《シェキナ》（Shekinah）が宿る。ラビを含めた十名の男子は閉じられた部屋にはいり（あるいは教会堂で）、旧約『詩篇』第九一篇を読みあげる。

また、肉体から肉体へと悪霊が転生をくりかえしていると、それはますます根強く、より深く肉体にとり憑いてしまうと信じられた。

十六世紀当時のサフェドにおいて通俗的カバリストの抱いて

いた情緒的雰囲気の一端を紹介する意味で、霊魂の転生について述べてみた。

*

カバラ思想の研究はルネッサンス期頃よりキリスト教文化圏においても研究された。たとえばピコ・デラ・ミランドーラ(Pico della Mirandola, Count Giovanni Frederico)はキリスト教カバリストの代表者である。ピコは一四六三年二月二四日、イタリヤのモデナに近いミランドーラ城で生まれ、一四九四年十一月十七日、フィレンツェにおいてわずか三一歳で早世した天才児であった。ピコの顔は細面で、鼻もすらりとしており、唇は上品で、からだは均整がとれ、若々しく、美しく、天使のようであった――とピコの友人はしるしている。彼は若くしてボロニヤ大学を卒業し、二三歳のときローマで『哲学的カバラ思想と神学における結論』(Conclusiones Philosophicae Cabalisticae et Theologicae, Rome. 1486)という九百の命題を含む出版物を公開討論の目的で刊行した。ピコのカバラ思想はフラビウス・ミトリダーテスなどのユダヤ人学者から学んだものであり、同時に彼はヘブライ語、アラム語の学習も受けたと推定される。当時の教皇イノセント八世の教皇特命委員会において、ピコの著作の四つの命題は異端思想であると判定された。その後ピコはフランスへ亡命したが、ローマ教皇使節によって捕えられた。メディチ家の当主ロレンツォ豪華王、あるいは人文主義者《ユマニスト》たちの調停によりフィレンツェに戻ることを許されたが、出版活動は禁じられた。教皇が六十歳で突然死亡し、その後、ボルジア家出身のアレクサンドル六世が教皇に就任し、初めてピコは宗教裁判所の脅威から自由になった。それはピコの死の一年前のことであった。

ピューリム祭
（アムステルダム市シナゴーグ、一七三一年）(26)

カバラ思想はルネッサンス期以降、ピコをはじめとするキリスト教文化人によって欧州文化圏に導入されたが、産業革命などのテクノロジーの進歩とともに次第に忘れさられ、その一部が通俗的な形に歪曲化された姿のまま現代にいたっている。

カバラ思想の再評価を行なったのは、G・G・ショーレム（Gershom Gerhard Scholem）である。彼は一八九七年、ドイツ系ユダヤ人（Ashkenazim）として、ベルリン市で生まれた。ショーレムはベルリン大学、イエナ大学、ベルン大学、ミュンヘン大学などで学んだ。はじめ数学と哲学を専攻したが、オリエント言語学（Oriental Language）へ専攻を変えた。一九二二年学位論文を提出。[27] その主題はカバラ文献のなかで最も古く、かつ難解な〝輝きの書〟（Sefer ha-Bahir）のドイツ語訳と註解であった。

〝輝きの書《バヒール》〟と呼ばれる古文書は、西暦一一八〇年以来カバリストの間に伝えられてきたヘブライ語の文献である。最初この文献は南フランスで発見された。その由来・伝承については何も知られていない。文体は拙劣で統一がとれておらず、旧約聖書の註解書の形式をとった接神論系（Theosophical Type）の語り口を採用しており、その大部分はタルムード形成期のタンナイムの権威によせて語られるという内容であった。

〝輝きの書《バヒール》〟は三〇ないし四〇ページほどの本である。十三世紀初頭に南フランスのナルボンヌに在住していたメイア・ベン・シメオン（Meir ben Simeon, Narbonne）というラビはつぎのような読後感を残している。

〝彼らは偽りの言葉を自慢げに語る。彼らは律法《トーラ》の学者および知識人たちの住む国で（彼らの知識が）確認され奨励されたと述べる。しかし神よ、イスラエルにおいては常に沈黙のうちにおかるべきことがらについての異端に傾いた言葉からわれらを守りたまえ。われらはバヒールと呼ばれる本がすでに書かれたことを聞いた。それは「輝き」という意味だが、その本を通じて輝き出る光はない。[28] この本についてわれわれは、(かの有名なタンナである)ラビ・ネフニヤ・ベン・ハカナ(Nehunya ben Hakanah)が著者だといいふらされていることを知っている。神よ許したまえ! それはたんなるつくりごとにすぎない。かの聖人は(この本について)なにもしていない。だからこれらの邪悪なともがらと一緒にしないでください。この本に書きつらねられた言葉、すべての内容は明らかにこの著者が言葉とスタイルに関してなんの感覚も持たない人間であることを示している[29]〟

この敬虔な中世期のラビの記述は、正統派ユダヤ教神学の立場から神秘思想《カバラ》という異端がどのように受けとられていたかを良く示している。ユダヤ教神学において創造主である神は創造物とは絶対に区別すべきものであった。カバラ思想ではこの厳然たる区別が曖昧なものになる。

ピコ・デラ・ミランドーラ

〝輝《バヒール》きの書〟の一節、創造にたずさわる天使の話はつぎのように記述される。

〝そして総ては第二日目までは創造されなかった。少なくとも誰かは（つぎのように）言うかもしれない。（大天使）ミカエルは（宇宙を）大空の南へ延べひろげた。（大天使）ガブリエルは北へ、聖なる存在は祝福されよ。（それは）中央に正確にはかられた（イザヤ書（44・24）に記述されたごとく）。「わたしは主である。わたしはよろずの物を造り、ただわたしだけ（me'itti）が、天をのべ、地をひらき」――聖書には、ただわたしだけ（me'itti）、と述べられている〟

〝輝《バヒール》きの書〟第十四章では新しいテーマが語られる。

〝……私がこの「木」を植えた、総ての世界がそのなかで大いに喜ぶ。それで私は総てを紡ぎそれは「総て」と呼ばれた。（木の）上に総てがかかり、この（木から）総てが流出し、総てのものがそれを必要とし、その（木を）仰ぎ見る。そしてその（木の）ためにあこがれる。この（木から）総ての霊魂がみちびかれる。私がそれを造ったとき、私は一人だった。どの天使も立ちあがってこなかった。（次のように）言われた。私は汝のまえにおり、そのとき私は地をのべた。私が（木を）植えこの木を根づかせたとき、彼らはお互いに喜びあい、（私自身も）彼らと喜びあった――誰にたいして私はこの秘密を打ちあけることができよう〟

ここでは〝神の木〟についてしるされている。この木においては世界と霊魂が同じものとみなされている。〝輝《バヒール》きの書〟の別の章では、神がこの木を植えたのではなく、神の神秘的構造がこの力を創造したと語られる。

〝汝が語り聞かされた（この）「木」はいったい何であろう？ 彼は言った。神の総ての力が層になっ

ספר הזהר

על חמשה חומשי תורה

מהתנא האלקי

רבי שמעון בן יוחאי ז״ל

עם הפירוש

דרך אמת

ועם הביאורים הנפלאים

הסולם

מבאר ומתרגם כל דברי הזהר במלואם. החל מענינים הפשוטים עד המקומות הסתומים ביותר. ואינו מניח אף מלה אחת בלי פירוש. ומלבד אותם המקומות שבספר הזהר. העוסקים בחכמת הקבלה. הרי הוא ביאור שוה לכל נפש.

מראות הסולם

הוא מלוי אל ביאור הסולם:

אותם המקומות, שצריכים לאריכות יתרה, הוקבע מקומם במראות הסולם.

מסורת הזהר

מראה מקומות לענין המדובר, שנמצא בג׳ חלקי הזהר, תקוני זהר, זהר חדש ותקונים חדשים.

חלופי גרסאות

מביא כל השינויים שבאו בדפוסים הקודמים משנת שי״ח עד הנה.

לוח השואת הדפים

משוה הדפים בתקוני זהר. זהר חדש ותק״ח של דפוסים שונים, להדפים שב„מסורת הזהר״ (נמצא בחלק א׳).

כדי להקל על המעיין להבין הביאורים במקומות
שעוסקים בחכמת הקבלה, הוספנו בחלק א׳ הספר

פתיחה לחכמת הקבלה

חלק ז

במדבר - נשא -

בהעלתך - שלח לך - קרח - הקת - בלק

כל אלו הם ממחבר הספרים המפורסמים „פנים מסבירות״ ו„פנים מאירות״ על עץ חיים מהאריז״ל „תלמוד עשר ספירות״ ט״ז חלקים. „בית שער לכונות״ וספר „האילן הקדוש״

『光輝の書』（ゾハル）の扉（筆者蔵）

て（配列され）木のようになった。ちょうど木が水を通して果実をつくるようなものだ。そこで神は水を通して「木」の力を増加させる。それでは神の水とはなにか？　それは（知恵《ホクマ》 Hokhmah）である。（たとえば木の実のような）ものが義人の霊魂であり、それは「源泉」から「偉大な経路」へと飛び、それは立ちあがり木にまといつく。それでは「花」の美徳とはなにか？　イスラエルの美徳によって、（イスラエルの子らが）善良で正しい時、聖霊《シェキナ》（Shekhinah）が彼らのなかにやどり、彼らの仕事が神の胸のうちにやどる。彼（神）は彼らを実り豊かに生み殖やす〟

この文章には多くの象徴的表現がちりばめられている。〝木〟、〝源泉〟、〝偉大な経路〟などである。これらについてはなんの解説もされていない。

〝悪魔《サタン》〟については断片的につぎのようにのべられている。

〝神の本質は「悪魔」と呼ばれると教えられた。それ（悪魔）は神の北側に横たわる。そのことについて（聖書は）つぎのようにしるしている〟

〝主はわたしに言われた。「災が北から起こって、この地に住むすべての者の上に臨む」（エレミヤ書1・14）

この本質はなにか？　それは手の形である（原始の人《アダム・カドモン》として神がもたらされた七つの聖なる形の一つ）。そして多くの使者たちは総て「悪魔」と名づけられる。「悪魔」……そして彼らは罪の世界のなかに投げとばされる、トフ（tohu）は北側に、そしてトフは罪に陥るまで人間をまどわせる悪魔のことを正確に意味している、そしてそれが人間の悪魔的衝動の源なのである〟

トフ（tohu）は創世記に記されたヘブライ語で、ボフ（bohu）と対峙して用いられることが多い。[30]

〝地は形《ト》な《フ》く（tohu）、むな《ボ》し《フ》く（bohu）、やみが淵のおもてにあり、神の霊が水のおもてをおおっていた〟
(創世記1・2)

ここに略述したごとく〝輝《バヒール》きの書〟の内容は難解で、意味は正確に把握しがたい。G・G・ショーレムはこのカバラの象徴解読に正面から取り組んだのである。

*

フランツ・J・モリター(Franz Joseph Molitor. 1779〜1860)はフランクフルト市近郊、オーベルウルセルの生まれで、家族はカトリック信者であった。初め法律を学び、次いでシェリングに深く影響を受け、歴史哲学の研究に進む。モリターはフランクフルト居住のユダヤ人グループと接触を始め、一八〇八年には熱心なフリーメーソン会員となり、フランクフルト市ユダヤ人ロッジに会員として登録された。一八一二年、モリターは同ロッジの指導者となり、一八一六年までその職に止まった。やがて、彼の関心は次第にカバラ思想へ向かった。モリターによればカバラこそ人類の同胞愛の基礎となるべき思想体系であった。彼は極端な禁欲主義者だったが、その結果身体が衰弱し、ほぼ四十年にわたって全身麻痺の状態のまま生きることになる。

彼はヘブライ語とアラム語を学習し、カバラこそがユダヤ的伝統における純粋な部分であり、今後の歴史研究においてますます重要視されてゆくことを確信していた。

モリターの主著は四巻からなり、表題『伝統に関する歴史哲学』(Philosophie der Geschichte oder ueber die Tradition)、著者不明として出版されたが未完のままである。第一巻は一八二七年に刊行された浩瀚なもので、カバラ思想の角度からみたユダイズムの原則に関する内容。第二巻はさらに重厚なものである。第四巻にいたるまで清浄と穢れ、キリスト教におけるカバラ思想の重要性などが記述されている。一八六〇年三月二三日死亡。彼の死後、業績は完全に無視されていたが、G・G・ショーレムによって再評価を受けることになった。

註

（1）カロについては、第五章三〇八ページ参照。
（2）サフェドについては、第五章三一八ページ参照。
（3）メルカバについては、第一章第Ⅳ節参照。
（4）アブラフィアについては、第三章一八八ページ参照。
（5）聖四文字については、第二章九七ページ参照。
（6）コルドベロについては、第五章三一九ページ参照。
（7）ビタルについては、第五章三二八ページ参照。
（8）預言者エリヤについては、第五章三三四ページ参照。
（9）The Jew. Encycl. vol. X. p. 634. の写真より。
（10）ルーリアについては、第五章三二二ページ参照。
（11）サアディアは十二世紀頃の聖書註解者で、彼はしばしば〝通訳者〟(Poterim) あるいは〝理解した人間〟(Anshe Lebob) と呼ばれた。生没年は不詳。
（12）The Jew. Encycl. vol. X. p. 667. の写真より。
（13）『光輝の書《ソハル》』については、第四章参照。

(14) ゾハル ii, 996. 参照。
(15) The Jew. Encycl. vol. X p. 668. の挿絵より。
(16) The Jew. Encycl. vol. X p. 591. の挿絵より。
(17) "Shivḥei ha-Ari." p. 29. The Jew. Encycl. vol. XII. p. 233. 参照。
(18) 言語を絶する四文字とは、〝聖四文字〟のこと、註(5)参照。
(19) 流出については、第四章二三四ページ参照。
(20) The Jew. Encycl. vol. X p. 593. の挿絵より。
(21) The Jew. Encycl. vol. X p. 594. の挿絵より。
(22) The Jew. Encycl. vol. X p. 275. の挿絵より。
(23) その他、トビト書6・16、6・17、8・3などを参照のこと。
(24) マイモニデスについては、第三章第Ⅱ節参照。
(25) The Jew. Encycl. vol. X p. 277. の挿絵より。
(26) The Jew. Encycl. vol. X. pp. 280〜281. の挿絵より。
(27) Transl. G.G. Scholem. Das Buce Bahir. 1923.
(28) ハカナは、西暦一世紀後半に生存した人物でヨハナン・ベン・ザカイの師。
(29) 以下の〝輝きの書〟は、G.G. Scholem: On the Kabbalah and its Symbolism, Schocken Books, New York. pp. 90〜93.
(30) トフとボフの概念については、第四章二二六ページ参照。

Ⅳ　偽救世主サバタイ・ツヴィ

スミルナ（Smyrna）は現在、イズミール（Izmir）と呼ばれるトルコの港湾都市である。エーゲ海のスミルナ湾に臨む古代都市で、紀元前三千年に開港されたと伝えられる。この都市にユダヤ人が居住を始めたのは紀元前二世紀頃からであり、新約には次の記述がみられる。

〝その声はこう言った。「あなたが見ていることを書きものにして、それをエペソ、スミルナ、ペルガモ、テアテラ、サルデス、ヒラデルヒア、ラオデキヤにある七つの教会に送りなさい」〟

（ヨハネの黙示録・1・11、傍点・筆者）

〝スミルナにある教会の御使に、こう書きおくりなさい〟

（ヨハネの黙示録・2・8、傍点・筆者）

スミルナのユダヤ人口が増加をみたのは、一四九二年二月に行なわれたスペインのユダヤ人大追放以降であった。スペインより追放されたユダヤ人は直接スミルナに移住したのではなかった。彼らは初めアンゴラ（Angora）、ジャニナ（Janina）、クレテ（Crete）、コルフ（Corfu）などに移住し、その後十六世紀までに徐々にスミルナに移住してきた離散《ディアスポラ》の旅の人びとであった。

一六二六年七月二十三日、ユダヤ暦でアブの月（Ab）の九日にスミルナで一人の男の子が生まれた。父モルデカイ（Mordecai）はスペイン系ユダヤ人の後裔で貧しい家禽商人であった。後にモルデカイは、トルコ・ベネチア戦争ののち回教王イブラヒム（Sultan Ibrahim）が締結した東部地中海沿岸諸国の通商条約によって設立された英国商館の代表者となり財産を築いた。スミルナは地中海貿易における中心港湾となり繁栄することになったのである。

男の子はサバタイ・ツヴィ・ベン・モルデカイ（Shabbethai Ẓebi ben Mordecai）と命名された。彼は当時の習慣に従ってユダヤ学院（yeshibah）でタルムード学者になるための教育を受けた。彼の師はスミルナのラビ・ヨゼフ・エスカパ（Joseph Escapa ben Saul. 1570〜1662）であった。彼は後年、弟子のサバタイ・ツヴィが〝救世主〟を自称するようになった時、激しい批判を加えている。

ツヴィは正統的なラビ神学にはあまり興味がもてず、カバラ神秘思想に深く傾倒していった。彼が学んだのはルーリア学派のカバラ思想(1)であった。彼は禁欲主義的生活および苦行修練に強い影響を受けた。禁欲と苦行を通じて神と天使に接し、その結果、未来の予測が可能となり、種々の奇蹟が行なえるというのが当時の通俗的カバリストの抱いた信念であった。

サバタイ・ツヴィは幼少時から孤独な生活を好んだ。当時の習慣に従いツヴィも若くして結婚したが妻との性交を拒否し、その結果妻の側から離婚申し立てが行なわれた。彼はこれを喜んで受理した。二度目の結婚も同様な原因で破綻した（一六四六年から一六五〇年の間）。

ツヴィの生活はますます常軌を逸したものとなり、しまいには精神的な平衡状態を失うところまでいったようである。ツヴィは自身にきびしい苦行を課した。しばしば海へ入って沐浴し、冬でもこの行を怠らなかった。また何日にもわたる断食を行ない、やがて深刻な抑鬱の状態から精神の高揚した恍惚状態にいたる心理的変動のなかで、一日の大部分をすごすようになった（一六四三年より一六四八年の期間）[2]。

サバタイ・ツヴィが神秘的恍惚感に満たされた生活を送っていた十七世紀初頭、中近東から東欧圏にかけての一帯は〝救世主待望の時代〟をむかえていた。または〝黙示録の時代〟とも呼ばれる。

現代のカバラ研究者ゲルショム・G・ショーレム[3]によれば、スペインのユダヤ人大追放に端を発した大規模な離散《ディアスポラ》の旅と各地でのユダヤ人迫害という社会的大変動に対する反動として、ユダヤ神学はひとつの変貌期をむかえつつあった。その間隙にルーリア学派のカバラ神秘思想が取りこまれたのである。古い時代の神秘的瞑想に代わる新しい傾向として熱烈な〝救世主待望〟という要素が黙示録的な夢想の中から生まれつつあった。

『光輝《ソハル》の書』研究者の間では、一六四八年こそ救世主が出現しイスラエルを救済する年であると広く言い伝えられていた。

一六六六年は、〝黙示録の年〟であると信じられていた。一六四八年ポーランドにおいて大規模なユダヤ人虐殺事件が発生した。俗にクミルニツキイ虐殺事件（Chmielnicki: Khmelnitski Massacre. 1648〜49）と呼ばれている[4]。

ボクダン・クミルニツキイ（Bogdan Chmielnicki, 1595〜1657）はウクライナ地方のコサック騎兵団の指導者であった。一六四八年ウクライナ地方でポーランド支配から独立をはかる農民一揆が発生した時、クミルニツキイはコサック騎兵団をひきいてこの運動を指導し成功を収めた。現在でもウクライナの英雄とたたえられている。このウクライナ独立運動のあいだに、ウクライナのユダヤ人居住区の六百ほどが破壊され、推定十万人ほどのユダヤ人が殺害された。

この事件に東欧系ユダヤ人《アシュケナジム》は強い衝撃を受け、ますます救世主待望の機運が高まった。またこの事件の詳細は中近東から地中海沿岸諸国に散在していたユダヤ人居住区にも伝えられ深刻な心理的雰囲気がかもし出された。

その頃、スミルナではサバタイ・ツヴィが公衆の面前で神の御名である聖四文字《テトラグラマトン》(5)を声高く称え、彼自身が救世主であると宣言するなどの奇異な行動が認められた。彼のこのような言動に対しスミルナのユダヤ人居住区には一時的な動揺が生じたが、同調する者より反対する者の数が多く、彼の家の近くに住む人たちのあいだでは、サバタイ・ツヴィは狂気あるいは少しおかしい人間と見なされた。

サバタイ・ツヴィの肖像(6)

サバタイ・ツヴィの肖像(7)

ツヴィには音楽的素質があり、美しい声の持ち主だった。そのため彼の周辺にはカバラ思想とかかわりのない友人たちのグループも生まれていた。この頃、ツヴィは〝神の神秘〟について話すことが多かった。だがツヴィがあまりにもしばしば自分が救世主であるという発言を繰り返すため、同地のシナゴーグおよびユダヤ教会指導者グループもこれを無視できなくなった。ツヴィの旧師ラビ・ヨゼフ・エスカパはサバタイ・ツヴィをスミルナ市から追放する決定を下した。一六五一年から五四年の間のことである。

スミルナを追放されたツヴィは数年間にわたってギリシャやバルカン半島東部のトラキア地方で生活した。サロニカ(8)にもしばしば滞在し多くの友人をつくった。ツヴィは同地のユダヤ教会堂《シナゴーグ》でラビの資格を持たないまま、律法《トーラ》の書をそなえた天蓋《カノピー》のもとで神の息子〝永遠なるもの〟(Ein-Sof)との婚姻の儀式を自ら行なったり、教会堂《シナゴーグ》の指導者の権威を冒すさまざまな行為を行なったので、一六五八年同地のラビによって追放を命ぜられた。

その後彼はアレキサンドリア、アテネ、コンスタンチノープル、エルサレム、スミルナなどの各地を彷徨したあと、一六六〇年から六二年にかけてカイロ市に約二年間滞在することになった。

ツヴィは、カイロ市のユダヤ人有力者ラファエル・ヨゼフ・ハラビ (Raphael Joseph Halabi) の家で生活していた。ハラビはトルコ支配下にあったカイロ市の造幣局長官であるとともに、富裕な農地保有者であった。

サバタイ・ツヴィの保護者ハラビは禁欲主義者で、断食を行ない、夜間にしばしば沐浴を行なう神秘主義者であった。ハラビの膨大な財産は貧しいタルムード学者やカバラ思想家のために使われた。夕食のテーブルには常時五十人もの学者たちが座を占めていたといわれている。

カイロ市においてツヴィはこうした理想的な環境で生活を続けていたが、一六六六年の〝黙示録の年〟は刻々と近づいていた。それまでに彼は自分の信ずる〝救世主〟としての役割をはたさなければならなかった。そこでツヴィはカイロ市を離れて聖都エルサレムに向かった。なにかの奇蹟を行なう必要があったのである。

一六六三年ツヴィはエルサレム市に到着したが、しばらくの期間特別の行動はみられなかった。ツヴィは再び禁欲生活と肉体的苦行を開始した。断食の行を通じて特別な聖人として認められる必要があった。ツヴィは生来の美声を用いて夜を徹して旧約の『詩篇』を唄い、時には粗野なスペイン民謡の愛の歌を唄ったが、それらに神秘主義的な解釈を加えた。

ある時、ツヴィはエルサレム周辺の聖人たちの墓にもうで涙にくれた。またある時は道路に群がる子供たちに菓子を分けあたえた。

やがて、徐々にツヴィの周辺には信奉者のグループが集まり始めた。

このような折り、エルサレム市のユダヤ人居住区に予期せぬ災難がもちあがった。同地の支配者であるトルコ人が突然ユダヤ人居住区の住民に多額の税金の支払いを命じたのである。

資金調達の密使《エミッサリー》としてサバタイ・ツヴィが選ばれ、この大任をはたすことになった。ツヴィは喜んで大命を受けカイロに向むけて出発した。聖都エルサレムの苦境を救うため、ヨゼフ・ハラビはその全額を支払うことに同意した。ツヴィはこうして立派に大役をはたした。そこで、エルサレムにおいてツヴィの名声は高まった。

この二度目のカイロ訪問の際、ツヴィはサラと知り合う。ポーランドで発生したクミルニツキイ虐殺事件で両親を殺害されて孤児となったサラは当時六歳であったが、キリスト教徒に発見されて女子修道院に送られた。サラは十年間修道院に保護されたあと奇蹟的な方法で脱走に成功し、アムステルダムのユダヤ人居住区に連れてこられた。数年後、彼女はレグホルン(9)にきて不規則な生活を送っていた。サラは奇行に富んだ女性で、しばしば〝私は間もなくやってくる救世主と結婚する〟と高言するなどしていたのである。

カイロに到着し、不思議な女性サラの噂を耳にしたサバタイ・ツヴィは直ちにレグホルンに向けて使者を派遣した。サラはカイロに連れて来られ、ハラビ邸においてサバタイ・ツヴィとの結婚式が挙行された。この結婚でツヴィの私生活には気儘で放縦な妻サラの影響が側面から及ぶことになった。サラの美貌と奇行がさらにツヴィの信奉者を増加させることにもなった。

魅力的な妻サラをともない、ハラビからえた資金で準備をととのえ、多数の信奉者をしたがえてパレスチナに帰還する旅の途中、ツヴィはガザで(10)、ある人物と運命的な出会いをもった。ナタン・ベンヤミン・レビ(Nathan Benjamin Levi)、通称ナタン・ガザッティ(Nathan Ghazzati)と呼ばれる男で、ツヴィの偽救世主としての行動に大きな影響をおよぼすことになる人物である。

ガザッティは一六四四年エルサレムで生まれた。彼は初めタルムードとカバラ思想をガザ在住の学者ヤコブ・ハギス(Jacob Ḥagis)から学んだ。彼の名前ガザッテイはガザから取ったものである。父(Nathan Benjamin Ashkenazi)はドイツ系ユダヤ人である。これは名前のあとに〝アシュケナジ〟をつけられていることからも明らかである。

聖別をおこなうサバタイ・ツヴィ(11)

一六六五年の春、ガザッティは預言者として次のような宣言を行なった。
〝来年(一六六六年)の半ば頃、栄光のうちに救世主が現われる。救世主は回教王《サルタン》の桎梏を取りのぞき、地上の総ての国ぐにの上にイスラエルの領土をつくりそれを支配するであろう。トルコ帝国は救世主サバタイ・ツヴィに総てを委託し、彼はそのほかの国々を征服するであろう(12)〟
およそ以上のごとき内容であった。
サバタイ・ツヴィ一派の動きに対するエルサレム在住の聖《ラ》

職者《ビ》たちの反応は激しい怒りに満ちたものであった。そこでガザッティはエルサレムでなくガザが新しい聖都となると宣言した。

またガザッティはこの救世主の名声に関する回覧文書を作成し、ヨーロッパ各地のユダヤ人居住区に宛て発送した。

タルムード学者および聖職者層《ラビ》の予期に反して、ガザッティの宣言と回覧文書はすさまじい反応をよび起こした。ヨーロッパ各地のユダヤ人居住区では救世主到来に関しさまざまな噂が飛び交った。

〝救世主はユダヤの失われた十支族をしたがえて聖都に帰還してくる〟

〝救世主は獅子にまたがり、七つの頭のある竜の顎の上に乗って聖都に帰還してくる〟

……その他さまざまな幻想的な噂がささやかれ、奇怪で非条理なサバタイ・ツヴィへの信仰者がヨーロッパ各地で続々と生まれていった。

当時、聖都エルサレムの聖職者《ラビ》たちは冷静、かつ批判的なで民衆の反応を見つめ、時にはサバタイ・ツヴィの信奉者を破門した。

サバタイ・ツヴィは状況に照らし、救世主としての活動はエルサレムよりはむしろ彼の生まれた土地スミルナで展開したほうが有利であると結論づけた。

ツヴィの一行はスミルナに向けての旅の途中、小アジアの大都市アレッポ[13]において熱狂的な歓迎を受けた。ツヴィの一行がスミルナに到着したのは、一六六五年秋のことであった。

スミルナ到着後、ツヴィはしばらく熟考を重ね、そののち救世主としての公式の宣言を行なうことを決めた。宣言はユダヤ教会堂《シナゴーグ》において行なわれた。多数の参列者が角笛《シェーファー》を吹きならし、熱狂的に救世主への讃歌を合唱した。
〃われらの王、われらの救世主よ、永遠《とこしえ》に！〃
サバタイ・ツヴィの信奉者のあいだには猛烈な興奮と、狂燥、そして譫妄状態にいたるまでに高揚された感情が渦巻き、どよめきがいつまでも続いた。
救世主サバタイ・ツヴィは美貌の妻サラに補佐され、今や総てのユダヤ人居住区《コミュニティ》の絶対的な支配者として君臨することになった。

*

王冠をいただくサバタイ・ツヴィ
（アムステルダム、一六六六年）(14)

一六六六年の正月に、救世主としての戴冠式をすませたサバタイは、反対勢力の一掃に着手した。まず初めにスミルナの長老ラビであるアアロン・ラパパ（Aaron Lapapa）を追放処分にした。その後任として彼の信奉者ラビ・ハイム・ベンベニステ（Ḥayyim Benveniste）を就任させた。

この間、サバタイの評価はユダヤ教徒、キリスト教徒のあいだでも急速に高まった。当時ヨーロッパから中近東地方にかけて散在していたユダヤ人居住地のあらゆるところに新救世主サバタイの話は流布していた。

イギリス王立学会会員、ハインリッヒ・オルデンバーグ（Heinrich Oldenburg）は親友の哲学者スピノザ（Benedictus de Spinoza. 1632～1677）に宛て手簡をよせ、近くユダヤ人はユダヤ国家を樹立すると述べている。[15] 当時オランダに在住しアムステルダムのユダヤ教会から破門の宣告を受けていたスピノザはこの報告を喜んで読んだと言われている。

当時の高名なユダヤ教ラビのなかにも、多くのサバタイ信奉者が現われた。[16] スピノザ哲学者ディオニシウス・ムサフィア（Dionysius Musafia）などもサバタイ信奉者となった。

当時ヨーロッパ各地のユダヤ人居住区には救世主サバタイがイスラエルを建国するという話が伝わり、イギリスでは次のような話が囁かれた。

〝スコットランドの北方（海域）に絹のロープと帆をつけた船が出現し、乗組員はヘブライ語を話していた。（その船の）旗には「イスラエルの十支族」と記入されていた。[17]〟

一六六六年の初頭、サバタイ一行はスミルナからコンスタンチノープルに移動した。その理由はスミルナ市当局からの移動命令によるものか、あるいは彼の信奉者ガザッティの預言の実現、つまりサバタイが回教王の王冠を引き継ぎトルコの首都において戴冠式を挙行するためであったかどうかは不明である。

　サバタイ一行がコンスタンチノープルに上陸すると、彼はトルコの総理大臣アーマド・ケルプリリ(Grand Vizier Aḥmad Körprili) の命令によって直ちに逮捕された。二カ月後、サバタイはアビドス(Abydos) 城内の監獄に入れられたが寛大な取扱いをうけ、その後、同城内の〝力の塔〟(Migdal'oz) に移された。彼の許には信奉者および妻サラから相当額の送金があった。そこでサバタイ一行は王侯貴族のような生活を送ったのである。

　サバタイの名声はヨーロッパ各地でますます高まった。ポーランド在住のカバリスト、ネヘミヤ・ハ・コーヘン (Nehemiah ha-Kohen, ?~1682 or 1690) という人物は三カ月の旅ののち一六六六年九月初めアビドス城内でサバタイとの接見に成功した。この両者の対談は不成功に終わりコーヘンはサバタイを救世主とは認めなかったため、サバタイの信奉者は彼を暗殺しようと企てた。コーヘンは辛うじて暗殺計画からのがれトルコから脱出した。コーヘンはその後ヨーロッパ各地を彷徨し、半ば盲人となり、ヤコブと変名して一六九〇年頃アムステルダムに現われた。そこで死亡したとも、別説によれば一六八二年ポーランドで死亡したとも伝えられる。

　回教王《サルタン》モハメッド四世は命令を下しサバタイの身柄をアビドス城からアドリアノプルに移した。モハメッド四世の侍医はユダヤ教から回教に改宗した人物だったが、この侍医(氏名不詳)のすすめで回教王《サルタン》はサバタイに回教徒に改宗するか死を選ぶかの決断を迫ったのである。一六六六年九月十六日のことであった。次の日、サバタイは回教王《サルタン》の面前でユダヤの服装を脱ぎ棄て、回教徒のターバンを頭に巻い

サバタイ運動に参加したサロニカのユダヤ人が苦行を行なっているところ（一七〇一年、木版）(18)

た。サバタイは回教に改宗し、高給で王室書司として雇用された。彼の妻サラと多くの信奉者も回教に改宗した。その後サバタイは回教王《サルタン》の命令で回教徒の女性を第二の妻としてめとることになった。

サバタイが回教に改宗したという知らせはたちまちヨーロッパから中近東にいたるユダヤ人居住地にとどけられ、激しい失望をよんだ。大多数のユダヤ人に心理的混乱が認められた。混乱した状況のもとでトルコ領内では約十名の高名なラビが処刑された。

一六六八年三月、サバタイは過越祭の日に再び聖霊がやどったと信じ、ユダヤ人と回教徒の信奉者に神秘的信念を伝えた。サバタイは再び回教徒とユダヤ教徒による新集団の結成に成功したが、あまり永続的なものではなかった。やがて信徒は四散し、回教王《サルタン》からの収入も絶えた。ある日、サバタイはコンスタンチノープル

アビドス城内の牢につながれた偽救世主サバタイ（一七〇一年、木版）(19)

郊外のユダヤ人天幕のかたわらで『詩篇』を唄っているところを発見され、トルコから追放された。その後、偽救世主サバタイはアルバニア地方の小さな町ドゥルシグノ（Dulcigno）で看とる人もなく孤独のうちに死んだ。一六七六年九月三十日、ユダヤ教の祭日、贖罪の日であった。

サバタイ運動の理論的指導者ガザッティはどのような生涯を送ったのであろうか。

ガザッティ（Nathan Benjamin ben Elisha ha-Levi Ghazzati. 別名、Nathan Beniamin Ashkenazi. 1644〜1680）はエルサレムで生まれ、ソフィアで死亡している。エルサレム近郊の彼の生まれた村でヤコブ・ハギス（Jacob Hagis）を師としてタルムードおよびカバラ思想を学んだ。前述したように、その後、彼はガザ（Gaza）に在住したのでガザッティ（Ghazzati）と呼ばれるようになった。

偽救世主サバタイの一行がカイロから帰還の途中ガザに立ち寄ったとき、彼はサバタイと密接な関係を結んだ。ガザッティには文才があり、サバタイは彼を預言者エリヤの再来であると評価した。

一六六五年の春、ガザッティは次の年の半ば頃救世主が出現しイスラエル国を再建するという預言を行なった。彼はヨーロッパの主要各都市を訪れ、アフリカ、インドにまで旅行しパレスチナに帰還した。

一六六六年十二月、サバタイ運動に参加した人物としてガザッティはユダヤ教から破門宣告を受けた。

一六六七年四月末、彼はスミルナに数カ月滞在したあとアドリアノプルへ赴きサバタイ運動の宣伝活動を行なっている。この地で彼は再びユダヤ教会から破門を宣告された。[20] その後、数人の信奉者とサロニカを訪れ、カイオス（Chios. トルコ西方多島海にある島）およびコルフにおいてやや成功を収めた。

一六六八年、彼はベニスを訪れた。ベニスのユダヤ教会当局者はガザッティに、従来の言動がたんに想像力にもとづくものであるという文書を記述すること、その文書を印刷に付して公開することを命令した。

その後、彼はローマを経由してレグホルンへ赴き、さらにアドリアノプルに向かった。

ガザッティは自らの著作（Ḥemdat Yamim）では道徳・儀礼習慣などについて記述している。カバラ神秘思想に関する手稿（Constantinople, 1735）もあり、これは『創世記』に関する神秘主義的解釈である。その他、前記著作物からの抜粋を集成した著作（Ozar Neḥmad. Venice, 1723）がある。サバタイ運動の禁欲主義に関する著作（Tiḳkun Keri'ah, Amsterdam, 1666）も残されている。ガザッティの著作物はその多くがドイツ語に翻訳されている。(21)

サバタイ運動が再評価されるようになったのは、現代のカバラ研究者ゲルショム・G・ショーレムによってである。彼には偽救世主サバタイに関する大部の著作がある。(22)

G・G・ショーレムはこの著作で、サバタイ主義についてつぎのごとき評価を行なった。

〝ただ単に外的な運命においてのみ迫害と圧制のあらゆる地獄の苦しみをくぐり抜けてきたのではなく、追放と迫害をとことん味わい尽くし、しかも同時に追放と救済のあいだの緊張関係を極度に発展させたユダヤ教、そうしたユダヤ教はいつかはメシアニズムへの決定的な一歩を踏み出さずにはいなかった。サバタイ・ツヴィーとガザのナータンの出現とともに、それ以前の数世代の能動的受動的諸力のなかに潜在的に集結してきたいっさいのものが、突如巨大な爆発を起し、表面に現れ出てくるのである(23)〟

この巨大な爆発が、現代のイスラエル建国にも関連しているであろうことは確実である。

註

（1）ルーリアのカバラ思想については、第五章三一一ページ参照。
（2）ツヴィの生活史に関しては、The Jew. Encycl. vol. XI. pp. 218〜225. を参照した。
（3）G.G. Scholem, Major Trends in Jewish Mysticism, Schoken Books. pp. 287〜290. 参照。
（4）クミルニツキイ虐殺事件については、Encycl. Judaica. vol. 5. pp. 480〜484. The Jew. Encycl. vol. IV. pp. 39〜40. などを参照。
（5）聖四文字については、第二章九七ページ参照。
（6）The Jew. Encycl. vol. XI. p. 219. の挿絵より。
（7）The Jew. Encycl. vol. XI. p. 220. の挿絵より。
（8）サロニカ Salonika. ギリシャ北西部の港湾都市。
（9）レグホルン Leghorn. イタリヤ北西部の港湾都市。
（10）ガザ Gaza. パレスチナ南西部の港湾都市。
（11）The Jew. Encycl. vol. XI. p. 222. の挿絵より。
（12）The Jew. Encycl. vol. XI. pp. 218〜225. 参照。
（13）アレッポ Aleppo. シリヤ北西部の都市。
（14）The Jew. Encycl. vol. XI. p. 221. の挿絵より。

(15) "Spinozae Epistolae." No. 16. 参照。

(16) Isaac da Fongeca Aboab, Moses Galante, Moses Raphael de Aquilar, Moses Zacut. などのラビたち。

(17) The Jew. Encycl. vol. XI. p. 221. 参照。

(17) The Jew. Encycl. vol. XI. p. 222. 参照。

(18) The Jew. Encycl. vol. XI. p. 223. の挿絵より。

(19) The Jew. Encycl. vol. XI. p. 224. の挿絵より。

(20) コルフ Corfu. ギリシャ北西岸沖、イオニア諸島の一つ。

(21) M. Horschetzky, Orient. Lit. ix. 170, 172, 229〜301. 参照。

(22) Sabbatai Sevi: The Mystical Messiah, 1626〜1676. Princeton Univ. Press. その他、G.G. Scholem. Die Jüdische Mystik in ihren Hauptströmungen. Rhein-Verlag u. Alfred Metzner Verl. Frankfurt a.M./Berlin, 1957. 邦訳『ユダヤ神秘主義』山下肇・石丸昭二・井ノ川清・西脇征嘉訳、法政大学出版局刊がある。

(23) 『ユダヤ神秘主義』前掲書、三八二ページより。

第六章　カバラと現代

I　カバラ復権

——ショーレムによる再評価

カバラ（Cabala, Kabbalah）という用語はヘブライ語のカバル（Kabbal）に由来する言葉で、〝受取る〟の意味をもつ。語義的には〝受け取ったもの〟あるいは〝伝承を引き継ぐ者〟の意味をもつ。一般にカバラとはユダヤ神秘思想全般に関する総称として使用される。

ユダヤ教の主流であるラビ神学、それはタルムードを編纂したタンナイム[1]やアモライム[2]によってその正統性が保持されてきた。だが歴史的にみると新《ネオ》プラトン主義やグノーシス思想などからの影響を強く受けた秘教的異端思想の萌芽がタンナたちの間にも認めることができる。とくに旧約『黙示録』の形成起源には上述したごとき秘教的思想、つまりカバラ思想の端緒が認められる。

カバラの秘儀は選ばれた少数者、あるいは少数の聖人たちによって、その師から弟子へと口伝の形式をとって連綿と伝えられるべきものとされていた。

歴史的にみると、〝カバラ〟という用語が出現するのは西暦十一世紀以降のことである。初期のカバラ思想は聖書のごとく記述された文書として存在したのではなく、口伝の集大成されたごとき形態をも

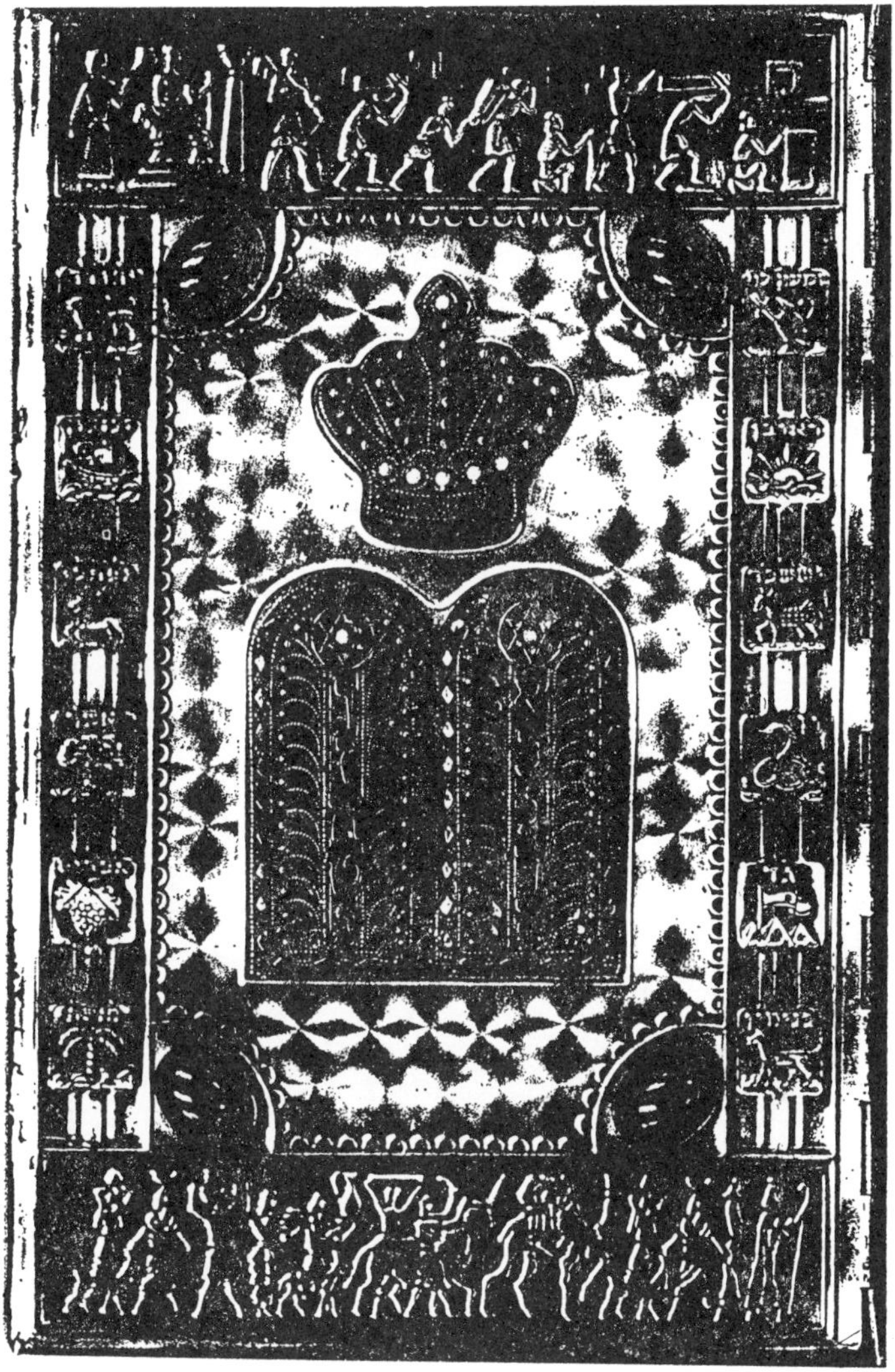

ヘブライ語聖書の表紙（金属とトルコ石製・筆者蔵）

っていた。

広義の意味でカバラという場合は、第二神殿期以降の総てのユダヤ神秘思想を含むことになる。(3) カバラはその内容の豊かさのために神秘思想そのものと同義的に扱われることが多い。

カバラには二つの潮流がある。神知論系（Theosophy）と神秘論系（Esotherism）である。前者は瞑想によって身体的恍惚感を体験し、そのなかで神秘的体験と洞察を得ようとするもので、後者は瞑想と伝承による口伝『秘儀の書』などの知識を通じて神の本質と神秘の根源に関する理解に到達しようとするものである。

神知論系のカバリストの伝統はイエーメンのユダヤ人居住区のなかに数世紀ものあいだ引き継がれていた。そこでは、二十世紀にいたるまで中世以来の数多くの文献とカバラ思想の大系である『光輝の書《ソハル》』(Zohar) の手稿本が保存され研究が続けられていた。一九四八年イスラエルが建国されてからしばらく後、現代文明からまったく隔絶されていたアラビア半島南部のイエーメン在住のユダヤ人は、総ての財産を放棄し、彼らが〝魔法の絨毯〟と呼んだ飛行機に乗ってイスラエルに移住することになった。その際にも、彼らが絶対に手放さなかったものが〝ゾハル〟の手稿写本であった。(4)

こうした少数例を除けば、欧州・北アフリカ地方に散在していたユダヤ人居住区《ゲットー》では十九世紀以降急速にカバラ思想の影響力は衰退し、忘れさられていった。

*

カバラ研究は長期間にわたり誤解と偏見に取り囲まれていた。とくに十九世紀以降は、カバラは非科学的な対象とみなされていた。

カバラの語感にはなにやら妖しげな雰囲気がまとわりつき、うさん臭い感じが濃厚に滲みこんでいたといっても過言ではない。魔術師、詐欺師、ペテン師、狂人などといったカテゴリーのなかに一緒に放り込まれていたというのが十九世紀から二十世紀初頭までの受けとめられ方であった。

ゲルショム・G・ショーレム（Gershom Gerhard Scholem. 1897〜1982）の出現によって、現代カバラ思想研究は始まり、彼によってカバラ思想は再発見され、再評価されることになった。

ショーレムについて若干の考察を試みてみよう。

彼は一八九七年、ベルリンに生まれた。彼の家族は十九世紀初頭、ベルリンに移住した。ショーレムの父は印刷業者として成功し富裕な生活を営んでいたが、生活様式はほとんどキリスト教徒に同化していた。

一九一一年、彼は狂信的ユダヤ市民運動、シオニストのグループ（指導者はテオドール・ヘルツェル Theodor Herzel）に参加した。

一九一三年、タルムードの研究を開始する。

一九一五年、彼は反戦を宣言する文章をシオニスト・グループに送った。この秘密出版物が当局の目にとまり高校《ギムナジウム》追放の処分をうけた。その後、ベルリン大学の他、イエナ大学、ベルン大学、ミュンヘン大学などで学んだ。初め哲学、数学を専攻、後にセム語学専攻に転じた。

一九二〇年、サイデマン訳のゾハルに対する批判的内容の論文を発表する。

一九二三年から二七年にかけてショーレムはエルサレムのヘブライ大学の国立図書館員を務め、一九二五年同大学講師、一九三三年より六五年まで同大学の教授としてユダヤ神秘思想とカバラについての研究に従事した。この期間、彼は多くの優れた業績を残しているが、一九四九年頃からC・G・ユングの主催していたエラノス・カンファランス（Eranos Conference）において、定期的に論文を発表するようになる。

エラノス年報総目次(5)よりショーレムの発表した論文を抜萃してみると、次のようになる。

一九四九年「カバラと神話」（第十七巻）
一九五〇年「カバラ信者の儀礼における伝統と創造」（第十九巻）
一九五二年「カバラのシェキナー概念発達史」（第二十一巻）
一九五三年「土および魔術との関係から見たゴレムの観念」（第二十二巻）
一九五五年「ユダヤ神秘主義の霊魂の旅と魂の共感」（第二十四巻）
一九五六年「無からの創造と神の自己内限定」（第二十五巻）
一九五七年「宗教的権威と神秘主義」（第二十六巻）
一九五八年「ユダヤ神秘主義における『義人』説」（第二十七巻）
一九六〇年「ユダヤ教のメシヤ思想理解のために」（第二十八巻）
一九六一年「カバラの神の神秘的な姿」（第二十九巻）
一九六二年「カバラにおける善と悪」（第三十巻）
一九六二年「ユダヤ教の宗教的カテゴリーとしての伝統と注解」（第三十一巻）
一九六四年「古代のカバラにおける聖書の神とプロティノスの神との戦い」（第三十三巻）

一九六六年「マルティン・ブーバーのユダヤ教の概念」（第三十五巻）

以上のごとく前後十七年間にわたり、カバラ思想研究者G・G・ショーレムとC・G・ユングとの交友関係は続いた。

ここで若干、エラノス・カンファランスについて述べてみたい。

エラノス・カンファランスとはオルガ・フレーベ・カプティン夫人がスイス・マジョレ湖畔のアスコーナ郊外に建てた集会場のことで、年一回開催される宗教学研究者の学術発表の場であった。創設は一九二八年。C・G・ユングはこのカンファランスに一九三三年より参加し、次第にその学問的集会の中心人物となった。

京都大学河合隼雄教授によれば、〝エラノスという名は、宗教学者のルドルフ・オットーの提案によるもので、古代ギリシャ語で、宴会の際に主人に対して客人が歌や詩や即興のスピーチなどを一種の精神的な贈物とする、そのことを意味するという。フレーベ夫人はカイザーリンク伯の主催する「叡知の学徒」の集まりで、一九三〇年にユングに会い、彼に「エラノス」に参加するように依頼する〟(6)

C・G・ユングの思想的背景のなかにカバラ神秘思想はどのような形で滲透していたのであろうか。ユングの精神構造の内部にまで達することのできる資料としては、生前彼がその発表を禁じたという彼の〝自伝〟が重要なものとなる。(7)

一九四四年のはじめ、ユングは心筋梗塞につづいて足を骨折した。意識喪失のあと譫妄状態に陥り、さまざまの幻像《ヴィジョン》を見た。『ユング自伝』によれば、

〝彼は眼下はるか下に青く輝く地球をみた。ユングはその幻像のなかで主治医であるH博士が原始的形

フランクフルト市ユダヤ人街の暴動と掠奪（一六一四年）(19)

態で現われるのを見た。そして彼は「原始的な人たちの仲間」に属していたことを知る。ユングが回復してベッドに腰掛けることができるようになった日、H博士は病床に臥し、敗血症で死んだ。

夜間、食物を暖めて運んでくれる看護婦はユダヤの老婦人のようにみえた。彼女の頭には後光がさし、ユング自身はパルデス・リモニム（ざくろの楽園）にいるように思え、そこではティフェレト（栄光）とマルクト（王国）の結婚式が行なわれていた。ユング自身がラビ・シメオン・ベン・ヨハイで、来世における結婚式が挙げられていると思えた。そのほか、ざくろの楽園の幻像をみたとき、そこには神聖さ、魔術的な雰囲気がただよっており、神聖な香りの聖霊の「芳香」があった。その神聖さが顕わになることは「結合の神秘《ミステリウム・コンユンクシオニス》」であった(8)〟

このユングの幻像に関する一九四四年の記録には、驚くほど多くのカバラ思想の痕跡が認められる。G・G・ショーレムが初めてエラノス・カンファランスで「カバラと神話」という論文を発表したのが一九四九年であるから、ユングはショーレムと出逢う以前にかなり詳細なカバラ思想に関する知識を有していたことになる。

ユングの幻像のうち主治医H博士が〝原始的な人〟たちの仲間にはいってしまったという場面はカバラ思想の中核概念である〝アダム・カドモン〟説と直接結びつく。

*

アダム・カドモン説のアウトラインを素描してみよう。

アダム・カドモン（Adam Kadomon）は一般に〝原始の人〟と訳されているが、アダムはヘブライ語で人間の意味であり、カドモンまたはカドモニ（Kadomoni）は「第一」または「原初」の意味である。

アダム・カドモン説にはグノーシス思想の立場からの解釈とユダヤ教神学からの影響が混合した形で認められ、さらにその背景にはオリエント神学やギリシャ哲学からの影響も認められる。

アダム・カドモンについて最初に記述した人物はアレキサンドリアのフィロンである。(9) 天の人間であるアダム・カドモンは神のイメージのなかで生みだされた存在であり、腐敗しやすい地上的なものはなんら関与していないとされた。フィロンの見解によれば、アダム・カドモンはロゴス（Logos）が完全に具象化されたもので男性でも女性でもなく、純粋な知的イデアと結合した存在であった。

フィロンのアダム・カドモン概念には、プラトンの思想とユダヤ教神学の二つの傾向が認められる。

〝神は自分のかたちに人を創造された。すなわち、神のかたちに創造し、男と女とに創造された〟（創世記1・27）

〝主なる神は土のちりで人を造り、命の息をその鼻に吹きいれられた。そこで人は生きた者となっ

た〟　　　　　　　　　　　　　　　　　　　　　　（創世記2・7）

この章句の内容とプラトン哲学のイデア説が結合したのである。つまり、原始のアダムはイデアと対比され、肉体と血液の創造はイメージと対比された。フィロンの抱いた男性でも女性でもない天の人間の概念はさらに発展していくことになる。

前述の章句は、古代ユダヤの思想家集団パリサイ派が注目したところでもある。

〝主なる神は人から取ったあばら骨でひとりの女を造り、人のところへ連れてこられた〟

（創世記2・22）

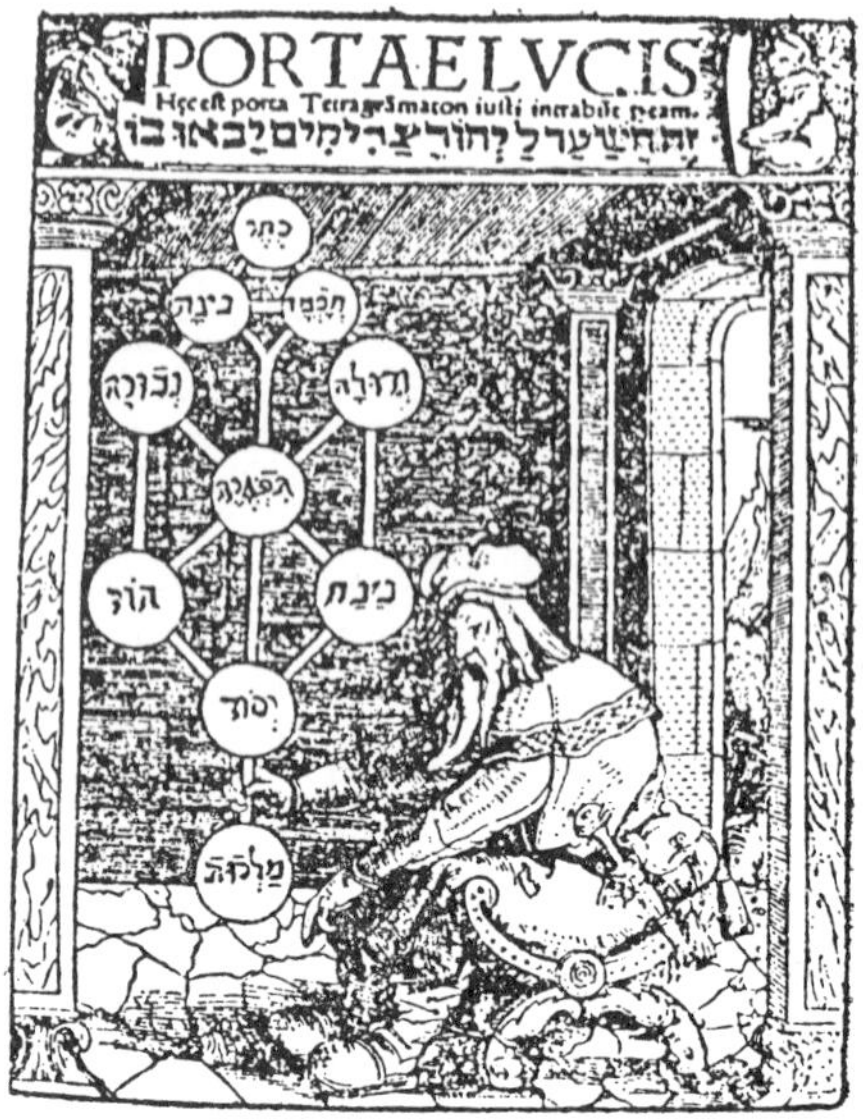

リキウスによるセフィロトの樹

パリサイ派では女性エバの創造に関してアダムははじめ男性・女性結合体として創られていたと思考した。

〃男と女とに創造された〃

（創世記1・27）

の部分は〃男性と女性とを創造した〃と理解し、『創世記』2・22で記述された時点において、はじめて男性と女性は分離されたと解釈した。パリサイ派の解釈はフィロンにも影響を及ぼしており、天の人間が両性具有の存在であると規定した背景にはこのパリサイ派の思想がひそんでいると推定される。

〃あなたは後から、前からわたしを囲み、わたしの上にみ手をおかれます〃

（詩篇139・5）

この章句はユダヤ教の聖書註解《ミドラッシュ》(10)では、人間の前面は創造の第一日に創られ、人間の背面は創造の最終日に創られたと解釈された。

フィロンが地上の人間と呼んだアダムは創造によって創られたが、天の人間アダム・カドモンは世界の創造に先立って存在し、この天の人間が救世主《メシア》、ロゴスなどとして理解された。フィロンの解釈は新約聖書におけるパウロのキリスト教神学を理解する上にも重要な手がかりとなる。

〃聖書に「最初の人アダムは生きたものとなった」と書いてあるとおりである。しかし最後のアダムは命を与える霊となった。最初にあったのは、霊のものではなく肉のものであって、その後に霊のものが来るのである。第一の人は地から出て土に属し、第二の人は天から来る。この土に属する人に、土に属している人々は等しく、この天に属する人に、天に属している人々は等しいのである。すなわち、わたしたちは、土に属している形をとっているのと同様にまた天に属している形をとるのであろう〃

（コリント人への第一の手紙15・45〜49）

このパウロの見解によれば、人間の存在は二つの形式よりなる。つまり、神はこの霊的な世界の中に天のアダムを創造し、地上のアダムを土くれから創りあげて物質的世界に生きるものとした。そこでこのパウロ神学には大きな矛盾が内包されることになる。だがこの矛盾はユダヤ教の聖書註解《ミドラッシュ》によれば直ちに氷解する性質のものであった。

ユダヤ教聖書註解《ミドラッシュ》によれば、救世主《メシア》とは第一のアダムのことである。これは世界の創造に先立って存在していた原始の人間・天の人間である。さらに、第二のアダムは創造によって身体的外見を与えられた存在であり、その点から第一のアダムの後身ともいえる。

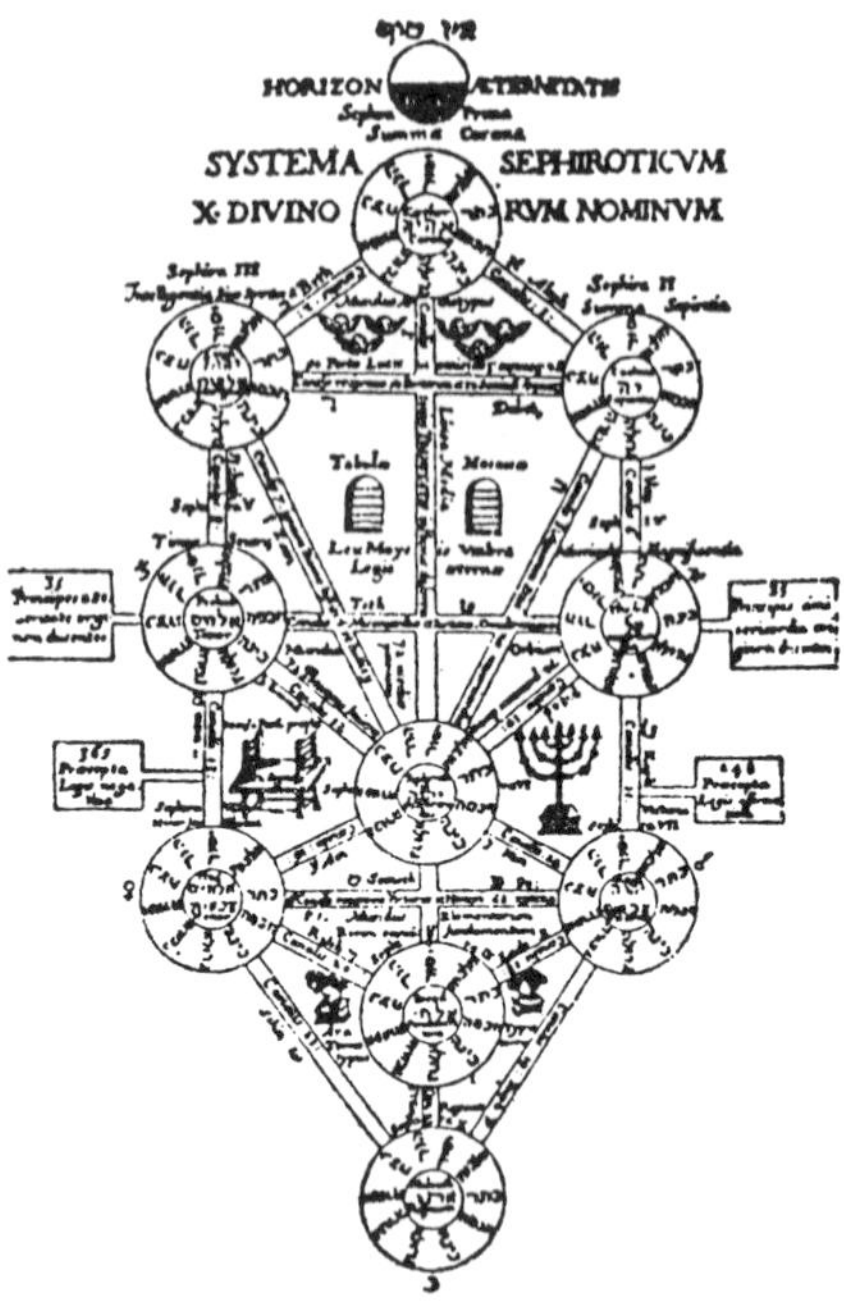

A・キルヒアによるセフィロトの樹

パウロの誤解はその点にあった。つまり、パウロはフィロンの抱いたアダム・カドモンの概念には忠実に依存せず、中心概念において食い違いを発生させている。フィロンにおいては最初の人間はイデアの具現したものであり、パウロにおいてはイエス・キリストの人格そのものであった。フィロンによれば、最初の人間は第一の人間と同一の存在であり、パウロにおいては最初の人間と第二のアダムとは同一視されている。

アダム・カドモン説はまた、西暦三〜七世紀ごろに栄えたマニ教、別名、明暗教（Manicheanism）でも採用されている。マニ教はグノーシス派キリスト教、ゾロアスター教、仏教などが混合した宗教であった。本質的にマニ教は二元教であり、光と闇、精神と肉体、神と悪魔を対立させた体系を有していた。

マニ教によれば、最初の人間は基本的に人間の最初の父親からは区別されるべき存在であった。光の王によって彼は創造された。そのために彼は光の王国の五つの要素を賦与されることになった。しかるに、アダムは闇の王国からその存在を与えられており、その闇の王国から脱出するためには多くの悪魔と戦い、彼の中にある光の要素を発揮する必要があった。

グノーシス思想ではアダムと最初の人間は同一視されていた。マニ教によると〝救世主キリスト〟は太陽と月にその住処を持ち、それは原始の人間と同一存在であると見なされた。またマニ教では、アダムは七人の預言者の一人としてその名が掲げられている。すなわちアダム、セト、ノア、アブラハム、ゾロアスター、仏陀、キリストの七名の預言者である。

グノーシス思想における原始の人間概念とマニ教におけるアダム概念の中間点に位置すると思われる

ものに古代グノーシス思想から生まれたマンダヤ教（Mandaean）がある。これはメソポタミア南部地方に現存する宗教だが、この宗教にはガブラ・カドマヤ[11]（Gabra Kadmaya＝Adam Kadmon）の概念があり、これらはいずれもカバラ思想と密接な関係が認められる。

古代ユダヤの碩学アキバはタルムードのなかでつぎのように語る。

〝人がいかに恩寵を受けたとしても、彼はイメージから創造されたものであり、「神が自分のかたち（イメージ）に人を造られたゆえに」（創世記9・6、カッコ内注・筆者）の聖書の章句は必ずしも「神のイメージ」とは立証できない[12]〟

と述べている。アキバの論点は神が自己のイメージのなかで人間を創造したのではなく、神の形に似せて人間を創造したという点におかれている。アキバによれば、神自身は他の存在、たとえば最高位にある天使さえも比較しえないものであり、その形の相似という点さえも否定した。つまりアキバにおける神のイメージはプラトンのイデア概念をその原型とするものであると見なすことができる[13]。

タルムードには次のように記述されている。

〝神は彼のイメージのなかに人間を造った。それは神によって造られた形のイメージである[14]〟

つまり、タルムードの記述をアキバ流に解釈すれば、アダムは神の創造した形のイメージにもとづいて造られた、ということになる。

『光輝《ゾハル》の書』[15]においては次のように述べられている。

〝人間の形は上なる（天の）および下なる（地上の）すべてのもののイメージである。それがために聖なる蒼古の（神）は彼自身の形をそのように選択した[16]〟

フィロンによれば、ロゴスこそ人間の原初のイメージであったが、ゾハルにおいては天なる人間はすべての聖なる存在の萌芽を秘めたものとして理解された。つまり、人間の原始のイメージのなかに十の原型《セフィロト》が含まれていることになる。

『光輝《ゾハル》の書』には天なるアダムと地上のアダムについて次の記述がある。

〝人間の創造（アダム）という表現のうちにはすべての霊魂が人間存在のなかにはいりこんだということ（意味）が言及されている。つまり、「正しい人間」がこれに対比される。さらに、

〝また一つの川がエデンから流れ出て園を潤し〟（創世記2・10）

の意味もこれと対比される。そこには他の下位のアダムがあり、それは次の章句と対比される。

〝神が人間（アダム）を創造した日に〟

上位のアダムについて、男性と女性の結合は初め明瞭に「この本」（ゾハル）のなかで言及されているが、彼等の生みだした子孫が広く「アダム」と呼ばれることになった。そこで、神は神の「（形に）似せて」人間を造ったと言われる。「（形に）似せて」の言葉をわれわれはつぎのように理解する。すなわち、それはちょうど鏡（に映った）（なにかの形）のイメージが瞬間的に現われて直ちに消え去ってゆくような（性質の）ものとしてである。別の解釈によれば、「（形に）似せて」という言葉は男性と女性の（性器）の結合に言及しているものだ。

そこで師はこれら（の意味）を確認した[17]〟

人間の創造に関して、天の人間のイメージは宇宙のイメージそのものと対比されると『光輝《ゾハル》の書』では考えられた。そこにはプラトンやフィロンが抱いた、人間は小宇宙（microcosm）であり、自然界は大

宇宙（macrocosm）であるとする考え方が内蔵されている。

カバラ思想家ルーリア(18)によってアダム・カドモンはカバラ思想における中軸概念となった。ルーリアによればアダム・カドモンは単なるセフィロト（Sefirot 原質）の凝縮によって顕示された存在ではなく、セフィロトよりエン・ソフ（Ein-Sof 無窮なるもの）へと移行する媒介体としての意味をもつことになる。ルーリアによれば、エン・ソフがセフィロトの内に顕示されるという概念は廃棄すべきものとされた。

アダム・カドモン（原始の人）のイメージがC・G・ユングの幻像のなかに浮かびあがってきたとき、彼の心的構造にはどのタイプのアダム・カドモン像が浮かんできたのだろう。それを特定することは困難だが、いずれにせよ、それはきわめてカバラ的特徴を色濃く含んだイメージであったろうことは確実である。

註

（1）タンナイムについては、第一章五三ページ参照。
（2）アモライムについては、第一章五二ページ参照。
（3）ユダヤ神秘思想については、第一章七二章参照。
（4）この記述は、G.G. Scholem. On the Kabbalah and its Symbolism. Schocken Books. New York. 1965. を参照した。
（5）エラノス年報総目次は、『現代思想』一九七八年四月臨時増刊〝ユング〟三三八〜三四九ページを参照した。

（6） エラノスの記述は、河合隼雄著『ユングの生涯』第三文明社刊、一四八～一四九ページより引用。

（7） C.G. Jung. Erinnerungen Träume Gedanken. Ed. Aniela Jaffé. 1961. Random House. Inc., Pantheon Books. New York. 邦訳はヤッフェ編、河合隼雄・藤縄昭・出井淑子訳『ユング自伝１・２』みすず書房刊（以下『ユング自伝』と略記する）。

（8） 『ユング自伝２』一二四～一三三ページ参照。

（9） フィロンについては、第一章六六ページ参照。

（10） Gen. R. xiii. 1. 参照。

（11） ガブラ・カドマヤについては、Gabra Kadmaya. Kolasta, i. 11. The Jew. Encycl. vol. I. pp. 181～138. の記述参照。

（12） Abot. iii. 14. 参照。

（13） Gen. R. xxxiv. 14. 参照。

（14） Kethuboth. 80 a. 参照。

（15） 『光輝の書《ゾハル》』については、第四章二〇〇ページ参照。

（16） ゾハル Idra. R. 141 b. 参照。

（17） ゾハル II. 70 a～70 b 参照。

（18） ルーリアについては、第五章三二一ページ参照。

（19） The Jew. Encycl. vol. V. p. 379. の挿絵より。

〝ざくろ〟(石榴・柘榴・安石榴)の実にはどこか異国風の情緒がまつわりついている。ペルシャ、インド原産とされるのもなるほどとうなずける。熟した〝ざくろ〟の実が裂けて黄紅色ないし赫色とでもいえそうな沢山の種のつぶつぶが露出しているのを見つめていると、遠い昔はるばるシルク・ロードの彼方からもたらされてきたものへの想いが漂ってくる。

〝ざくろ〟は古代エジプトからパレスチナの地へもたらされたものであるらしい。

旧約には次のように述べられている。

〝……ここには種をまく所もなく、いちじくもなく、ぶどうもなく、ざくろもなく、また飲む水もありません〟
(民数紀20・5)

そのほか『民数紀』13・23にも〝ざくろ〟の記述がみとめられる。

その後〝ざくろ〟はイスラエルの地(Erez Israel)で七つの果物の一つとして数えられるようになった(申命記8・8)。その妙なる味は『雅歌』にも唄われている。

C・G・ユングは一九四四年のはじめ、心筋梗塞と足の骨折により意識喪失状態となり、そのあと譫妄状態に陥りさまざまの幻視《ヴィジョン》をみた。ユングの幻視《ヴィジョン》に現われた〝ざくろの楽園〟[1]とはいったいどのようなものだったのか。〝ざくろの楽園〟はヘブライ語ではパルデス・リモニム（pardes rimmonim）であり、このパルデス（PARDES）は楽園《パラダイス》という意味であるが、中世期のカバリストはこの単語を四つに分解し（P・R・D・S）次のような解釈をほどこした。

Pはペシャット（peshat）、語義通りという意味である。

Rはレメズ（remez）、暗示、ほのめかし、ヒントという意味。これは後に聖書の象徴的解釈法となるゲマトリア[2]（Gematria）、およびノタリコン[3]（Notarikon）の基本となった考え方である。

Dはデラッシュ（derash）、寓意的解釈という意味。

Sはソッド（sod）、神秘たとえば秘儀的解釈という意味である。

この四つの解釈技法を並行的に用いて聖書を読まなければならないとするのが、カバリストに共通した了解事項であった。

『ざくろの楽園』というカバラ思想の著作は、サフェド（Safed）生まれのカバリストであるモーゼス・コルドベロ[4]（Moses ben Jacob Cordovero）によるものである。

『ユング自伝』で述べられている記述にもう一度立ち戻ってみよう。

〝この幾週間かは、私は不思議なリズムのなかで生活していた。昼間はいつも抑うつ的であり、憔悴し、みじめに感じ、ほとんど動こうとしなかった。「いままた、この灰色の世界に帰らなくてはならないのか」と、まったく憂うつに思いつめていた。夕方ごろになると、私は眠りこんで、ほぼ真夜中まで眠り続けた。それから私自身に立ち返って、約一時間目覚めていたが、その間は全く違った状態であった。まるで私は恍惚状態《エクスタシー》にいるようであった。私は、あたかも宇宙空間を浮游しているように、また宇宙という子宮のなかで安心しきっているかのように感じた。――そこは途方もない真空状態であったが、しかしあらんかぎりの幸福感に満たされていた――。「これは筆舌に尽くせぬ、永遠の至福だ、あまりに素晴らしすぎる」と、私は考えた。

　私のまわりのあらゆるものが、魅了するようにみえた。このときだけ、私はなにか食べることができ、食欲が進んで食事を摂ったので、看護婦はこの真夜中に、食物を暖めて運んでくれた。その間、彼女は実際の年齢よりずっと老けた、ユダヤの老婦人のように私にはみえた。そして、彼女は私のためにユダヤの律法にかなった祭式用の料理を準備してくれているように思っていた。私が彼女をみたときには、彼女の頭のまわりには、青い後光がさしているように思えた[5]〟

その後ユングは自分が〝ざくろの楽園〟にいると思った。『ざくろの楽園』を書いたコルドベロについてはすでに書いたが、補足する。

『ざくろの楽園』は彼が二七歳のとき最初の著作として刊行したものである。この書においてコルドベロは、神の概念は神人同形同性説《アントロポモルフィズム》を純化することから導かれると考えた。カバラと哲学との間に横たわる本質的な差異は神と世界とを結ぶ方法論上の差異にあるとコルドベロは指摘する。カバラにおいてはセフィロトが神と世界を結び、仲介するものである。

　第一のセフィラはケテル（王冠）で、そこにホクマ（知恵）が出現するが、ケテルの内部に潜在的な形で現われるだけで顕在化されるにはいたらない。

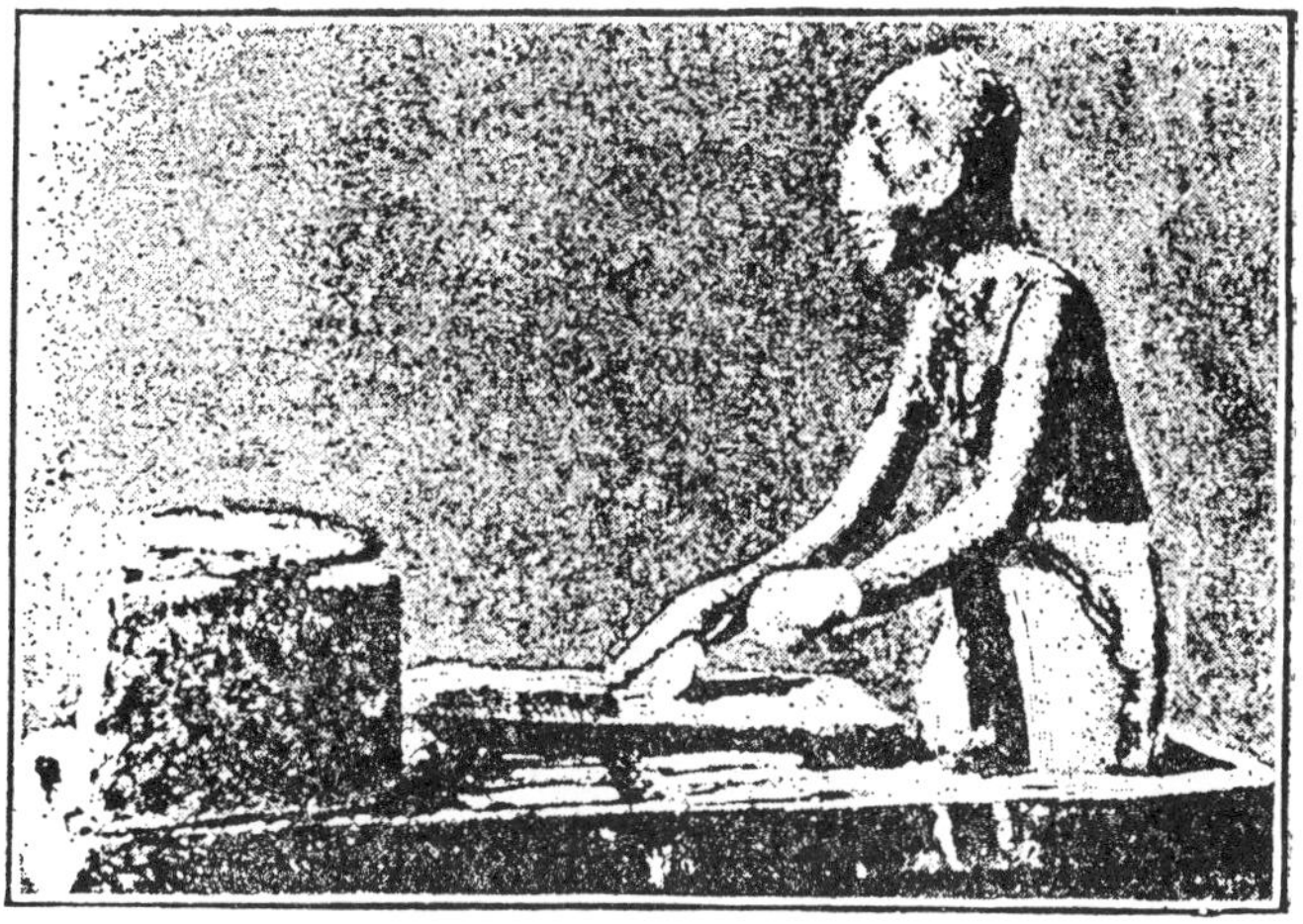
古代エジプトのパン屋

コルドベロのカバラ思想で注目すべきは二重創造説である。ヤシャル（yashar）〃直接の光〃が下方へ流出し、ホゼル（hozer）〃反射した光〃が上方へ流出し、世界はこの二つのプロセスによって二重に創造されたとするものである。

ところで、ユングの幻視《ヴィジョン》のなかに現われた〃ユダヤの律法にかなった祭式用の料理〃は旧約に明瞭にしるされている。穀物に関する記述にはつぎのようなものがある。

〃主にささぐべき酬恩祭の犠牲のおきては次のとおりである。もしこれを感謝のためにささげるのであれば、油を混ぜた種入れぬ菓子と、油を塗った種入れぬ煎餅と、よく混ぜた麦粉に油を混ぜて作った菓子とを、感謝の犠牲に合わせてささげなければならない〃

（レビ記7・11〜13）

〃寝床と鉢、土器、小麦、大麦、粉、いり麦、豆、レンズ豆、蜜、凝乳、羊、乾酪をダビデおよび共にいる民が食べるために持ってきた〃　（サムエル書下17・28〜29）

〃あなたはまた小麦、大麦、豆、レンズ豆、あわ、はだか麦を取って、一つの器に入れ、これでパンを造り、あなたが横になって寝る日の数、すなわち三百九十日の間これを食べなければならない〟 （エゼキエル書4・9）

〝その時、バアル・シャリシャから人がきて、初穂のパンと、大麦のパン二十個と、新穀一袋とを神の人のもとに持ってきたので……〟 （列王紀下4・24）

野菜については『列王紀上』4・39『ダニエル書』1・16『民数紀』11・5『ヨブ記』30・4などにあり、果物については『創世記』43・11『エゼキエル書』27・17などに記述されている。

肉類に関する記述として、牛・山羊・羊については『サムエル書上』25・11『サムエル書下』12・4『アモス書』6・4『イザヤ書』53・7などに、ラムについては『アモス書』6・4、雄羊・肥えた獣については『イザヤ書』1・11『列王紀上』1・19などにそれぞれしるされている。

家畜の屠殺法・血液の処理法については、つぎのようにしるされている。

〝ぶんどり物に、はせかかって、羊、牛、子牛を取って、それを地の上に殺し、血のままでそれを食べた。人々はサウルに言った。「民は血のままで食べて、主に罪を犯しています」サウルは言った。「あなたがたはそむいている……」〟 （サムエル書上14・32〜33）

タルムードによれば、屠殺にさいし血液は抜きとり、聖別し、清浄食《コーシャ》とすべきものとされた。またパンについては種を入れぬ、つまり酵母菌なしのマッオと呼ばれる清浄食《コーシャ》がある。

ユングの幻視《ヴイジヨン》のなかには、以上述べたように濃厚なカバラ的要素、ユダヤ教的要素が認められるわけだが、さらにユング思想には神人同形同性説《アントロポモルフイスム》に類似した考え方も含まれている。

〝われわれの心は宇宙の構造と一致して作られている。マクロの世界に起こったことはミクロの世界においても、心の主観的な範囲においても生じる。このために、神のイメージは常に、強力な対決の内的経験が投影されたものである。これは、内的経験がその最初の衝動をとりあげた事物によって象徴化される(6)〟

この関係はコルドベロの〝祈り(7)〟に関する思想と極めて近い関係にある。

そのほかカバラ思想の重要概念である〝天の車《メルカバ》〟思想とユングの〝空飛ぶ円盤説〟との関係も興味深い考察の対象となりうる。瞑想的カバリストは〝天の車《メルカバ》〟の幻視または幻像《ヴィジョン》を経験的に得ようとこころみた。これと全く類似した形がユングの幻像《ヴィジョン》のなかに出現してくる。あるいは現代人が目撃しているという〝空飛ぶ円盤〟（UFO）もまた現代版の〝天の車《メルカバ》〟の幻視であるのかもしれない。

ガラスの器の破片（寺院が描かれている）

ヘブライの陶器

ユングはつぎのように述べている。

〝今日、個人や文化は同様の脅威、すなわち、集団の中に呑みこまれる脅威に直面している。かくて、多くの土地にキリストの再来を望む動きが存在し、救いへの期待を示す幻像《ヴィジョン》の噂が生じている。しかし、その形態は過去にその類似をみないもので、「工業の時代」の申し子そのものである。これが世界中で広がっている「空飛ぶ円盤」なのだ(8)〟

ユングの深層心理のなかにその影響を強く及ぼしているカバラ思想をもう一度見直してみる必要がありそうである。

私自身、精神科医としてスタートし、ニューヨークで六年間にわたるフロイト派精神分析医としての研修を受けている間に次第にユダヤ思想に深く入りこむことになった。やがてC・G・ユングの思想のなかにカバラ的要素を発見することにもなったのである。だがこの発見の経路は決して直線的なものではなかった。迂路や分岐路が多すぎたのである。

*

瞳のなかには小人《ホムンクルス》がいる。

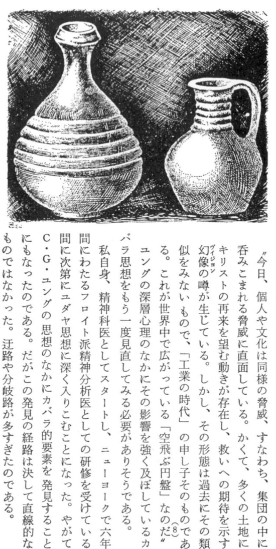

誰でもいい親しい人の瞳をじっと見つめてみていただきたい。円い瞳孔の部分に小さく映った人間の形が反射していることに気づかれるだろう。それはほかでもなくその瞳をのぞきこんでいる貴方自身の小さな姿である。そこで瞳孔（Latin; pupilla）という単語は、少女、女の子、人形などを意味するプーパ（Latin; pupilla の縮小名詞）からつくられた。男の子プープス（pūpus 縮小名詞は pūpulus）から弟子・生徒を意味するピューピル（English; pupil）が生まれたが、同時に瞳孔の意味もある。

カバラ神秘思想、錬金術、グノーシス思想などではしばしば瞳孔のなかに宿る小人《ホムンクルス》（Homūnclūs）についで言及されるが、彼らもやはりこのようにして瞳をのぞきこみ、そこに映る小人の姿を発見して驚異の念にかられ、それが神秘的発想への糸ぐちとなったのではなかろうか。

アルジェリアのユダヤ人のコスチューム（9）

〝小人《ホムンクルス》〟とは、元来古代医学における胎生学（Embryology）の概念であった。ホムンクルス・小人《こびと》・精子微人とは精子の中にあって、後に成人に成長すべき人の姿が微細に縮小され宿っている人間の形をした胚芽として考えられていた。

ヘブライ語ではホムンクルスのことをゴーレム（Golem）と呼ぶ。この言葉は旧約にはただ一度だけ登場する。

〝あなたの目は、
まだできあがらないわたしのからだを見られた。
わたしのためにつくられたわがよわいの日の
まだ一日もなかったとき、
その日はことごとくあなたの書にしるされた〟（詩篇139・16、傍点・筆者）

この傍点の部分がヘブライ語聖書ではゴーレムと記されており〝胎児〟の意味である。

ユダヤ伝承によれば完成しないあらゆる物体は総てゴーレムであり、孔のない針などもゴーレムと呼ばれた。またタルムードによれば子を孕まない期間の女性もまたゴーレムであった。(10)

〝神と父親と母親との働きで子供が創られる。骨骼と頭脳は父親に由来し、皮膚と筋肉は母親から、そして総ての感覚は神に由来するものと考えられた。神は子供が種子のうちに霊魂をその中に入れる。もし男性の種子が先に入れば子供は男となり、そうでなければ女となる〟(11)

アダムの創造については次のように考えられていた。一時間目に塵が集められ、二時間目にアダムの形がつくられ、三時間目には彼は形のはっきりしない塊、つまりゴーレムとなり、四時間目に身体各部が結び合わされ、五時間目には（身体の）開口部がひらき、六時間目には彼は霊魂を与えられ、七時間目に自分の足で立ちあがった。八時間目にエバと結ばれ、九時間目に彼らは楽園へ送られた。十時間目に神が（彼らに）命令をくだし、十一時間目に彼らは罪をおかした。十二時間目にエデンの園から追放され、『詩篇』に述べられたごとくなった。

〝これぞ自分をたのむ愚かな者どもの成りゆき、自分の分け前を喜ぶ者どもの果である〟

（詩篇49・13）

その他、タルムードではアダムは初めゴーレムとして創られ、その大きさは地から天までとどくほど

カイロ・ゲニザ古文書（十三世紀初頭）マイモニデスの息子の手稿(12)

であった。[13]

その後、原始の人《アダム・カドモン》の思想へと拡がっていくことになる。[14]

タルムードには次のような話がのべられている。

〝ユダ・ハナシの弟子であったラビ・ハニナとラビ・ホサイアの二人は、安息日《サバト》の夕方いつも『創造の書』を学んでいた。彼らはその聖なる書の秘儀に従って三歳になる犢を創りあげ、その犢の肉を安息日の晩餐で食用に供した[15]〟

中世期になるとゴーレムは形が大きくなり、主人の命令を機械的に実行するものとして考えられるようになった。ゴーレムは『創造の書』によって造りあげられると考えられていた。泥または木製の人形もまたゴーレムとして見なされることもあった。

ゴーレムは、シェム（Shem）と呼ばれる神の名を形どった文字の組み合わせを書いた紙片をその口から前頭部に挿し入れることによって生命が蘇り、動きだすと信じられていた。

カバリストとして有名なソロモン・イブン・ガビロール[16]（Solomon ibn Gabirol）はゴーレムの召使いを造った。ある王がそれを聞き彼を罰しようとした。そこでガビロールはゴーレムを分解し、またもと通りに組み立ててみせたという。

十六世紀頃のユダヤ伝説には、バアアル・シェムの怪物（Ba'al Shem）というのがあった。この伝説はケルムのエリヤ（Elijah of Chelm）という男がゴーレムを造った話である。このゴーレムは世界の総てを破壊するかもしれない怪物となってしまったので、ついに、ゴーレムの前頭部に隠された力の源泉（シェム Shem）を抜き取られ、この怪物は土くれになったというものである。[17]

この話を現代の巨大破壊兵器、原爆や水爆とオーバーラップさせて考えてみるのも面白い。〃ケルムのエリヤ〃と呼ばれる現代人は自分の造りあげたゴーレム、つまり原爆や水爆をもはや自由にコントロールすることができず、それは世界の総てを破壊するかもしれない怪物となってしまったからである。ゴーレムは神の呪文の書かれた〃シェム〃を抜き取ることでその力の源泉は失われ、ただの土くれになってしまうが、現代の怪物には有効な呪文がないのは悲劇である。

この中世のユダヤ伝説は怪奇小説〃フランケンシュタイン〃の原型であるといわれる。この小説は一八一八年、シェレー（Mary Wollstonecraft Shelley）という女流作家の手になるもので、若い医学生が墓地と解剖室から入手した材料を使って人造人間を造りあげそれに生命を与えたところ、この怪物は非常に狂暴となり、遂には怪物の生みの親である医学生をも殺すにいたるというストーリーである。この原作からヒントを得て制作されたのが映画〃フランケンシュタイン〃であることはいうまでもない。

C・G・ユングは、彼の瞑想の場であったチューリッヒ湖畔ボーリンゲンの石造の塔のある庭に、ホムンクルスを彫った石を置いた。この石の由来は『ユング自伝』によると次のようなものである。

〃その正面に、石の自然の構造として小さな円形が見えてきたが、それは私を見つめている目のようであった。そこで私はそこに目を刻んで、その目の中心に小さな人間の像、ホムンクルスを彫った。それはあなたがたが他人の目のひとみのなかにみいだす一種の「人形」――つまりあなた自身――いわば一種のカビル、あるいはアスクレピオスのテレスフォロスに相当するものである。古代の像では、彼はフードつきの外套をきて、ランプをさげた姿で表されている。彼はまた、行く手を指示する人である〃(18)

ユングもまた、ゴーレムを自分の庭にもっていたのである。

註

(1) ユングの記述した〝ざくろの楽園〟は、『ユング自伝2』一二四～一三三ページ参照。
(2) ゲマトリアについては、第二章一一五ページ参照。
(3) ノタリコンについては、第二章一一六ページ参照。
(4) コルドベロについては、第五章三一九ページ参照。
(5) 『ユング自伝2』一三〇～一三一ページより。
(6) 『ユング自伝2』一八五ページより。
(7) コルドベロの祈りの概念については、第五章三二七ページ参照。
(8) 「空飛ぶ円盤説」については、『ユング自伝2』一七～一八ページ参照。
(9) The Jew. Encycl. vol. I. p. 384. の挿絵より。
(10) ゴーレムについては、Sanh. 226; Sanh. 95 a; Ḥul. 25 a; Abot. V. 6; Sifra, Num. 158. の各項を参照のこと。
(11) タルムード Nid. 31 a. 参照。
(12) Teh Jew. Encycl. vol. V. p. 613. の写真より。
(13) タルムード Ḥag. 12 a. 参照。
(14) アダム・カドモンについては、第六章三九一ページ参照。

(15) タルムード Sanh. 676; Ber. 55a. 参照。
(16) ガビロールについては、第三章第I節参照。
(17) バアル・シェムの伝説については、Martin Buber: The Legend of the BAAL-SHEM. Schocken Books. New York. 1969. 参照のこと。
(18) 『ユング自伝2』三九ページより。

Ⅲ　フロイトの原風景

エデンの園について、『光輝の書《ゾハル》』には次のような記述がみられる。——

〝主なる神は東のかた、エデンに一つの園を設けて、その造った人をそこに置かれた。また主なる神は、見て美しく、食べるに良いすべての木を土からはえさせ、さらに園の中央に命の木と、善悪を知る木とをはえさせられた〟

（創世記2・8～9）

伝承によれば、生命の木は五百年の旅（が必要な）ほどその枝が伸びている。そして総ての創造の水がその根から流れ出している。この木は（エデンの）園の中央にあり創造の水を総て集め、そのあとでそれぞれの方向へ流し出す。永久に流れるせせらぎはこの園で休息し、そこに（流れ）入る。水はそこから流れ出し、何本もの流れとなって分かれ、下流の〝野獣の野〟へ（そそぐ）、それはちょうど水が初めて天なる世界から流れ出し、天なる〝清純なバルサム（樹の）山〟を潤《うるお》すようなものである。

善悪を知る木。この木は（園の）中央にはない。このような名前で呼ばれている理由は、（この木は）栄養分を二つの反対側から吸いとるからである。明瞭に区別され明らかなことは、ちょうど人間が甘さと苦さを区別するようなものであり、そこで（この木は）〝善と悪〟（という名前で）呼ばれる。総ての他の木はこの（善悪を知る）木に依存している。他の天なる植物もそこに付属していて、それは〝レバノン杉〟と呼ばれる。これらは天の第六日、創造の六日目にすでに述べられている。これらは神が初めて植えられた若木であり、あとで他の場所へ移され、(1)それらはしっかりと根づいた。

ラビ・アバは言った。

「アダムとエバがそこに移植されたことをいかにして知りうるのか」

（聖書の）章句から、

〝あなたの民はことごとく正しい者となって、とこしえに地を所有する。彼らはわたしの植えた若枝、わが手のわざ、わが栄光をあらわすものとなる〟（イザヤ書60・21）

それは〝神の手の業《わざ》〟と呼ばれる。なぜなら、他のいかなる創造物もその形成には関与していないからだ。われわれが教えられたところでは、植物は初め移植され、根づくまではばったの触角のようで、その光は弱々しい。だが、やがてその光は増大し〝レバノンの杉〟と呼ばれるようになる。アダムとエバもまたそうであり、彼らが初めて移植されたときはまだ光で包まれてもいず、甘い香りを発してもいなかった。（アダムとエバは）根こぎにされそして再び植えられ、正しく根づいた。

〝主なる神はその人に命じて言われた。「あなたは園のどの木からでも心のままに取って食べてよろしい。しかし善悪を知る木からは取って食べてはならない。それを取って食べると、きっと死ぬであろう」〟（創世記2・16〜17）

われらの師によれば、〝命じられた〟という言葉は偶像崇拝の禁止を含んでいる。〝主なる神〟への冒瀆、〃神〃の正義の悪用、〃人間〃の殺害、姦通と近親相姦への〃言及〃、〃園の総ての木〃からの略奪。〃食べてもよろしい〃とは生きた動物の肉を食《くら》うこと、（この総ての禁止の意味について）われわれは意見の一致をみた。

〃園のどの木からでも心のままに取って食べてもよろしい〃（創世記2・16）。

この（聖書の）意味は総てを食用とすることの許可である。われわれが知るようにアブラハムも食べ、イサクも食べ、ヤコブも食べた。総ての預言者も食べ、生きながらえた。

この木は、しかしながら死の木であった。いずれにせよ、それを食べた人は死と結びついた。なぜなら、彼は毒を食べたからである。

（聖書に）述べられているように、

〃それを取って食べると、きっと死ぬであろう〃　（創世記2・17、中略・筆者）

（聖書の）言葉、〃園の中央にある木の実〃（創世記3・8）は、女性を表現している。この点に関し（聖書に）次のようにも述べられている。

〃その足は死に下り、その歩みは陰府の道に赴く〃　（箴言5・5）

この木には実がなっている。しかし他のことについては確かでない。

ラビ・ヨゼは言った。

「この木は上から養分をあたえられ育てられ、（その生育を）喜んだ。（聖書に）〃また一つの川がエデンから流れ出て園を潤し〃（創世記2・10）とある。この〃園〃は女性を表現している。この川は（園に）入り潤した。つまりこの点までは完全な統一でありこの点からあとは分離である。（聖書に）書かれてい

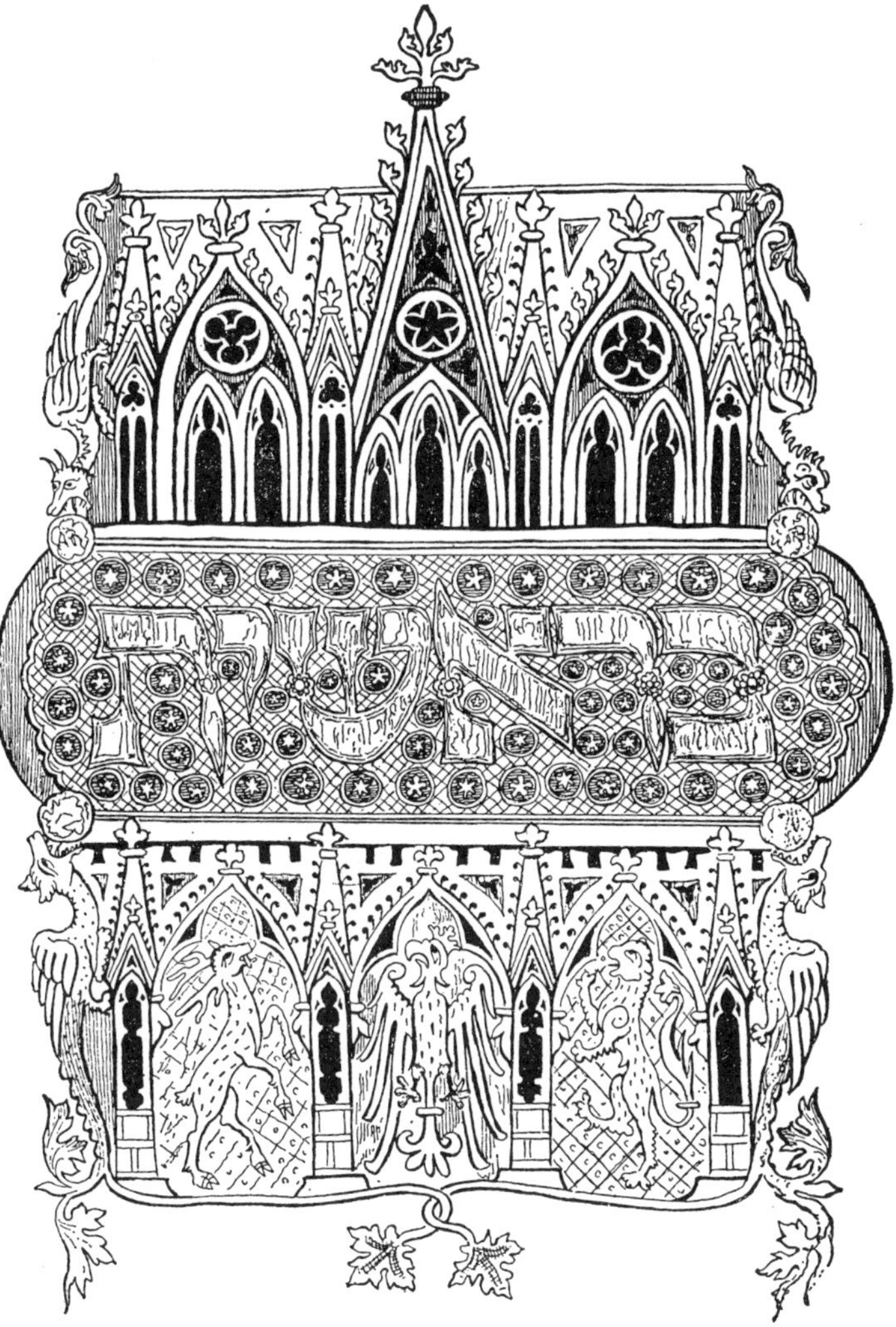

エセックス公旧蔵『創世記』(彩色)(2)

るように〝そこから分かれ〟（創世記2・10）たのである。

〝さて主なる神が造られた野の生き物のうちで、へびが最も狡猾であった〟（創世記3・1）

ラビ・イサクが言った。

「（へびとは）悪い気質のことだ」

ラビ・ユダは言った。

「それは文字通りへびのことだ」

そこで彼らは（師である）ラビ・シメオンに相談した。

ラビ・シメオンは二人に言った。

「お互い正しい。（へび）とはサマエル(3)のことだ、彼はへびの姿で現われる。へびの理想的な形は悪魔だ。われわれが学んだところによれば、天からサマエルが下降してくるときこのへびに乗ってくるという。そこで総ての創造物は彼の形を見ると彼の前から逃げてしまう。彼らはそこで女との対話にはいり、この二人が死をこの世にもたらしたのだ。当然サマエルは知恵を通してこの世界に（死の）原因をもたらし、神がこの世において創造した第一の木を破壊してしまった。別の聖なる木がもたらされるまでサマエル

最古のユダヤ人の記録のある石碑
（ナルボンヌ、西暦六八九年）（4）

には責任があった。（別の木とは）ヤコブのことであり、彼は神からの祝福を奪われた。それはサマエルが上なる（神の）ものと、下なる（地上の）エサウを祝福しないからである。ヤコブはアダムの再生である。彼はアダムと同じように美しかった。そのためにサマエルは第一の木からの祝福を差し止め、アダムのような他の（命の）木であるヤコブにもそのようにした。サマエルは上なるものと、下なるものへの祝福を差し止めた。そのようなことがヤコブにはなされたが、しかし彼は彼自身（の生活）にもどった」

そのことについて、（聖書には）次のように書かれている。

〝へびが最も狡猾であった〟（創世記3・1）

このへびは悪い気質であり、死の天使である。なぜなら、この世に死をもたらした死の天使がへびだからだ。

〝へびは女に言った〟（創世記3・1）

ラビ・ヨゼは言った。

「彼（へび）は憤怒（fa）によって霊的交わりをもった、なぜなら彼（へび）がこの世に憤怒（af）をもたらしたからだ(5)」

へびは女に言った。

「神はこの木で世界を創った。だからそれ（木の実）を食べれば善と悪を知ってお前は神のようになれる。この知恵を通じて彼は神と呼ばれているのだから(6)」

＊

『光輝の書《ゾハル》』のなかのアダムとエバの物語を抄訳してみた。ここでの主題は善悪を知る木・悪魔（へび）・エバ（女性）である。しかも知恵に目ざめた時、ふたりの目が開け、自分たちが裸であることがわかったので、〃いちじくの葉をつづり合わせて、腰に巻いた〃（創世記3・7）のであった。現代流に表現すれば、性の目覚めとでも言えそうである。旧約にもゾハルにもこのような性《セックス》に関する象徴的な記述が多い。

S・フロイトの精神分析理論の中核にはリビドー説があり、性《セックス》の重要性が強調されている。カバラ思想とフロイト学説には、性《セックス》の強調という部分での共通性がかなり多くみられる。私にはそれがとても興味深い事柄のように思える。私が精神医学の研修医《レジデント》として学んだニューヨークの精神科医グループはそのほとんどが東欧からの移民であったので、そこには東欧系ユダヤ人《アシュケナジム》（フロイトもこの系統のユダヤ人である）の民族的伝統が色濃く漂っていた。たとえば、精神分析という医療手段の修得の際にもこの伝統は認められ、ちょうどカバラの秘儀が師から弟子へ口伝の形で伝えられたように、指導医《インストラクター》から研修《レジデン》医《ト》へという一対一の形で精神分析の教育が行なわれるようになっていた。

フロイトの精神分析理論における学問的達成の頂点は彼の第一番目の著書『夢判断』にあると、私の指導医《インストラクター》は何回も繰り返して言った。『夢判断』は何回も繰り返して読まなければならないし、ほとんど暗記するぐらいにならなければいけないとも教えられた。私自身その指導を忠実に実行したとは思わないが、少なくとも何回か目を通している。

十三世紀フランスにおけるラビの討論
（パリ国立古文書館蔵）（7）

フロイトの『夢判断』を読んですぐに気づくことは、夢の象徴という考え方である。このような発想法はカバラ思想にも存在しており、前述したゾハルの文章にも認められる。たとえばエデンの園は女性を表現しているという記述などは、まさにフロイトの夢分析の際の発想法と極めて近い位置にあると考えられる。具体的な記述がそのまま象徴のレベルに引き上げられているのである。

フロイトは夢の分析を通じて人間の心理構造の底辺に無意識という暗黒の領域が存在していることを初めて探り出した。確かに、フロイトも言っているように〝夢は無意識への王道〟だったのである。

S・フロイトの理論は無意識領域の発見という偉大な業績に支えられた巨大な構造であり、そこには神秘思想のごとき妖しげな、非科学的な観念の世界が入り込む余地はまったくなさそうにみえる。だが詳細にフロイトの理論形成の軌跡をたどっていくと、カバラ思想の輪郭が淡く浮き上がってくるのだ。

フロイト理論の背景にはユダヤ神秘主義の伝統からの強い影響が認められるとする研究者もいる。(8)しかし、フロイト自身は自分の民族的伝統に属するカバラ神秘思想からの影響を意図的に陰蔽しようとしていたのかもしれない。このような推定を間接的に証明するような資料を『ユング自伝』のなかにも見出すことができる。

フロイトがユングを精神分析の後継者とみなしていた頃の対話について、ユングは次のように書いている。


〝今でも私は、フロイトが「親愛なるユング、決して性理論を棄てないと私に約束してください。それは一番本質的なことなのです。私たちはそれについての教義を作らなければならないのですが、あなたはそれがゆるぎない砦だとわかります」と言ったあの時の有様を生き生きと思い出すことができる。このことを彼は情緒をこめて、まるで父親が「私の愛する息子、日曜日には必ず教会へ行くというこのことを私に約束してください」というような調子で言ったのである。いささか驚いて、私は彼に聞き返した。「砦って、いったい何に対しての?」それに対して彼は答えた。「世間のつまらぬ風潮に対して」——ここで彼はしばらくためらい、そしてつけ加えた。——「神秘主義のです」。なかでも私を驚かせたのは、「砦」と「教義」という語だった。というのは、教義すなわち信仰の明白な告白は、その目的が一度かぎりで疑惑を抑えることにあるときだけ提示されるものだからである。それはもはや科学的判断には何ら関係がなく、個人的な力の衝動のみと関係しているのである(9)〟

つねに非宗教性を強調し、神秘主義からできるだけ遠い距離に身を置いて〝性理論〟という新しい教

十六世紀ドイツにおける
ユダヤ人の学院(10)

義をうちたてたフロイトは、その精神分析という宗教の教祖になろうとしていたのだろうか。

　フロイトは魔に憑かれた人物だったのだろうか。

　バカンはフロイトが悪魔関係の文献を読み漁っていたこと、原始セム族の性風俗の研究を行なっていたことを指摘している。(11) またフロイトは悪魔学の資料を広範に渉猟したにもかかわらず、『夢判断』ではその種の資料にほとんどふれていないこともまた、彼が当面の原資料を論じたがらなかった傾向を示している。(12)

　フロイトは確かになにかを隠していた。だがそのなにかを知るためにフロイトの秘儀に近づけば近づくほどカバラの影が濃くなってくる。

知恵に目ざめたとき〝ふたりの目が開け〟（創世記3・7）た。その原因をつくったのは悪魔である。

　バカンは次のように書いている。

〝古典的に悪魔は知ることと結びついている。一般に悪魔は広い知識と技能をもつ人物として描かれる。人間の原罪は知恵の樹の実を食べたことにあり、そのため神の呪いが人間にかかっているのである。アダムとイヴが知恵の樹の実を食べたとき、「するとふたりの目が開いた」ファウスト伝説では、知識のなさに絶望した果てに契約を結ぶ。フロイトが『夢判断』の特色を、ものを知ることにあると強調したのは興味深い(13)〟

　フロイトの原風景(14)には確かにカバラが存在し、そこから派生した悪魔学《デモノロジー》の影響も濃厚に存在していたようである。

　ゾハルには多くの性的象徴に関する記述が認められる。それは、次の旧約の記述にみられるような決

中世ヨーロッパ（ドレスデン）における護符
（カバリスト、A・w・アイベシュッツ作成）
(15)

して禁欲的傾向のものではなかった。
〝神はこれらを祝福して言われた。「生めよ、ふえよ、海の水に満ちよ、また鳥は地にふえよ」夕となり、また朝となった〟（創世記1・22〜23）
フロイトが精神分析学を開始したときその中核に性概念（リビドー説）を置いたことは、ユダヤ的伝統に極めて忠実だった証拠とも言える。ゾハルの記述には次のようなものがある。
〝ラビ・アバは（聖書の）文章を引用した。
〝わが魂の愛する者よ、
あなたはどこで、あなたの群れを養い、
昼の時にどこで、それを休ませるのか、
わたしに告げてください。
どうして、わたしはさまよう者のように、
あなたの仲間の群れのかたわらに、
いなければならないのですか。

女のうちの最も美しい者よ、
あなたが知らないなら、群れの足跡に従っていって、
羊飼たちの天幕のかたわらで、
あなたの子やぎを飼いなさい〟（雅歌1・7〜8）

「仲間よ」と彼（ラビ・アバ）は言った。

「モーセがこの世から離れていくときのことをこの（聖書の）章句は説明している。それは、（聖書で）次のようにも語られている」

〃モーセは主に言った。「すべての肉なるものの命の神、主よ、どうぞ、この会衆の上にひとりの人を立て、彼らの前に出入りし、彼らを導き出し、彼らを導き入れる者とし、主の会衆を牧者のない羊のようにしないでください」〃（民数紀27・15～17）

「われわれはたぶん、イスラエル共同体によって聖なる王へ話しかけているのだ。長老ラブ・ハムヌアの書には次のようにしるされている。〃イスラエル共同体が聖なる存在のなかに止まるかぎり、祝福されるべき存在は、あたかも天なる母の乳を吸って完全に満足し、彼の飲みこんだ水から他の総ての人びとは（口づけして）吸う〃と」(16)

ゾハルでは、神のその聖霊《シェキナ》である〃天なる母〃との性交という象徴的表現が多く用いられている。それと同様な表現は〃神とイスラエル共同体との結婚〃という形で旧約の記述にも認められる。

〃「あなたを造られた者はあなたの夫であって、その名は万軍の主。
あなたをあがなわれる者は、
イスラエルの聖者であって、
全地の神ととなえられる。
捨てられて心悲しむ妻、
また若い時にとついで出された妻を招くように主はあなたを招かれた」と、

あなたの神は言われる〃

（イザヤ書54・5〜6）

この他、旧約にはイスラエル共同体を女性の裸体として象徴的に記述した表現も認められる。

〃わたしはあなたのかたわらを通り、あなたが血の中にころがりまわっているのを見た時、わたしは血の中にいるあなたに言った。「生きよ、野の木のように育て」と。すなわちあなたは成長して大きくなり、一人前の女になり、その乳ぶさは形が整い、髪が長くなったが、着物がなく、裸であった。わたしは再びあなたのかたわらをとおって、あなたを見たが、見よ、あなたは愛せられる年齢に達していたので、わたしは着物のすそであなたをおおい、あなたの裸を隠し、そしてあなたに誓い、あなたとの契約を結んだ。そしてあなたはわたしのものとなったと、主なる神は言われる〃

（エゼキエル書16・6〜8）

これらの記述に共通して認められる性的表現と、S・フロイトがその性概念を記述した際の基本的姿勢とのあいだに深い共通点があることを指摘したのは、現代の精神分析学者デイヴィド・バカンである。彼は次のように述べている。

〃世紀の変わり目における西欧文明の風俗的背景においてみると、性およびその意義に関するフロイドの思想は大胆で奇妙で、因襲に反していた。性に関する古い因襲が崩れかかっていたことはたしかである。ローマン主義は、性を高尚化するのに一役買ってはいたが、それはギリシャの伝統にさかのぼり得る一種の理想主義を通じてであった。また、女性の一般的解放に関しても因襲的態度は崩れつつあった。人間的関心のつぎつぎの領域の啓蒙の着実な進歩は、世紀の変わり目についに人間の性の問題に到達した。世界がフロイドの思想を待ちかまえているという感じがあった。しかし、性に関す

シナゴーグ（ユダヤ教会堂）への律法の書の献納式（ドイツ、一七四八）(17)

律法の書（巻物）、中国(18)

るこの複雑なメッセージは、西欧文明の主流にはほとんど存在していなかった。フロイドの概念に驚くほど近い性概念は、近代の啓蒙精神の持主が逃げ出すような多くの超自然的考えと入りまじったカバラー主義の伝統に見出される[19]〃

カバラ神秘主義においては、性交とは至高の存在とシェキナ（Shekhinah）との象徴的一体化の関係に対比されていた。

シェキナとはヘブライ語で、住処・休息所を意味する言葉である。シェキナは一般には神の実在する場を意味する用語として用いられている。タルグム[20]（Targum）にはこの表現が多く見られる。

〃わたしはイスラエルの人々のうちに住《シエキナ》んで彼らの神となるであろう。わたしが彼らのうちに住《シエキナ》むために、彼らをエジプトの国から導き出した彼らの神、主であることを彼らは知るであろう〃

（出エジプト記29、45～46、ルビ・筆者）

そのほか、『民数紀』5・3、35・34、『申命記』32・10、『詩篇』47・2などにも同様な表現が見られる。

カバラ神秘思想におけるシェキナの概念は聖なるセフィロト[21]の系統における女性原則を意味している。このシェキナの概念は十二世紀から十三世紀にかけてゲロナ[22]に在住したカバリストたち、さらにはアブラハム・アブラフィア[23]、および盲人イサクの思想のなかにも認められる。シェキナ概念のさらに完成された形は『光輝《ゾハル》の書』およびその註解者ヨゼフ・ギカティラ[24]の著作に記述されている。

シェキナあるいはマルクート（Malkhut）はセロフィロトの系統樹において第十番目に位置する[25]。第六番目のセフィラであるティフェレト（Tiferet）および九番目のイェソド（Yesod）は男性原則を意味し、シェキナは女性原則を提示している。シェキナは月としても表現され、それ自身に発する光はなく、他のセフィロトからの聖なる光を受けとる存在である。ティフェレトとシェキナの結合によって原始的な恒常性が生みだされ、悪しき力（DitraAhra）が排除される。

シェキナは宇宙を創造した聖なる力に最も近い位置にあり、シェキナを通じて創造された世界はその現状を維持することができるようになる。シェキナはまた天使・聖都としても表現される。その状態は天の車《メルカバ》[26]の幻影を通じて理解することができるとされる。

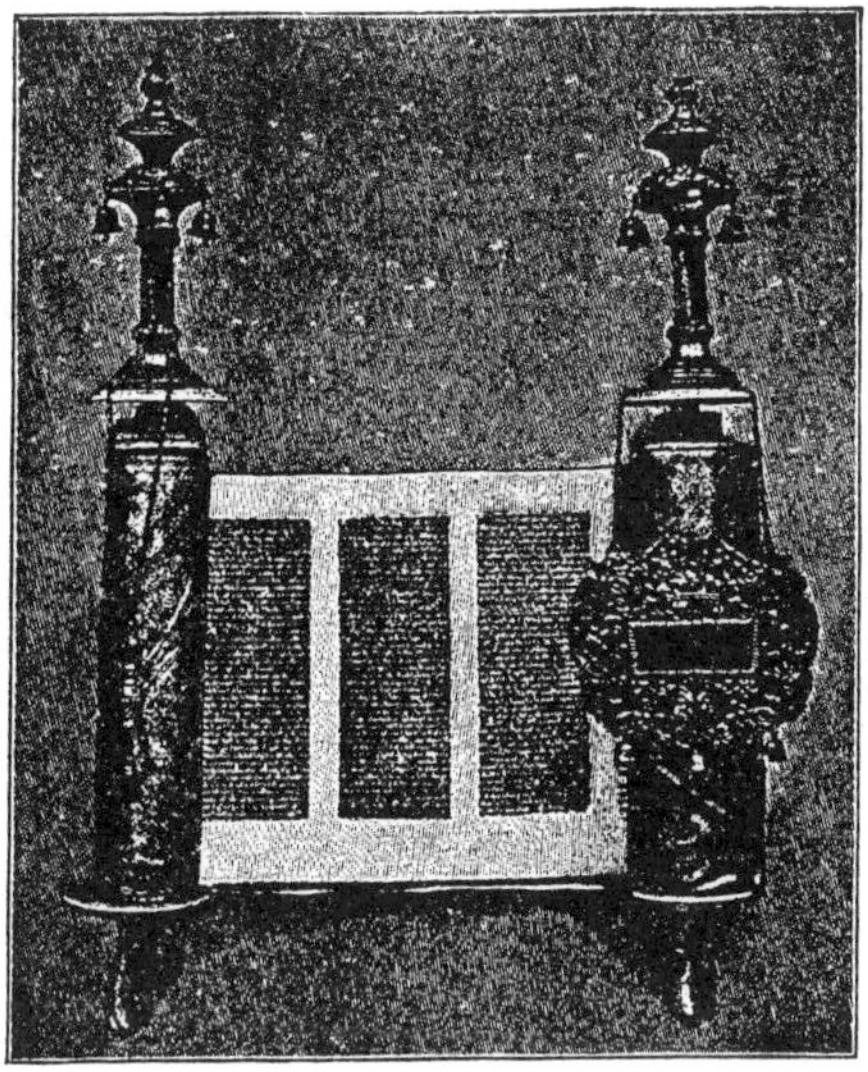
律法の書、大英博物館(27)

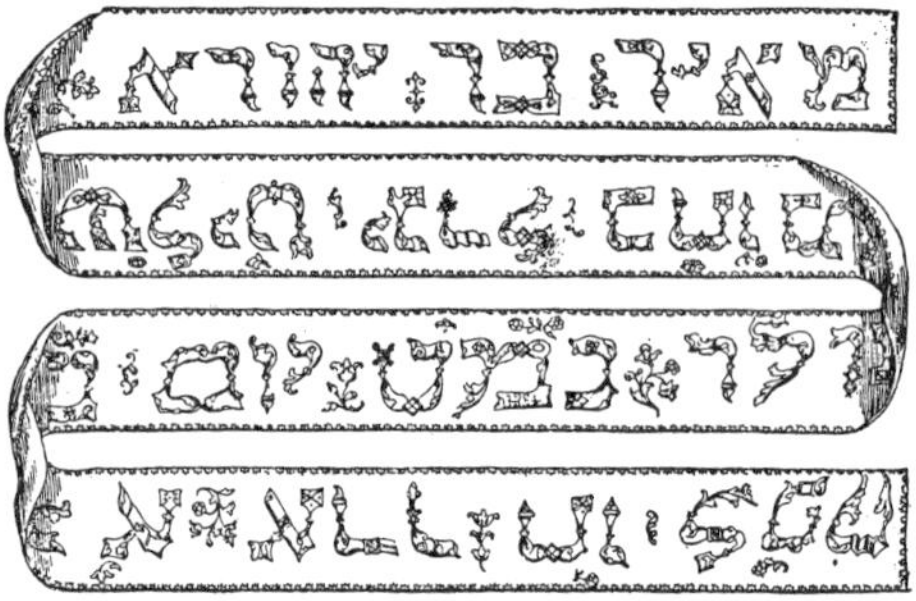

律法の書、モロッコ（上）(28)
律法の書、巻物の帯（下）(29)

フロイトが精神分析学を創始するにあたって使用した性《セックス》の概念は、ここで述べたようなカバラ思想におけるシェキナ概念と極めて類似したものであることは前述したように、すでにバカンによっても指摘されているところである。

フロイト思想の原風景のなかにカバラ神秘思想の影を発見したのは私だけではなかったようだが、それはともかくとして、とくにリビドー（Libido）説とシェキナ概念の類似性は注目に値する。では『光輝《ゾハール》の書』におけるシェキナの記述はどのようなものであるのか、少し抄訳してみることにしよう。

〃究極原因に関してはいったいどのように語られていたのであろうか。それは秘密の事柄に属し、賢者と預言者だけに伝えられていた。見よ、いかに多くの隠れたる諸原因がセフィロト(の概念のなかに)包みこまれているかを。それらはセフィロトの上に宿り、人間的存在の理解から隔絶して秘匿される。そこで次のように述べられている。

〃それは位の高い人よりも、さらに高い者があって、その人をうかがうからである〃

(伝道の書5・8)

そこには光の上に光があり、その人は他よりも明らかに(知る)。お互いの人間を比較してもそれ以上の者がおり、その人が光を受ける。究極原因に比較すれば、その存在によって総ての光は暗闇となる。

章句の他の説明はこうである。

〃わたしに似せて、わたしのイメージによって人間を創ろう〃

これは、支配天使の口を通じてわれわれの仲間に伝えられた言葉である。ラビ・シメオンは弟子にむかって言った。「どのようであったか、どのようになるのかは、(総て)彼らが知っていることだから、人間が罪に向かうように運命づけられていることを知っているにちがいない。なぜ、彼らはこのような提案を行なうのだろうか」

「いやそうではありません」と、ウザとアザエルは反対して言った。

「シェキナが神に対して〃人間を創りましょう〃と言ったとき、彼等(天使)は言った。

〃人間とは何であるのか神は知っていたのか。なぜ神が人間を創ろうとしたのか、それは神が良く知っていたはずだ。彼が妻を通じて罪に陥ることも。人間の（知の）光は暗い。光は男性であり、闇は女性である〟

シェキナは答えた。

「なんじ自身の罪を認めたものだけが、人間をせめることができるのだ」と。

そして、それは次のように記されている。〝神の子は人間の娘たちを見て、姿がよいと見られた〟

そして彼らは道に迷い、聖なる地位にあるシェキナによって堕落させられた。

（その時）一人が言った。

「とにかくラビ（シメオン）よ、ウザとアザエルの（言ったこと）は間違っていない。なぜなら人間は女性によって罪に陥るからだ」

彼（ラビ・シメオン）は答えた。

「シェキナはこのように述べたのだ。

〝万軍の主の安息地以外の人間の悪について語ろう。もしあなたが人間より有徳なら、人間をせめる権利がある。もし、彼が一人の女性と罪に陥るなら、沢山の女性と罪を犯すことになるだろう〟

そのことについて、次のようにしるされている。

〝そして神の子は人間の娘たちを見て……〟

それは娘（としるされているの）ではなく、娘たちとしるされているのだ。さらに、もし人間が罪を犯せば、彼は悔い改めて主のもとに帰り、罪悪を直すことができるのだ」

一人が言った。

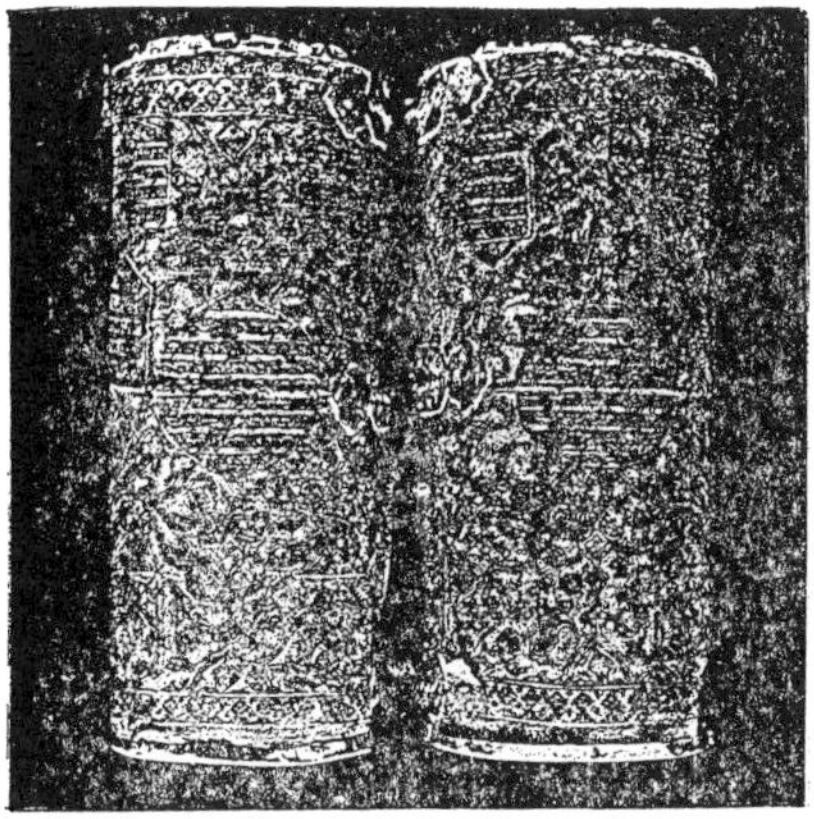

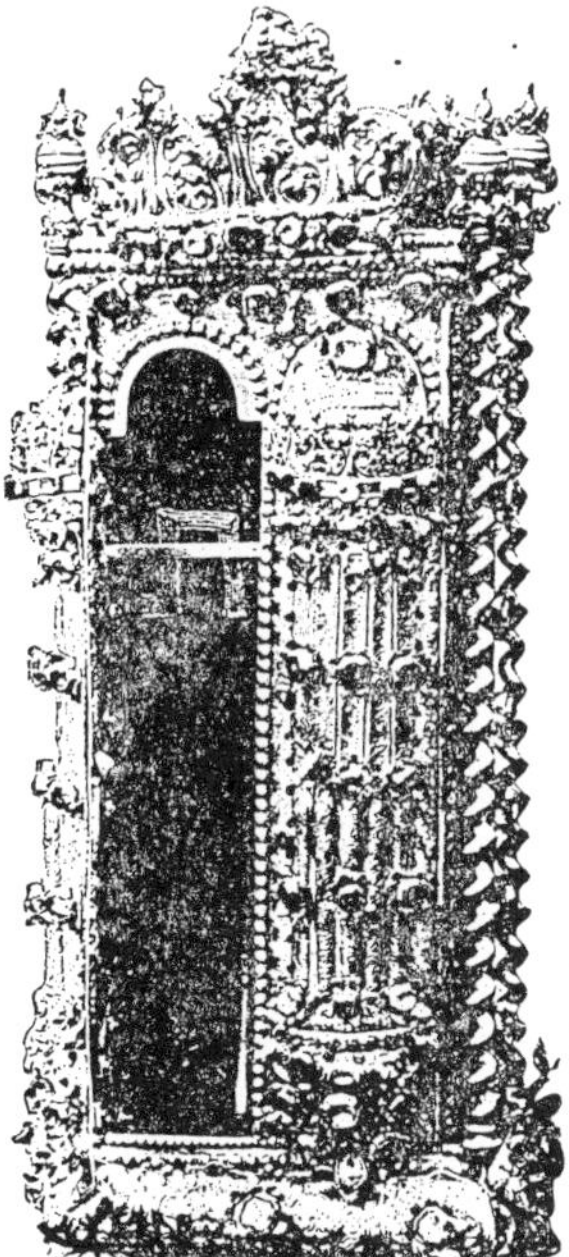

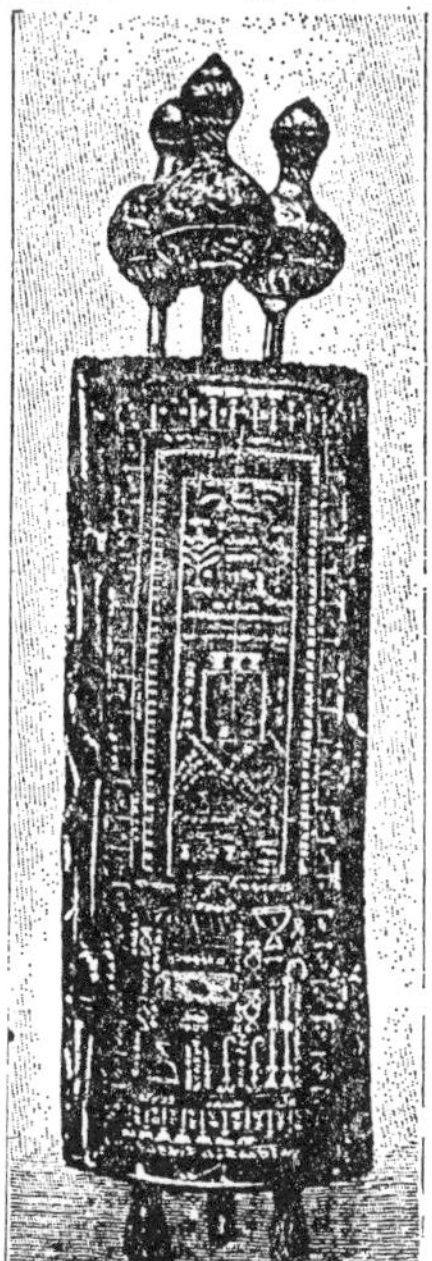

上左　律法の書の金属容器（1732）
上右　木製護布容器（モロッコ）
下左　律法の書の金属容器（パリ）
下右　律法の書の巻物容器（サマリヤ地方）(30)

「もし神がこのように光と闇に対比できる善と悪への傾向をもつやりかたで人間を創らなかったなら、人間は有徳も罪悪も両方とももちえなかったに違いない」

しかし神は（人間をこのような）両方の（性質をもつように）創られた。そこで次のように記されている。

〝わたしは命と死および祝福とのろいをあなたの前に置いた〟（申命記30・19）

一人はラビ・シメオンに言った。

「それでもなぜこうなのでしょうか。人間が罪を犯さず、そして間違いもなさず、罰も賞もともに受けないような状態になぜ創られなかったのでしょうか」

ラビ・シメオンは答えた。

「このように（人間が）創られたのは正しかったのです。なぜなら人間は律法《トーラ》に記述されたごとく邪悪なるものは罰せられ、義人は賞せられるからです。そしてそのためにこそ人間は創られたのです」

弟子たちは言った。

「いまわれわれが聞いたことは、かつていままで知らなかったことだ。確かに神は必要ではないものはなにも創られなかったのだ」

さらに言えば、創られた律法《トーラ》はシェキナの衣服であり、もし人間が創られなかったならシェキナは乞食のように衣服がないことになってしまう。そこで、人間が罪を犯したときはシェキナの衣服を剝ぎとられてしまうようなものだ。だから人間は罰せられるのだ。人間が律法を守るなら、それはあたかもシェキナに彼女の衣服を着せてやるようなものなのだ。……そこで次のようにしるされる。(31)

〝これは彼の身をおおう、ただ一つの物、彼の膚のための着物だからである〟（出エジプト記22・27）

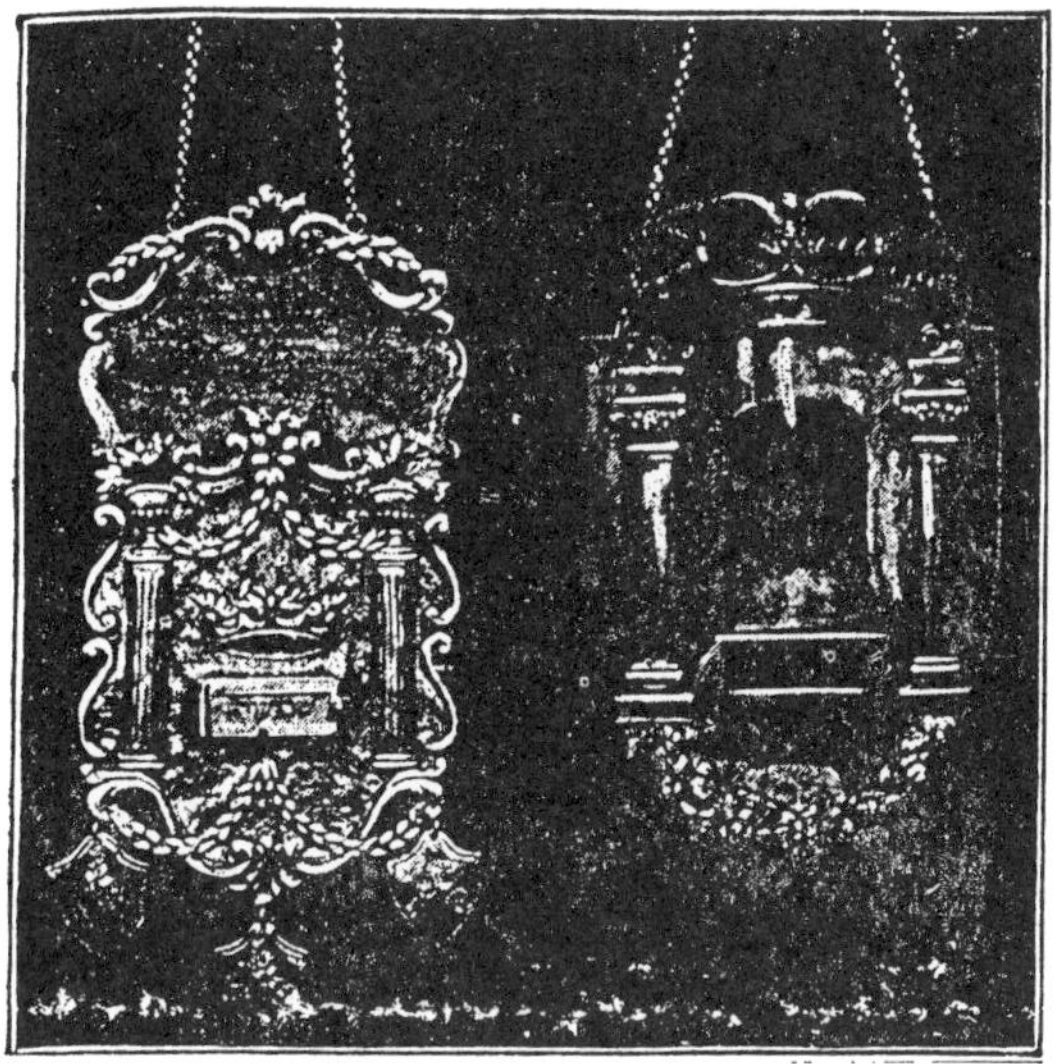

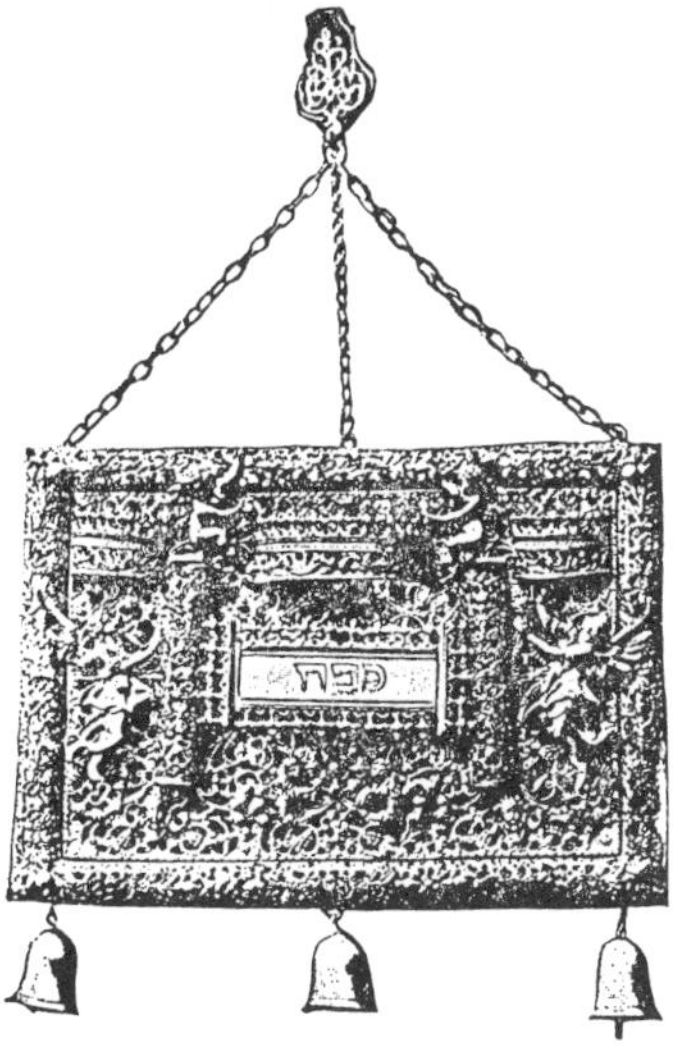

律法の書の胸かけ
上　ロンドン
下左　パリ
下右　ニューヨーク(32)

このような『光輝の書《ゾハール》』の記述には、性的象徴が多く用いられている。フロイト学説のなかのエディプス・コンプレックス（Oedipus complex）の概念の基本にも人間存在のなかに含まれた性的要素が認められ、ここにもカバラ思想との共通点が認められるのである。

バカンは次のように述べている。

〝エディプス・コンプレックスは、人間存在の深い神秘をつかもうとする深遠な隠喩である。この神秘の感覚が性的なものに関連しているということが、フロイドの提示した偉大な洞察の一つである。しかし、存在の起源は性的なものにあり、したがって性的なものは、形而上学的なものおよび神学的なものと一つであるという洞察は、カバラーにとって中心的である(33)〟

＊

ユングの観察によればフロイトは二面性をもった人格であった。フロイトの知性の幅は狭く、意識が狭隘化している印象をうける。それはユングの次の記述からもよく推察しうるようである。

〝彼はしようと思えば自ら認識しえた一つの側面の犠牲者であり、そしてそのゆえに、私は彼を悲劇的人物とみる。というのは、彼は偉大な人物であり、そしてそれ以上にデーモンにとりつかれた人物だったから(34)〟

S・フロイトは魔に憑かれた人物だったのかもしれない。そのために彼の分析理論は攻撃に対して非常に抵抗力のある砦としての作用をもっていたが、同時にフロイト自身の性格の投影である辛辣さを含んでいて、個人の行動に関する動機を総て性的原因にまで引き下げるという低格化《ディグレーデング》のはたらきも具えているようだ。いわゆる精神分析医といわれる専門家に共通する性格的特徴がこの「辛辣さ」であるのも興味深い事実である。

ユングはまたつぎのような指摘も行なっている。

〝もしフロイトが、性欲がヌミノース――神と悪魔との両方――であるという心理学的真理にもう少し突っ込んだ考察を加えていたならば、彼は生物学的概念の範囲内に縛られたままでいなくても済んでいたであろうに(35)〟

フロイトの学説は汎性欲主義と呼ばれたように性欲を重要視する体系であった。性欲がもしユングのいうようにヌミノースなものであるとすれば、確かに精神分析学はずいぶん異なった形になっていたに違いない。

フロイトが神秘主義的傾向を彼の学説から排除しようと努めたのは、あるいはこのヌミノースを畏怖した結果ではなかろうか。フロイトは自分自身の知性過剰によってヌミノースをあえて否定してしまったのだろうか。

フロイトとユングはこのヌミノースの一点を境として互いに訣別していくことになるのだが、その時期に超自然的現象がこの二人の巨人たちを見舞った。

〝予知および超心理学一般についてのフロイトの見解を聞くのは私には興味深かった。一九〇九年に私がウィーンに彼を訪ねたとき、私はこうした事柄について彼の考えをただした。唯物的偏見のゆえに、彼は質問を無意味だとして拒んだし、しかもたいへん皮相な独断によってそうしたので、私は鋭い反論が危うく口から出かかるのを抑えるのに苦労した。これは彼が超心理学の重要性を認識し、(36)

「神秘主義的」現象の事実性を認める数年前のことであった。
フロイトがこんなふうにして喋っている間に、私は奇妙な感じを経験した。それはまるで私の横隔膜が鉄でできていて、赤熱状態――照り輝く丸天井――になって来つつあるかのようであった。その瞬間、我々のすぐ右隣りの本箱の中でとても大きな爆音がしたので、二人とものが我々の上に転がってきはしないかと恐れながら驚いてあわてて立ち上った。私はフロイトに言った。「まさに、これがいわゆる、媒体による外在化現象の一例です」「おお」と彼は叫んだ。「あれは全くの戯言《たわごと》だ」「いや、ちがいます」と私は答えた。「先生、あなたはまちがっていらっしゃる。そして私の言うのが正しいことを証明するために、しばらくするともう一度あんな大きな音がすると予言しておきます」果して、私がそう言うが早いか、全く同じ爆音が本箱の中で起こった(37)"
この状況をわれわれは心理的に再現して考えてみることができる。その時のユングの確信に満ちた顔つきと、フロイトのただ呆然として言葉のないありさまが手にとるようによく判かるのではあるまいか。
一九〇九年といえば明治四二年のことである。それから四年後、大正二年には当時の超心理研究者、とくに念写の実験を行なっていた東京帝国大学助教授福来友吉博士が大学から追放されている。その頃、超心理研究熱は全世界的に高まっていたが、その後はタブーに近い状態におちいった。しかし、二つの世界大戦を経た現在、再び超心理研究に関心が向けられ始めている。

註

（1）ゾハル 35b. 参照のこと。

（2）The Jew. Encycl. vol. V. p. 60l. の挿絵より。

（3）サマエル（Samael）タルムードの各所に記述が認められる。語源的にはヘブライ語で〝神の毒〟という意味。死の天使と同義語として使用される。サマエルは悪魔の首領と解釈される。（Deut. R. xi 9; マタイによる福音書9・34参照）。サマエルは空中を鳥のように飛び、その生き物（hayyoth）は六つの翼を持ち、悪魔の軍勢の指揮をとる（Pirke R. xiii.）。

〝その軌道は天に似て、月が乗る車は走る風のようで、その車を引くのは飛ぶ精霊で、そのおのおのの天使には六つの翼がある〟（スラブ語エノク書6・17）

そのほか、サマエルは天の極点（Tekufah）を支え、第四の極点から西風を吹かせる役目をもち、一週の第三日目も司る（Sefer Raziel. 6a, 40b, 41b.）。

ヘブライ語の護符には、サマエルは死の天使としてしるされている。エバを妊娠させたのはサマエルのしわざであるとする伝承もある。

また月の満ち欠けを支配するのも、サマエルであるとする伝承も行なわれていた。

（4）The Jew. Encycl. vol. V. p. 444. の挿絵より。

（5）ゾハル 36a. 参照。

（6）ゾハル Bereshith. 356～36a.

（7）The Jew. Encycl. vol. V. p. 457. の挿絵より。

（8） David Bakan. Sigmund Freud and the Jewish Mystical Tradition, D. Van Nostrand Company. INC., 1958. 邦訳『ユダヤ神秘主義とフロイド』岸田秀・久米博・富田達彦共訳、紀伊國屋書店刊。

（9）『ユング自伝1』二一七ページ。

（10） The Jew. Encycl. vol. V. p. 44. の挿絵より。

（11）『ユダヤ神秘主義とフロイド』二四三ページ。

（12） 同前、二六七ページ。

（13） 同前、二五六ページ。

（14） Urshene（独）、primal scene（英）原光景という精神分析的意味ではなく、文学的ニュアンスで使用した。

（15） The Jew. Encycl. vol. V. p. 309. の挿絵より。

（16） ゾハル IV. 176. 参照。

（17） The Jew. Encycl. vol. XI. p. 127. の挿絵より。

（18） The Jew. Encycl. vol. XI. p. 128. の挿絵より。

（19） バカン・前掲書、三〇一ページより。

（20） タルグム（Targum）第二神殿期頃に完成した旧約聖書のアラム語訳本。

（21） セフィロトについては、第四章二三六ページ参照。

（22） ゲロナについては、第四章二〇二ページ参照。

（23） アブラハム・アブラフィア（Abraham Abrafia）については、第三章一八八ページ参照。

（24） ヨゼフ・ギカティラ（Joseph Gikatilla）については、第四章二五〇ページ参照。

(25) セフィロト系統樹については、第四章二三六ページ参照。
(26) 天の車《メルカバ》(Merkaba) については、第一章第Ⅳ節参照。
(27) The Jew. Encycl. vol. XI. p. 129. の挿絵より。
(28) The Jew. Encycl. vol. XI. p. 131. の写真より。
(29) The Jew. Encycl. vol. XI. p. 132. の挿絵より。
(30) The Jew. Encycl. vol. XI. p. 133. の挿絵より。
(31) ゾハル I. Bereshith. 22 a～23 b.
(32) The Jew. Encycl. vol. XI. p. 135. の挿絵より。
(33) バカン・前掲書、三〇五～三〇六ページより。
(34) 『ユング自伝1』二二〇ページより。
(35) 同前、二二三ページより。
(36) ヌミノース (Numinous) 名詞形では、神との霊的交渉において感じる魅惑と畏怖の交錯した感情。
(37) 『ユング自伝1』二二四ページより。

あとがき

人間の心理を裏側から覗いてみること。それはとりも直さずS・フロイトの精神分析の方法にほかならない。私がこの本を書いている時に感じた印象もこれとよく似ていた。従来までの欧米各国の歴史の〈表〉の顔はいずれもキリスト教文化という照明によってスポットをあびていた。ユダヤ神秘思想の系譜はユダヤ民族の歴史と重複している。ことに中世ヨーロッパのユダヤ民族離散《ディアスポラ》の旅とカバラ思想の発達は不可分の関係にある。そこでヨーロッパの〈裏〉の顔をなす少数者グループ・ユダヤ民族の歴史に照明をあてざるをえなくなった。それはちょうど、歴史に関する精神分析の作業のようでもあった。

精神分析学の創始者フロイトの個人的背景にはユダヤ思想があり、さらにカバラが潜んでいたようである。さらにユングもキリスト教カバリストの流れを汲んでいる。現代の精神医学の第一線ではフロイト思想の風化現象が認められつつあるが、文化面への影響力はまだまだ根強い（フロイト思想の風化現象に関しては、拙著『柔らかい都市の柔らかい空間』時事通信社刊、参照）。

私自身いささかの郷愁をこめてこの本を書いた。本書は『現代思想』に一九八四年一月号から一九八五年九月号まで二十一回にわたって連載した〝ユダヤ神秘思想の系譜〟をもとに制作したものである。

連載時は極めて恣意的に、気儘に書き進めたので歴史年代別の記述は行なわなかった。そこでこの単行本の形にまとめるにあたって、構成の大幅な組み変え、加筆（とくに『創造の書』の部分）を行なった。

本書では、中世ユダヤ民族の離散史《ディアスポラ》を背景に描きながらカバリストの思想と生涯を描き出してみようと計画してみたのだが、その目的がどれほど達成できたか筆者自身判断に迷うところだ。

本書では、従来カバリストとして紹介されていた通俗的・魔術的カバラの人物像は総て排除した。その結果アシュケナジム系列の多数のカバリスト の業績については総てこれを無視する結果になった（東欧圏、とくにポーランドにおけるカバリストの活動は総て記述外となった）。このようなカバリストの選別作業は筆者個人の判断によって行なったため、優れた瞑想的カバリストの何人かは記載もれとなっている。

本書の記述がユダヤの歴史の全領域にわたってしまったため、多数のタンナイム、アモライムについても記述する紙面を失う結果となった。

このようないくつかの欠陥を抱えながらもあえて本書を世に問う理由は次のような点にある。筆者の狭い視野ながらユダヤ思想側からの聖書解釈、とくにカバラ神秘思想に立脚した聖書解釈の研究はわが国ではまだ本格的に行なわれていないように感じていることである。さらに、本書の刊行を契機として若い研究者の興味を喚起することができれば幸福であるということである。

本書の冒頭部分にも記したが、筆者のカバラ思想に関する興味は極めて個人的体験がその基礎になっている。そのため客観的にみてどれほど正確にユダヤ神秘思想の系譜を辿ることができたかは判断しにくいところである。識者各位からの御意見を頂戴できれば幸いである。

筆者がカバラに興味を抱いてからほぼ三十年近くの歳月が経過した。個人的にラビ・トケイヤー

(Rabbi Marvin Tokayer) とも十年以上の交友関係にあり、わが国で入手しにくい文献（とくに『創造の書』Sefer Yezirah 原文のコピーなど）をイスラエルから、ニューヨークから多数直送して頂いた。紙面を借りて謝意を表したい。

『現代思想』連載中に手をわずらわした青土社編集部の歌田明弘氏、本書の編集を担当してくれた同社企画室の藤田一幸氏、さらに本書刊行の決断を頂いた清水康雄社長に深い感謝を捧げたい。

ユダヤの古い諺に、

〝あらゆることは記録しておかねばならぬ。
もし、そうしなければ総てが失われる〟

と、いうのがある。私自身が知りえたこと、経験したこと、それらがいかに貧弱な内容であろうと、この諺に従えば記録し、保存することは意義ある作業かもしれない。

原宿にて、

著者しるす

一九八六年五月

改訂新版あとがき

S・フロイトは夢の研究から、C・G・ユングは連想テストからそれぞれ同じ結論を導きだした。〈無意識の想定〉である。しかも、それは直接証明でなく、いずれも間接証明によって無意識の仮説にたどりついている。

歴史の背景に靄《もや》のようにたちこめている巨大なカバラ思想の翳がこの二人の巨人の周囲に漂っているのは興味深い。

〈無意識〉の概念が仮説であり、その証明の根拠となったものが、われわれが日常生活で話しあい、文字を書くときに用いる〈自然言語〉であった。数学的論理を骨格とした〈コンピュータ言語〉と比較すると、そこに曖昧さが多く含まれていたのは否定しがたい。

ある変革が精神医学の臨床で見られるようになった。精神分析のかわりに向精神薬《サイコトロピック・ドラッグ》と呼ばれる一群の化学物質が悩める心に安定を齎しはじめた。

〈物質〉が〈心〉に影響を与えつつあるのだ。こうした現状を眺めて、私はふとコルドベロ（本文三一八～三三〇ページ参照）の神性に関する思索に想いをはせる。

〃なぜ無限の神性が有限な形而下的存在である肉体として流出したのか〃（本文三二〇ページ参照）――という設問について彼は〈神聖な光の凝縮〉という譬喩で答えている。

現状ではフロイト思想は風化しはじめ、形而下的存在のみが威力を発揮する物質文明が跋扈している。現代の〈神性〉はどこに四散してしまったのだろうか。

コルドベロは神性の流出が形而上的存在から、低位の物質の方向にむかって一方通行の形で流れていると思惟していた。

だが、現実にはその方向は逆転しているのではなかろうか。つまり、〈物質〉にこそ無限の可能性が秘められ、〈物質不滅の法則〉という光輝《ゾハル》に満ちた自然界のなかに〈物質の恍惚〉とも呼ぶべき〈神性〉が在ったのではなかろうか。

一九八六年に刊行された『カバラ＝ユダヤ神秘思想の系譜』が今回好評のうちに改訂新版として出版されることになった。

この刊行を機にして索引項目の大幅な増加をおこなうことになった。とくにカバラ思想に固有な語彙、カバラの形成とその発展に深くかかわった人物名、彼らが活動した都市・地方名を中心に索引項目を選んだ。

改訂新版の刊行にさいし青土社・清水康雄氏、水木康文編集員に感謝の意を表したい。

原宿にて、
著者しるす

一九八八年三月

新・新版に寄せて

「カバラ」という言葉にはなんともいえない妖異な魅力がある。それは古くから伝わるユダヤの秘儀。占星術、錬金術と並んで西欧における「密儀の伝統」の柱をなし、カバラに通じたものは世界創造の秘密に迫り、地上においてはさまざまな奇跡を起こすことが出来る。しかし、その教えはあくまでも、歴史の表舞台からは秘匿されており、俗人を寄せ付けぬ口伝の帳《とばり》によって深く守られている…。

僕たちが漠然と抱いているカバラのイメージとはこんなところではないだろうか。

かくいう僕もその一人だった。幼いころから占星術や魔術といった世界に惹かれた僕は、カバラという言葉のもつ魅力に惹かれたまま、「カバラ」魔術の本に手を伸ばすことになった。現代の占いの世界では「カバラ」は重要な科目のひとつであり、たとえば数秘術（数占い）はカバラに基づいていると喧伝されていたし、またタロットもカバラの世界観に起源があるともあちこちの本に書かれている。

素朴だった鏡少年は勢いあまって「カバラ魔術」を教授するという英国の魔術団体の扉まで叩くことになってしまう。

だが、そうしたマジカルな世界への扉としてのカバラへの失望の訪れはあっという間にやってきた。

ユダヤの碩学ゲルショム・ショーレムは10代の僕が関心をもった近代魔術の大物たち…たとえばエリファ

ス・レヴィやアレイスター・クロウリーなど…を厚顔無恥な山師であり、本物のカバラとは関係がないと切って捨てていたのだった。

どうやら近代オカルトのカバラと、歴史上のカバラとの間には大きな断絶がある、ということらしい。では、歴史的な、「本物の」カバラとはどんなものなのだろう?

現在では重要なカバラ文献『ゾーハル』(法政大学出版局・二〇一二年)も抄訳とはいえ翻訳が出ているし、カバラの通史も山本伸一『総説カバラー』(原書房・二〇一五年)などで大変わかりやすく知ることができ、僕のような素人でもずいぶんと見晴らしがよくなっている。しかし、一九八〇年代当時においては、ショーレムによる学術書は翻訳されていたものの、日本人によるユダヤカバラの入門、啓蒙書は皆無に等しかった…そう、箱崎総一による書物以外は。

『ユダヤの神秘思想カバラ』(新人物往来社・一九七四年)は魔術や占星術、護符といった俗的カバラの伝承もかなり描写されていたが、その後一二年して出版された本書『カバラ』は通時的にカバラの成立と発展が解説されている。カバラにおける重要人物のエピソードが繰り出され、またカバラの重要な要素である「セフィロト」の名称が初めて出てくる謎めいた文書『創造の書』(セファール・イェツィラー)のテキストを訳出した本書は、当時にあって極めて貴重な情報源であったのだ。今尚版を重ねているのはそのためだろう。

ただ、時代の制約もあり、精神科医である著者はユダヤ学の専門家ではないので、現在の水準からすると不十分な面があるのはやむを得ない。『ユダヤの神秘思想カバラ』ではタロットの起源がカバラ思想と関連があると無邪気に書かれていたり(これは誤りだ)、また『創造の書』はカバラ思想の着想の源であったとしても、カバラ文書そのものではないという見方が今では一般的なようだ。フロイト思想の源泉としてのカバラとなると、本書で触れられているバカン以外には根拠は薄そうだ。ズブの素人の僕からしても疑問が残るのだから、読むときにはそれなりの注意が読者の側に求められるのは確かだろう。

しかし、それでもなお本書は魅力的だ。それは精神科医であり、フロイトの精神分析の影響を強く受けたという著者の出自によるところが大きいだろう。

本書の独自の魅力は冒頭から現れる。小脳の小さな器官に与えられた「活樹体」という、おそらく医学関係者以外には縁のなさそうな言葉から、著者の想像力は聖書の「命の木」へと飛翔する。神が自分の似姿として創造した人体のなかにエデンの園の秘密を著者は見て取るわけである。さらに、頭蓋骨を貫通して頭蓋内部と外部を結ぶ「導出静脈」（エミッサリウム）に、カバラの歴史で重要な役割を演じる「密使」（エミッサ）の響きを聴きとり、「瞳孔」（プーピラ＝少女、人形）という医学用語にユダヤ伝承に登場する人工的小人・ホムンクルスを、著者は観るのだ。

カバラは聖書やタルムードの「秘密の意味」を深層の解釈によって解き明かそうとする作業でもあるわけだが、医学用語の中にこのような隠された意味を見出してしまう著者の姿勢こそ、カバリストに通じるものがあるようにも感じられる。

さらに、本書で次々に紹介されるカバラの逸話やその関連知識はほかではなかなか読めないものである。これは今でも貴重だろう。

この機会にぜひ、日本人には今なお近づきがたいカバラの帳を上げてその中を覗かせてもらおうではないか。

鏡リュウジ

索　　引

カバラ思想入門の手引として，カバラに固有な語彙，カバラの形成とその発展に深くかかわった人物名，彼らが活動した都市名を中心に以下の項目はつくられている。なお，目次に登場する人物名等については重複をさけた。

ア

アガダ　299
アキバ Tanna Aquiva　31,54,61,221,396
アキラ Aquila　162
アクィナス，トマス Aquinas, Thomas　154,170,329
悪魔払い　98,99,351,353
アークル　167,168,173,188,204,318
アザエル　433,434
アザル azal　234
アシェール Asher（有って有る者）216
アシェル，バヒヤ・ベン Asher, Bahya ben　206
アシュケナジ，イサク Ashkenazi, Eliezer, ben Issac　319
アシュケナジ，エリエゼール Ashkenazi, Eliezer　315
アシュケナジ，ベザレル Ashkenazi, Bezalel　324
アシュケナジム Ashkenazim（東欧系ユダヤ人）14,21
アシュラグ　210
アズリール Solomon, Azriel ben Menahem ben　232,233,236
アダム　67,393,394,395,396
アダム・カドモン Adam Ḳadomon　67,360,391,393,395,398,410
アダルの月　132,136
アダルビ，イサク Adarbi, Issac　314
アドナイ Adonai, YHWH　98
アドリアノプル　309,310,315,375,378,379
『アナク』 Ha-Anak　148
アナグラム　216
アバ Rabbi Abba　238,240,415,426
アビウ Abibu　273,350
アビセブロン Avicebron　150,154
アビドス Abydos　375
アビメレク　289
アビラ Avila　203,204
アブの月　132,135
アブ・ベト・ディン ab bet din　88,179,182
アブラクサス Aburaxas　102
アブラハム　395
アブラフィア，アブラハム・ベン・サミュエル Abulafia, Abraham ben Samuel　156,188～190,192,193,249,251,343,431
アブラフィア，トドロス Abulafia Todoros　202,204
アマル Amar　52

イ

ウ

エ

オ

カ

キ

ク

ケ

ス

セ

ソ

タ

チ

ツ

テ

ト

ナ

ニ

ヌ・ネ・ノ

ハ

ヒ

フ

ミランドーラ，ピコ・デラ Mirandola, Pico della 354, 356

ム

無窮 234, 238, 242
ムサフ Musaf 45
ムサフィア，ディオニシウス Musafia, Dionysius 374
ムンカクス Munkacs 210
ムンク，ソロモン Munk, Solomon 150

メ

明暗教 Manicheanism 395
瞑想 70, 73, 89, 186, 193, 196, 326
瞑想的カバラ 117, 232
メタトロン Metatron 85, 196, 244, 251, 275
メディナ，サミュエル・ド Medina, Samuel de 314
メディナチェリ 249

モ

モーゼの椅子 36
『モーゼの五書』 Pentateuch 51, 99
モデナ 354
モデナ図書館 210
モデナ，モーゼス Modena, Moses 329
モハメッド四世 375
モリター，フランツ・ヨゼフ Moritor, Franz Joseph 361
モルコー・ソロモン Molkho, Solomon 310〜312, 315
モルデカイ，サバタイ・ツヴィ・ベン Mordecai, Shabbethai Zebi ben 365
モンテ・ユダイコの丘 201

ヤ

ヤウェ YHWH, Yaweh (神) 79, 100
野獣の野 17, 414
『八つの門』 Shemonah Shearim 330

ユ

ユダ Rabbi Judah 238, 240, 242, 254, 256, 257, 264, 266, 290, 291, 293, 302, 418
ユダ一世 Rabbi Judah I 52, 56
ユダヤ真教 Karaism 164
ユダヤ人大追放 318, 366
夢 336, 345, 421
『夢』 66
『夢判断』 22, 420
『ユング自伝』 389, 411, 422

ヨ

ヨシュア Rabbi Joshua 83, 272, 338, 339, 340
ヨゼ Rabbi Jose 264, 271, 280〜283, 416, 419
ヨゼ一世，エレアザール・ベン Jose I, Eleazar ben 57, 58
ヨゼフス Josephus, Flavius 65
四つの世界 335, 350
ヨハイ，シメオン・ベン Yoḥai, Simeon ben (Rabbi Simeon) 53〜57, 200, 204, 206, 212, 241, 256〜261, 269, 273, 294, 297〜300, 302, 390, 418, 433, 434, 436

ラ

ラディノ Ladino 21
ラバ Raba 98
ラパパ，アアロン Lapapa Aaron 374
ラビ Rabbi 53

カバラ　ユダヤ神秘思想の系譜（新・新版）

二〇一九年六月二五日　第一刷印刷
二〇一九年七月一〇日　第一刷発行

著者——箱崎総一
発行者——清水一人
発行所——青土社
東京都千代田区神田神保町一—二九市瀬ビル　〒一〇一—〇〇五一
［電話］〇三—三二九一—九八三一（編集）
〇三—三二九四—七八二九（営業）
［振替］〇〇一九〇—七—一九二九五五

印刷所——ディグ

装幀——鈴木一誌

ISBN978-4-7917-7181-3
Printed in Japan